健康教育丛书

丛书主编：杨玉春

小学生
健康教育导论

XIAOXUESHENG
JIANKANG JIAOYU DAOLUN

娄立志 /主编

周　萍　林茂松 /副主编

北京师范大学出版集团
BEIJING NORMAL UNIVERSITY PUBLISHING GROUP
北京师范大学出版社

图书在版编目(CIP)数据

小学生健康教育导论 / 娄立志主编 . —北京：北京师范大
学出版社，2024.2
　　（健康教育丛书）
　　ISBN 978-7-303-29144-1

Ⅰ. ①中…　Ⅱ. ①娄…　Ⅲ. ①小学生－健康教育　Ⅳ. ①G627.9

中国国家版本馆 CIP 数据核字(2023)第 098171 号

图书意见反馈　　gaozhifk@bnupg.com　　010-58805079
营销中心电话　　010-58802135　　010-58802786
北师大出版社教师教育分社微信公众号　　京师教师教育

XIAOXUESHENG JIANKANG JIAOYU DAOLUN

出版发行：北京师范大学出版社　www.bnupg.com
　　　　　北京市西城区新街口外大街 12-3 号
　　　　　邮政编码：100088

印　　刷：天津市宝文印务有限公司
经　　销：全国新华书店
开　　本：787 mm×1092 mm　1/16
印　　张：13.75
字　　数：272 千字
版　　次：2024 年 2 月第 1 版
印　　次：2024 年 2 月第 1 次印刷
定　　价：43.00 元

策划编辑：王剑虹　　　　　　责任编辑：朱冉冉
美术编辑：焦　丽　　　　　　装帧设计：焦　丽
责任校对：李锋娟　　　　　　责任印制：陈　涛　赵　龙

丛书编委会

本书编委会

主 编

娄立志

副主编

周 萍 林茂松

参编人员

（按照姓氏拼音排序）

郭玉村 李 媛 刘 旭 徐继红
杨玉春 张文生 朱雯霞

健康是国民教育的起点，教育是保持健康的手段

一个人到底拥有怎样的能力，才能在这个社会立足？这个问题，有太多的答案。健康是一切的基础，保持健康的能力是一个人最基础的能力。对于个体，健康是人的基本权利之一，保持自身的健康也是每个人的责任。健康是生活质量的第一基础，是人们追求幸福生活的资源。个体的健康是组织健康、社会健康的元素性保障。对于国家，为每位公民提供基本公共卫生服务与健康保障是国家的使命，国民的健康意识与健康水平日益成为社会发展和进步的重要标志。早在 2016 年的全国卫生与健康大会上，习近平总书记从实现民族复兴、增进人民福祉的高度，把人民健康放在优先发展的战略地位，深刻论述推进健康中国建设的重大意义、工作方针和重点任务。

其实每一个人从出生到死亡的整个生命全程无时无刻不在面临健康问题，健康教育和管理也无时无刻不在影响着每一个人的生活。悠悠民生，健康最大，保障人民的健康一直是各级政府的重要目标。学校健康教育政策实施将是深化教育体制机制改革的重要环节，建立学校健康教育推进机制是对"健康中国"国家战略的具体落实，把健康教育纳入国民教育政策体系是将"健康融入所有政策"的实践体现，建立从幼儿园到老年的终身健康教育体系已经是迫在眉睫的现实。

1978 年，在世界卫生组织（WHO）和联合国儿童基金会（UNICEF）通过的《阿拉木图宣言》中，健康教育被列在"初级卫生保健"八项任务的首位。世界上很多国家都十分重视学校健康教育，法国教育部与卫生部共同承担学生身体与心理健康教育的职责，将学生培养成对个人与社会都具有健康责任感的国民。除了健康科学课以外，关于健康的内容在国民教育等课程中都有所涉及。从幼儿园到高中，法国的健康教育有三大目标：确保学生受到健康教育，保护学生的身体健康，以及预防学生的成瘾行为。美国相关研究显示：要求在小学、初中、高中进行健康教育教学的比例都在 80% 以上；各州分别制定相关法律与规定，给出关于学校健康教育的要求，明确规定了家长、学校管理人员与教师在

健康教育中的共同职责。日本早在 1958 年就出台了《学校保健法》，为日本学校健康教育提供了完善的组织框架。这部法律标志着日本的健康教育从注重健康照顾转向开展健康教育，健康教育被纳入学校教育法的权限之内。澳大利亚各州政府都十分重视健康教育，在中学把健康教育作为必修课。课程内容多涉及跨学科领域，澳大利亚中小学健康教育也是采用多部门协作的方式开展的。

我国《2018 年全国教育事业发展统计公报》显示，我国有各级各类学历教育在校生 2.76 亿人。他们处在人生的准备阶段，其身心发育和群体学习生活特点，注定他们是健康教育、健康促进的最佳目标人群，任何忽视青少年群体的公共健康政策都是不严谨、不负责任的。学生近视率的攀升，学生营养状况的不均衡发展，部分地区学校体育的流于形式，学生龋齿、肥胖及对常见病、传染病的低预防能力等问题在当下教育领域已经存在，学生过重的课业负担、应试导向下的分数导向培养模式更加重了上述的问题。我们认为，"健康第一"必须成为教育改革与发展的方向。面向国民健康需求，宣传普及健康教育的理念、常识，将健康教育融入国民教育政策体系是适时之举。

拥有健康是每个人的基本权利之一，但是不可能自动拥有，尤其是未成年人，需要通过健康教育的干预和促进，需要全社会的共同努力。我们最近出版的《学生健康素养评估指标体系研究》特别强调需要营造良好的政策环境，进一步改良学校健康教育的教学内容和教学形式，发展多元的教育方法来提升学生的健康素养。而"健康第一"的教育理念需要以教育为媒介、以教育内容为载体，针对生理常识教育、营养科学教育、常见病预防及管理教育、积极心理教育、科学体育运动、健康行为促进等内容进行体系化的教学和课程资源搭建。

结合国际经验和中国国情，国家高端智库试点单位北京师范大学中国教育政策研究院杨玉春副教授的研究团队尝试着从教育学的角度研判学校健康教育的主题、框架、要素。他担纲中央财政预算单位交叉学科建设课题"健康教育交叉学科建设与政策研究"，以教育学研究者为基础，联合预防医学、体育科学、心理学、中医药学等不同学科教师协同开展研究。2015 年，杨玉春副教授已经领衔出版"健康教育"丛书（义务教育阶段 1～9 年级），从生理卫生、食品营养、疾病（包括常见疾病和传染病）预防、心理健康、运动保健五大方面，面向各个年级学生初步完成了健康教育科普的体系架构。在其前期著作的基础上，研究团队通过专题调研、选题论证和专家讨论，在北京师范大学教育学部的支持下，结合复旦大学公共卫生学院、北京大学医学部公共卫生学院等相关领域的专家指导，组织多领域、跨学科专家团队从幼儿、小学、中学、中职、大学健康教育导论和老年健康教育导论，进行分学段、分模块编写。这套跨越学科、纵贯生命周期的"健康教育导论"丛书，定位于服务培养将来志在从事教育工作的高校学生、服务基础教育阶段的教师职后培训，以健康教育理论与技能夯实为国家进行下一代人才培养的健康基础；也定位于服务不同年龄阶段人群的健康素养提升、健康行为促进。

该丛书将会推动教育学科与其他健康相关学科的深度融合，推动国家健康战略落地；从教育学角度研发健康教育专业丛书对于健康教育二级学科建设至关重要。涵盖大部分学段的"健康教育导论"丛书不但是高校开展健康教育人才培养的基础素材和重要载体，而且从新的角度推动我国基础教育领域的健康教育课程标准制定。编者们从人的认知发展规律和基本教育规律出发，准确定位、拿捏不同年龄段人群的生理、心理、常见病与传染病、营养水平、生活方式等特征，结合当下各教育阶段的学生面临的健康问题，准确定义各个年龄阶段健康教育的核心内容及概念。编者们还分别从哲学、教育学、预防医学、社会学、心理学等不同学科进行理论基础的建构，在内容上呈现出递进性。常见病预防及管理、传染病预防、营养科学、心理健康等板块更是抓住年龄规律和疾病图谱特征，在丛书中进行合理的知识点布局，运用教育学语言进行症状描述、病例（病理）讲解、预防要义等的知识呈现。

在丛书编写过程中，编者们注重政策理论与实践的结合，注重健康教育的评价，更注重案例的应用。特别是该丛书的编写团队在课题研究过程中严格按照北京师范大学"双一流"学科建设标准，具有国际和国内视角，在丛书、教法、评价体系上体现一流大学水平，形成教育学视角下的健康教育教学体系、课程体系和评价体系。

傅　华

前 言

FOREWORD

　　党的二十大报告将"健康中国"作为我国 2035 年发展总体目标的一个重要方面，提出"把保障人民健康放在优先发展的战略位置，完善人民健康促进政策""重视心理健康和精神卫生""深入开展健康中国行动和爱国卫生运动，倡导文明健康生活方式"，并对"推进健康中国建设"作出全面部署。为贯彻落实党的二十大报告精神，为响应《"健康中国 2030"规划纲要》提出的"将健康教育纳入国民教育体系，把健康教育作为所有教育阶段素质教育的重要内容。以中小学为重点，建立学校健康教育推进机制。构建相关学科教学与教育活动相结合、课堂教育与课外实践相结合、经常性宣传教育与集中式宣传教育相结合的健康教育模式。培养健康教育师资，将健康教育纳入体育教师职前教育和职后培训内容"，为加强高等院校小学教育专业和课程建设，提高小学教师的专业素养，我们受北京师范大学教育学部、北京师范大学出版集团，以及北京师范大学教育学部《健康教育交叉学科建设课题的研究》课题组的邀请，编写了《小学生健康教育导论》一书。

　　依据我国《教师教育课程标准（试行）》，教师教育课程应体现儿童为本的理念，应引导未来教师树立正确的儿童观、学生观、教师观与教育观，掌握必备的教育知识与能力，参与教育实践，丰富专业体验；引导未来教师因材施教，关心和帮助每个幼儿、中小学学生逐步树立正确的世界观、人生观、价值观，培养社会责任感、创新精神和实践能力。本教材确立了以下编写思路：在厘清有关小学生健康教育的基本范畴，以及小学生健康教育发展历程的基础上，基于"现状""原因""建议"基本框架的需要，选取小学生健康行为和生活方式、小学生生长发育、小学生常见病和传染病、小学生积极心理品质、小学生体育锻炼、小学生安全，以及小学生营养膳食几个维度，对小学生健康教育进行阐释。

　　全书共分为九章，第一章是小学生健康教育概述，阐述健康与小学生健康教育，小学生健康教育的发展历程、小学生健康教育的研究内容、小学生健康教育的原则、小学生健康教育的研究方法，以及小学生健康教育的评价与实施途径；第二章探讨小学生健康教育的理论基础，包括小学生健康教育的哲学基础、小学生健康教育的社会学基础、小学生健康教育的医学基础、小学生健康教育的教育学基础和小学生健康教育的心理学基础；第三章至第九章分别阐述了小学生健康行为和生活方式与健康教育、小学生生长发育与健康教育、小学生常见病和传染病与健康教育、小学生积极心理品质与健康教育、小学生体育锻炼与健康教育、小学生安全与健康教育，以及小学生营养膳食与健康教育。在编写过程中，我们力图体现以下特点：第一，通识性，即在观点的阐释、语言的应用，以及编写体例等方面，努力做到通俗易懂；第二，时代性，即本书贯彻党的二十大报告精神，体现"健康中国"的国家战略要求，分析当今小学生健康教育亟须解决的问题，并提出解决问题的有关建议，表现出时代性特点；第三，应用性，即本书既可以作为高等院校小学教育专业的本专科教材，也可以作为教育理论研究者、小学教师健康教育培训的通识读物；第四，研究性，即通过对小学生健康教育问题的剖析，着眼于提高学习者的教育科学研究能力，有利于促进新时期小学教师的专业成长，为打造高素质的小学健康教育教师队伍提供帮助。

　　本书是集体智慧的结晶，从编写理念和思路的构想、整体结构和基本框架的确定，到每一章的内容和逻辑结构，再到每一章的编写与修改，各位编者倾注了大量劳动。本书各章参编者分别为：娄立志、刘旭、李媛、朱雯霞编写第一、第二章；刘旭、郭玉村编写第三、第四章；李媛、杨玉春、张文生编写第五、第七、第九章；朱雯霞、徐继红编写第六、第八章。全书由娄立志、周萍、林茂松统筹并定稿。

　　本书能够出版，真诚感谢各位编者的精诚合作，感谢北京师范大学教育学部《健康教育交叉学科建设课题的研究》课题组，感谢北京师范大学教育学部杨玉春教授，感谢北京师范大学出版集团的大力支持；特别感谢北京师范大学出版集团编辑老师的辛勤付出，特别感谢青岛黄海学院的周萍副教授，他们在书稿的构思和问题的选择方面给予了独到的建议。在编写过程中，我们引用和借鉴了诸多同行专家的研究成果，在文后注明了出处。

　　由于编者水平有限，书中难免存在不足之处，恳请同行和广大读者批评指正。

目 录
CONTENTS

第一章 小学生健康教育概述

本章导读 ▶

　　本章从整体上介绍有关小学生健康教育的基本理论问题，为全书的学习提供理论支撑。本章主要内容包括有关健康、健康教育、小学生健康教育的基本概念；中外小学生健康教育的发展历程；小学生健康教育的研究内容及原则；小学生健康教育的研究方法、评价与实施途径。

第一节　健康与小学生健康教育

健康与健康教育是人们日常生活中耳熟能详的话题，目前学术界还没有完全形成有关健康和健康教育的科学规范的概念，而是在不断认识的过程中使健康与健康教育的概念逐步完善和规范。本书在借鉴有关研究成果的基础上，进一步厘清健康、健康教育和小学生健康教育的概念，以使人们更好地认识健康与健康教育，并深刻理解小学生健康教育研究的重要性。

一、健康与健康教育

(一)健康

健康是一个不断发展、不断完善的范畴，不同历史时期人们对健康有不同的理解。在中国，"健""康"二字分别见于殷商时代。"健"字偏重于指精神和意志的坚强，如《易经》里的"天行健，君子以自强不息"。"康"字偏重于指身体的健康无疾，非常接近于今天"健康"一词的含义，如《尚书·洪范》强调的"五福""六极"把寿、康与疾、弱对举。其中"五福"即寿、富、康宁、攸好德和考终命，"六极"即凶短折、疾、忧、贫、恶和弱。[①]

由此可见，在中国古代，人们对个人的健康尤为重视，而且往往将健康与"长寿""养生""气"联系起来。古人认为，人们要达到健康的目的就应该保持人、社会、自然的和谐统一，即阴阳和谐平衡。正如《黄帝内经》所言："外不劳形于事，内无思想之患，以恬愉为务，以自得为功，形体不敝，精神不散，亦可以百数。"这说明古人已经意识到健康与人们的生活方式、心理状态有直接的关系。

近代以来，随着科技的发展，人们对健康的认识和理解更趋于科学。比如，细菌学说的出现，带来了疾病谱和医学模式的变化。随着时代的进步，人们对健康的研究也越来越深入，并逐步体现出现代社会的特点。研究者认为，生物学因素已经不再是影响人们健康的主要因素，取而代之的是人们的生活方式，各种不良生活方式，如吸烟、酗酒、熬夜等是导致各种疾病的主要诱因。

从国际层面来看，1946 年在纽约召开的国际卫生会议通过的《世界卫生组织组织法》明确指出，《联合国宪章》把健康界定为"健康不仅为疾病或羸弱之消除，而系体格、精神与社会之完全健康状态"，并且把享受健康看作人人应该享有的基本权利之一。该组织法突出强调了儿童健全发育的重要性，称其为"实属基要"。其后，《世界卫生大会报告》《世界卫生组织组织法修正案》《健康新地平线》《健康法则》《第 20 届世界卫生大会主席团报告》等一系列文件，对健康的界定越来越趋于完善，人们认为

---

①　谭华：《论中国古代的健康观》，载《四川体育科学》，1995(2)。

健康是指一个人拥有良好的身体、精神和社会的完好状态。一方面健康是指身体机能的正常运转，有劳动、生活的能力，同时有良好的生理功能，没有疾病；另一方面健康是指能够适应环境、心理健康并具有良好的社会适应能力，同时拥有积极的精神和高尚的道德品质。

针对亚太地区的特点，世界卫生组织又提出了 21 世纪的目标——健康新地平线。其含义，一是人们不能过早地去世，要健康幸福地生活，2000 年后，健康状况要达到更高水平；二是健康是一种权利，要强调个人、家庭和社会的责任，要达到生理、社会的和谐统一；三是将工作重点从疾病的治疗转移到对致病危险因素的预防和促进健康方面上来，从以疾病为中心转移到以人、人群的健康为中心；四是保护环境，指导人们建立健康的生活方式，提高自己防御疾病和伤残的能力；五是从生命的第一天起，做好疾病的预防工作，对促进健康有着重要意义。

总之，人类社会对健康的理解是不断加深的，对健康认识的广度和深度也不断深化。从最开始的简单地追求养生，到对健康的要求更加全面，也可以说早期人类只是单纯地追求生命的长度，而现在人们对健康的追求不仅是寿命方面，也包括精神方面和社会适应方面。

(二)健康教育

1. 健康教育的定义

世界各国人民身体素质高低不同，各个国家对本国的健康教育有不同的理解。1988 年在美国得克萨斯州的休斯敦召开了第十三届世界健康教育大会，有来自 104 个国家和地区的 1500 多名代表参加，中国也第一次派出代表团出席了这次会议。会议期间各代表团一致认为，健康教育不是简单地传播卫生知识，而是更着重于帮助人们形成健康的生活方式。此次会议把健康教育界定为：所谓健康教育，是指能够形成健康生活必备的知识与技能，从而减轻或消除影响健康的不良因素，达到促进健康、形成健康生活方式的目的的一种有组织、有计划、有系统的社会教育活动。

2. 健康教育的内涵

健康教育有着丰富的内涵，就它所涉及的领域来看，可分为生理健康教育、心理健康教育，以及社会适应等方面。

首先，生理健康教育主要包含身体机能的健康运转、体能体质的不断增强，以及生理的正常发育。生理健康教育的目的在于加深人们对健康的基本认识，了解生理结构，形成健康生活必备的知识。

其次，心理健康教育是指人的心理状态方面，追求心理健康，要根据环境的变化及时调整自身的心理状态，以适应不断变化的社会环境。心理健康教育较为复杂，重点在于不仅要对自身有正确认识，还要不断适应环境的变化，调整心理状态。

最后，社会适应方面，主要是促进人的社会适应性，通过合理的健康教育，使人更好地适应社会，服务社会，促进社会更好、更快地发展，与社会保持良好的接触，对社会现状有清晰、正确的认识。

3. 健康教育的任务

根据《全国健康教育与健康促进工作规划纲要（2005—2010年）》，健康教育的任务主要包括，建立和完善适应社会发展的健康教育与健康促进工作体系；要注意防控重大疾病和突发公共卫生事件，不仅要在城市开展健康教育，农村的健康教育也不容忽视；健康教育要关注重点人群；控制烟草成瘾行为和烟草造成的危害。开展健康教育，可以从以下几个方面着手。

首先，重视健康教育工作，增加对健康教育的投资。各级卫生管理部门应加强在健康教育和健康促进中的领导作用，将健康教育工作纳入日常工作议程，明确职责并落实计划；优化卫生资源配置，有效解决工作中遇到的困难和问题；增加对健康教育和健康促进的投资，并为这项工作提供足够的资源。

其次，做好部门协调工作，促进社会积极参与。各级卫生行政部门要积极倡导健康的公共政策，要充分发挥教育、宣传、扶贫等部门的主导作用，各司其职，各负其责。

最后，做到规范管理。开展健康教育培训工作，提高各级各类卫生人员的健康教育工作能力与健康促进水平，定期对人员进行培训并考核，增加竞争性。

二、小学生健康教育

根据《中小学健康教育指导纲要》精神，学校健康教育是指通过对学生有计划地开展健康教育，培养学生的健康意识与公共卫生意识，让学生掌握必要的健康知识和技能，促进学生自觉地采纳和保持有益于健康的行为与生活方式，减少或消除影响健康的危险因素，为一生的健康奠定坚实的基础。

学校健康教育要把培养学生的健康意识、提高学生的健康素质作为根本的出发点，注重实用性和实效性。坚持健康知识传授与健康技能传授并重原则，健康知识和技能传授呈螺旋式递进原则，健康知识传授、健康意识的形成与健康行为的养成相统一原则，总体要求与地方实际相结合原则，健康教育理论知识和学生生活实际相结合原则。做到突出重点，循序渐进，不断强化和促进健康知识的掌握、健康技能的提高、健康意识的形成、健康行为和生活方式的养成。

在学校健康教育中，学生的年龄不同，其侧重点有所不同。小学阶段是学生生长发育的关键期，所以，科学理解小学生健康教育的含义尤为重要。

小学生是指6～12岁的学龄儿童。依据《中小学健康教育指导纲要》关于健康教育的解释，我们把小学生健康教育界定为，根据一定的社会要求、条件和规范，在小学阶段实施的有组织、有目的、有计划、有针对性和有评价的健康教育活动。其目的在于教育小学生获得必要的卫生知识，形成正确的健康意识，养成健康的行为和生活习惯，促进身心健康发展，为以后的健康生活打下牢固基础。其具体含义包括以下几方面。

(一)小学生健康教育是小学生健康成长的需要

小学生处于身心成长的关键期。但是，我国小学生的健康状况不容乐观。有关调查显示，2014 年，苏州市姑苏区辖区范围内 50 所小学 48 468 名在校学生中，视力不良、乳牙龋齿、超重、肥胖、沙眼检出率较高，分别为 47.15%，51.01%，15.74%，14.22%，0.11%。[①] 另外，张永福在 2017 年对山东省菏泽市 31 383 名中小学生关于视力不良率、肥胖率和龋齿率的调查中发现，31 383 名中小学生的视力不良率为 42.37%，女生(47.06%)高于男生(38.74%)；龋齿率为 20.79%，女生(21.78%)高于男生(20.02%)；肥胖率为 18.93%，男生(20.00%)高于女生(17.55%)，差异均有统计学意义($p < 0.01$)。[②]

研究显示，我国的小学生健康教育缺乏有效的组织保障，健康教育的内容不完善，学校缺少可操作的健康教育教学计划和完善的健康教育体系，更缺乏健康教育的专业师资力量。实施小学生健康教育，要顺应健康中国战略的需要，促进全民基础保健教育，丰富提高群体素质的有效途径；建立有效干预机制，学校、家庭、社区应共同关注小学生健康教育，突出小学生的全面发展；加强小学生健康教育，采取多种预防措施，以减少小学生常见病的发生，提高小学生的健康水平，为他们的终生幸福奠定基础。

(二)小学生健康教育的目标

小学生健康教育的目标是通过小学生健康教育所要达到的要求，它是学校实施健康教育的方向，是我国小学生教育方针的具体化。小学生健康教育的目标要符合小学生的德智体美劳全面发展的要求，注重小学生的和谐与全面发展；使小学生了解健康成长所需要的健康知识，以及教育与自我教育技能；形成以学校为主导，学校与家庭、社区联动的保障机制，共同保证小学生健康成长；提高小学生自我保健、预防疾病的意识，使小学生养成健康的行为和生活方式，促进小学生身心健康，改善小学生生活质量。

(三)小学生健康教育的内容

小学生健康教育的内容，是指为实现小学生健康教育的目标，教师在学校健康教育活动过程中所传授的信息。根据《中小学健康教育指导纲要》，我国中小学健康教育的内容具体包括小学生的健康行为和生活方式、生长发育、疾病预防、积极心理品质、营养膳食和体育运动、安全应急和避险这几部分内容。[③] 它也可以概括为普及生理健康知识、养成良好的卫生习惯和生活方式、安全知识教育和自我防卫知识教育、心理健康教育以及青春期教育等。

---

① 黄苏君：《苏州市姑苏区 2014 年小学生健康状况分析》，载《江苏预防医学》，2016，27(2)。
② 张永福：《菏泽市 31383 名中小学生健康状况分析》，载《中国城乡企业卫生》，2017，32(4)。
③ 《教育部关于印发〈中小学健康教育指导纲要〉的通知》，http://www.gov.cn/zwgk/2008-12/26/content_1188650.htm(访问日期：2021 年 5 月 31 日)。

延伸阅读

世界卫生组织组织法(选摘)①

本组织法签订国,依据联合国宪章,宣告下列各原则为各民族幸福、和睦与安全之基础;

健康不仅为疾病或羸弱之消除,而系体格、精神与社会之完全健康状态。

享受高而能获致之健康标准,为人人基本权利之一。不因种族、宗教、政治信仰、经济或社会情境各异,而分轩轾。

各民族之健康为获致和平与安全之基本,须赖个人间与国家间之通力合作。

任何国家促进及保护健康之成就,全人类实利赖之。

各国间对于促进卫生与控制疾病,进展程度参差,实为共同之危祸。而以控制传染病程度不一为害尤甚。

儿童之健全发育,实属基要。使能于演变不息之整个环境中融洽生活,对儿童之健全发展实为至要。

推广医学、心理学及有关知识之利益于各民族,对于健康之得达完满,实为至要。

一般人士之卫生常识与积极合作,对人民卫生之改进,极为重要。

促进人民卫生为政府之职责;完成此职责,唯有实行适当之卫生与社会措施。

本组织法签订国接受以上各项原则,承认本组织法,以求彼此及与其他方面之合作,共同促进及保护各民族之健康,为此依据联合国宪章第五十七条之规定,特设一联合国专门机关,定名世界卫生组织。

第一章　宗旨

第一条

世界卫生组织(以下简称本组织)之宗旨在求各民族企达卫生之高可能水准。

第二章　职掌

第二条

为企达此宗旨,本组织应有以下职掌:

(一)充任国际卫生工作之指导及调整机关;

(二)与联合国、各专门机关、各政府卫生署、各专业团体,及其他适当组织成

---

① 本组织法是由 1946 年 6 月 19 日至 7 月 22 日在纽约召开的国际卫生会议通过的,61 个国家代表于 1946 年 7 月 22 日签署(《世界卫生组织正式记录》第 2 号第 100 页),并于 1948 年 9 月 7 日生效。第二十六届、第二十九届、第三十九届和第五十一届世界卫生大会通过的修正案(WHA26.37、WHA29.38、WHA39.6 及 WHA51.23 号决议)分别于 1977 年 2 月 3 日、1984 年 1 月 20 日、1994 年 7 月 11 日和 2005 年 9 月 15 日生效,并编到本文本中。本组织法共 19 章 82 条,本书节选了一部分(选自《世界卫生组织基本文件》,1999)。

立并维持有效之合作；

（三）遇有各政府请求，协助其加强卫生机构；

（四）遇有各政府请求，或愿接受援助时，予以适当之技术协助，并于紧急状况下，予以必需之援助；

（五）经联合国之请求，对特别团体，如托管领土人民，供应或协助供应卫生设施；

（六）设立并维持所需要之行政与技术机构，此等机构包括流行病与统计机构在内；

（七）鼓励并促进，消除传染病、地方病或其他疾病之工作；

（八）如有必要时，与其他专门机关合作，以谋防范意外伤害；

（九）如有必要时，与其他专门机关合作，提倡改进营养、居住、环境卫生、娱乐、经济，及工作情形，以及其他有关环境卫生各点；

（十）对致力促进卫生之科学团体与专业团体，鼓励其彼此间之合作；

（十一）提议公约，协约，及规章，并作有关国际卫生诸项之建议。执行委付本组织而又与其宗旨相合之职责；

（十二）促进产妇与儿童之卫生与福利，谋其能于演变不息之整个环境中融洽生活，盖此对儿童之健全发育，至为重要；

（十三）促进有关心理卫生之工作，尤其与人类关系和谐有影响者；

（十四）促进及指导卫生问题之研究；

（十五）提倡卫生、医学及有关事业之教学与训练标准之改进；

（十六）如有必要时，与其他专门机关合作，从预防及治疗观点研究，及报告有关公共卫生与医疗事业之行政与社会技术，包括医院供应与社会保障在内；

（十七）供给有关卫生之知识，咨询及协助；

（十八）协助各民族造就有关卫生问题之有卓识之舆论；

（十九）有必要时，制定并修改有关疾病、死因及公共卫生工作之国际名词；

（二十）有必要时，将检验方法加以标准化；

（二十一）发展、建立，并提倡粮食、药物、生物及其他有关制品之国际标准；

（二十二）采取通常一切必要行动，以求达成本组织之宗旨。

第三章　会员与副会员

第四条

联合国会员国，依第十九章规定，并依其本国宪法程序，签订或以其他方法接受本组织法者，得为本组织会员国。

第五条

凡被束邀委派观察员出席一九四六年于纽约举行之国际卫生会议之国家，依第十九章规定并依其本国宪法程序，签订或以其他方法接受本组织法者，得为本组织会员国。但签订或接受本组织法应于卫生大会第一届开会前为之。

第六条

未依第四条与第五条规定加入为会员国之国家，得申请加入。其申请经由卫生大会过半数票批准后，即得加入为会员国，但以不违背根据第十六章业经通过之联合国与本组织所订之协定为限。

第七条①

如会员国未履行其对本组织所担负之财政义务，或遇有其他特别情形，卫生大会认为情形适当时，可停止该会员国所享有之选举特权及便利，卫生大会并有权恢复此种选举特权及便利。

第八条

领土或各组领土，其本身不负国际关系行为责任者，经会员国或对各该领土负责之主管当局代表申请，得由卫生大会准其加入为副会员。副会员出席卫生大会代表之资格，应为卫生专门技术人才，并应为该当地土著。副会员权利与义务之性质与范围应由卫生大会予以决定。

第四章　机关

第十九条

卫生大会应有采定在本组织权限内任何事宜之国际协定或公约之权。此项公约及协定须获出席并投票会员国之三分之二多数票之通过，并须经各该会员国宪法程序接受后，对于各该会员国始发生效力。

第二十条

每一会员国应于卫生大会通过各该协定或公约后十八个月内采取步骤，对于该协定或公约是否接受，各会员国应将其所采步骤通知秘书长。如该会员国于所定期限内未能予以接受，则应以书面解释其理由。如经接受，则每一会员国同意依据第十四章之规定，向秘书长造具年报。

第二十一条

卫生大会有权通过与下列有关之规章：

(一)预防疾病于国际间蔓延之环境卫生与检疫之必需条件及其他方法；

(二)关于疾病、死因，及公共卫生工作之名称；

(三)检验方法之国际通用标准；

(四)出售于各国市场之生物，药物及其他类似制品之安全、纯净，及功效之标准；

(五)出售于各国市场之生物，药物及其他类似制品之广告与标签。

第二十二条

上项依第二十一条订定之规章经卫生大会通过，通知各会员国后即发生效力。

---

① 第十八届世界卫生大会通过的对本款的修正(WHA18.48号决议)尚未生效。

如于通知中所规定期限内，会员国向秘书长作有不能接纳之通知，或申明有保留条件者，不在此限。

第二十三条

卫生大会就本组织职权范围以内的一应事项，有权向各会员国提出建议。

第六章 执行委员会

第二十四条

执委会由三十四个会员国各派一委员组织之，卫生大会斟酌地域上公分配原则推选有权指派委员之会员国。但所述会员国中，至少应有三个由根据第四十四条组成的各区域组织选举产生。各该会员国经选定后，应任命于卫生专门技术著有资格者一人供职执行委员会，执行委员得有副代表及顾问随同赴任。

第二十五条

执行委员任期三年，连选得连任；但于在组织法关于执委会委员由三十二人增至三十四人的修正案生效后举行的第一次卫生大会上当选的执行委员中，增加的该名委员任期得有必要时缩短，使每年由每一区域组织至少选出一名委员。

第二十六条

执行委员会每年应至少举行会议两次，并应决定每次开会地点。

第二十七条

执行委员会应互选一人为主席，并制定议事规则。

第二十八条

执行委员会之职掌如下：

(一)执行卫生大会之决议与政策；

(二)为卫生大会之执行机关；

(三)执行卫生大会所委付之职务；

(四)就卫生大会提交之问题及公约、协约、规章划交执委会主管之事项，向大会提供意见；

(五)自动拟具意见或提议提交卫生大会；

(六)草拟卫生大会会议之议事日程；

(七)拟具特定期间工作大纲提交卫生大会审核；

(八)研究其权限内之一切问题；

(九)于本组织职掌及财力范围内，采取紧急措施，以应付必须立即采取行动之事态。于特殊情况下，执行委员会得授权秘书长采取必要步骤，以消灭流行疫症，参加救济灾民之卫生组织；并研究任何执委会委员或秘书长提请执行委员会注意之紧急问题。

第二十九条

执行委员会应代大会行使其托交执委会之权力。

第九章　会议

第四十一条

卫生大会或执行委员会得召开地方会议、全体会议、技术会议，或其他特别会议以商讨本组织职权范围内之任何事项；派遣代表出席上述诸国际组织会议；如经有关政府之同意，并得遣派代表出席于政府或非政府之国内组织之会议。遣派代表办法，由卫生大会或执行委员会决定之。

第二节　小学生健康教育的发展历程

小学生健康教育是在一定的教育条件和社会要求下进行的一系列有计划、有组织、有目的的系统教育活动。小学生健康教育是一门新兴的学科，但在中外教育发展史中有着悠久的历史，并形成了不同的发展阶段。概括来说，我国小学生健康教育的发展大致经历了萌芽、雏形与发展和制度化阶段；外国小学生健康教育的发展大致经历了萌芽、初步发展、进一步发展和成熟阶段，并且每一阶段都表现出自己的特点。

一、我国小学生健康教育的发展及特点

我国拥有悠久的历史，远古时期就孕育着健康教育的萌芽。我国古代医学家和一些有远见的思想家、政治家，很早就开始向人们传授预防疾病和养生的知识。

(一)小学生健康教育的萌芽阶段

我国早期的学校教育包含健康教育的因素。西周时期贵族学校中的小学生主要由保氏、师氏负责教育。师氏侧重道德礼仪的教育，保氏则侧重小学生身体的养育。西汉戴德所编的《大戴礼记·保傅》中记载："保，保其身体。傅，傅其德义。师，道之教顺。"[1]保，是指保护太子的身体健康；傅，以道德仁义教导辅助他；师，以圣贤教诲引导、启发他。这说明当时的学校教育已经注意到学生的身体保健。

东汉末年，医学家华佗根据中医原理，以模仿虎、鹿、熊、猿、鸟等动物的动作和姿态编制的五禽戏被人们用来强身健体，并强调从幼儿阶段开始练习。五禽戏不仅可以增强儿童的体质，还可以调动其思维，激发他们的想象力和模仿力，使他们在游戏玩耍之中锻炼身体，找到快乐，进而起到开发智力、陶冶情操的作用。

本阶段小学生健康教育的发展主要有以下特点。

第一，人们已经形成了通过体育锻炼来保持身体健康的思想和意识。例如，在华佗的五禽戏中，虎戏可以促进关节健康，鹿戏有助于肾脏健康，熊戏可以调节脾

---

[1]　冯时：《古文字与古史新论》，287页，台北，台湾书房出版有限公司，1996。

胃，猿戏可以锻炼四肢的灵活性，鸟戏可以强健肺部。人们通过对不同部位的锻炼来保持身体健康。

第二，教师不仅要教授学生知识，还要使学生身体健康。在西周时期"学在官府"的教育体制下，贵族教育盛行。教师除了教授学生礼仪道德之外，还注重对学生身体的养育。

第三，本阶段虽未明确小学生健康教育的概念，但是人们开始关注学生身体和礼仪道德等方面的健康发展。孔子曰："身体，发肤，受之父母。不敢毁伤，孝之始也。"[①]这句话的意思是身体是父母赋予的，不敢毁损，也不能伤残；既包含了对父母尽孝的道德礼仪，也关注了对学生身体健康的保护。

(二)小学生健康教育的雏形与发展阶段

19 世纪初，随着西方医学的传入，近代小学生健康教育的雏形开始出现。英美教会选派一些医生到我国开设医院、诊所，随之有了解剖、生理、卫生的教学。1920 年，王吉民医师在杭州倡导小学生保健宣传活动，在小学举办健康儿童体检、卫生展览、专题讲座并放映卫生科教影片，目的在于普及小学生健康卫生知识，让人们掌握一些解决实际问题的技能，如发烧物理降温的方法，注意牙齿保健，养成早晚刷牙的习惯等。1922 年，国民政府颁布的新学制中规定小学高年级必须讲授卫生课，这是我国第一次将健康教育列为正式课程。

20 世纪 30 年代是我国学校健康教育蓬勃发展的一个阶段。1931 年，当时的国立中央大学设立卫生教育科，由卫生署和中央大学合办，旨在"培养学校健康教育师资"。

国民政府时期，政府在培养专业健康人才方面做出了很大的努力和尝试，并颁布了一些实施方案和标准，这对促进当时小学生健康教育事业的发展起到了积极的推动作用。但政府颁布的"实施方案及标准"，也只是在部分学校得到实行。由于学校卫生条件差和缺乏专业人才，实施过程中没有取得实质性成果，一些学校的卫生教育课因经费困难，先后停办。

本阶段小学生健康教育的发展主要有以下特点。

第一，19 世纪初，西方健康教育思想的传入对我国小学生健康教育工作的开展起到了积极的推动作用。

第二，国民政府时期颁布了一些实施方案和标准，"卫生课"成为小学高年级的必修课程，小学生健康教育得到有效发展。20 世纪 30 年代，国民政府大力支持培养"学校健康教育师资"，有力促进了小学生健康教育工作的发展。

第三，小学生健康教育的实施未达到预期效果。在当时国情的影响下，教育经费短缺，专业师资缺乏，学校卫生条件达不到健康教育的实施要求，大多数学校的卫生教育课被迫停止。

---

① 汪受宽：《孝经注释》，1 页，上海，上海古籍出版社，2004。

(三)小学生健康教育的制度化阶段

中华人民共和国成立后，我国中小学健康教育得到极大的发展。其特点是结合实际开展丰富的卫生宣传活动，使"卫生教育""卫生宣传"在全国生根发芽。

1990年4月25日，国务院批准施行《学校卫生工作条例》，规定普通中小学必须开设健康教育课，普通高等学校、中等专业学校、技工学校、农业中学、职业中学应当开设健康教育选修课或讲座。这是新中国成立以来颁布的比较全面、系统的法律规范性文件之一，使各级学校开展健康教育工作有章可循，有法可依，对我国学校健康教育全面广泛地开展产生了深远的影响。

1992年5月，国家教委召开九年义务教育理科教学大纲、教科书审查会议，体育学科审查委员会通过了《九年义务教育体育与健康教育教学大纲(初审稿)》。该初审稿规定：在小学三至六年级开设"体育与健康教育"课程，每周3课时，内容包括体育与健康的知识部分和实践部分，使我国中小学健康教育与学科相结合的改革进入了一个新的阶段。[①] 同年9月，卫生部、国家教委、全国爱国卫生运动委员会发布了《中小学生健康教育基本要求(试行)》，正式将健康教育课列入教学计划，并在全国实施。

1994年，国家教委印发的《实行新工时制对全日制小学、初级中学课程(教学)计划进行调整的意见》明确规定，为促进小学生的身心全面发展，要开展健康教育课，并且健康教育课程每周要有0.5课时，体育课程不少于文体类活动课时的一半。

2008年，教育部颁布《中小学健康教育指导纲要》，这是我国现阶段最权威、最具有指导性的小学生健康教育标志性文件。该文件提出了小学生健康教育的指导思想、目标和基本原则，以及不同水平的小学生健康教育的目标和具体内容，还指出了小学生健康教育的实施途径和保障机制。《中小学健康教育指导纲要》指出小学阶段健康教育学科的主要载体为《体育与健康》，要求每学期安排6~7课时，同时还应与"品德与生活""品德与社会"等学科相结合，将健康教育渗透到各个学科。

本阶段小学生健康教育的发展主要有以下特点。

第一，中华人民共和国成立后小学生健康教育事业得到极大的发展，并在全国范围内生根发芽。健康教育课程作为必修课在小学开展；普通高等学校、中等专业学校、技工学校、农业中学、职业中学把健康教育课程作为选修课或定期开展健康教育讲座。

第二，中华人民共和国成立后一系列相关文件的颁布标志着小学生健康教育课程有章可循，有法可依。

第三，小学生健康教育的发展逐渐制度化、法制化、理论化和系统化。从小学至大学，根据学生的年龄特点有针对性地对他们提出要求，并且不同阶段配有不同的健康教材。随着健康教育体系的不断完善，小学生健康教育更加系统化。

---

① 李晋裕：《九年义务教育体育与健康教育教学大纲审查说明》，载《教育学报》，1992(5)。

二、外国小学生健康教育的发展及特点

(一)小学生健康教育的萌芽阶段

早在远古时期，人类就认识到人体的健康与周围环境有着密切的关系，并在与疾病斗争的实践中创造了许多改善环境和保障人体健康的卫生保健措施。

希腊医学家希波克拉底(Hippocrates)提出"应当关心健康人，使他们不得病"；古埃及在卫生保健方面已有很大的进步，除制定系列的卫生条规外，对清洁居室、正常饮食也有严格的规定；古埃及人、古巴比伦人、古犹太人向往"圣洁"，追求健美，重视儿童的疾病预防与体育锻炼，注意保持环境、饮水和身体清洁。

本阶段小学生健康教育的发展主要有以下特点。

第一，人类开始有了健康保健意识，并将健康保健应用于现实生活中。

第二，体育锻炼最先作为卫生保健措施开展。捷克教育家夸美纽斯(Johann Amos Comenius)赞赏"健全的精神，寓于健全的身体"，主张学校要设置宽广的运动场，通过体育锻炼增进儿童健康。他在《母育学校》一书中提出，应该为儿童选择安全的游戏，体育游戏可以促进小学生的身心健康。普鲁士教育家巴泽多(Johannes Bernhard Basedow)于1774年在德绍创办了一所泛爱学校，让小学生在学校接受体育教育和劳动教育，有计划地开展打猎、钓鱼、游泳和爬山等体育活动，通过体育活动达到卫生保健的目的。

(二)小学生健康教育的初步发展阶段

19世纪上半叶，以学校开设健康教育课程为先导，美国实施了一些卫生改革措施，小学生健康教育得到初步发展。例如，1840年美国部分学校开始设立"急救"课，40%以上的幼儿园开始接受系统的学龄前健康教育指导，为小学阶段健康教育的发展奠定基础。1927年英国成立了全国健康教育委员会。此后，健康教育，尤其是小学生健康教育陆续在许多国家的小学开展起来。

本阶段小学生健康教育的发展主要有以下特点。

第一，国家对健康教育有了进一步的认识，开始关注小学生健康教育。例如，美国小学生"急救"课的主要内容包括，在日常生活中保护自身的安全，掌握必要的急救措施，普及急救知识等。

第二，小学生健康教育开始系统化。幼儿在学龄前就开始接受健康教育指导，并掌握一定健康知识，为小学阶段接受健康教育打下了坚实的基础。例如，在美国，在幼儿进入小学后，教师和家长达成一致，保证新生一代在接受力最强、可塑性最大的十多年中，接受到系统全面的健康教育。

第三，小学生健康教育得到社会、学校和家庭的一致认可。1927年，英国健康教育委员会成立，随后苏联等国相继建立了各种体育科学研究机构，各国纷纷把生命健康与体育运动结合起来。学校加强了对体育课的重视，将体育与健康教育紧密

联系起来。小学生健康教育受到了社会各界的广泛重视。

(三)小学生健康教育的进一步发展阶段

20世纪50年代，美国过分强调用生物学的方法减少疾病，认为在生物医学上加大资金投入就能帮助人们控制疾病，对学校健康教育没有足够的重视。直到20世纪70年代，疾病谱发生了根本性的变化，主要传染病基本得到控制，慢性病、退行性疾病、老年病变成了疾病主流[①]，美国联邦政府才意识到不良行为和生活方式是导致非传染病的重要因素，国家才开始重视健康教育。

由于美国政府和社会对健康教育事业的重视，各行各业对健康教育方面的专家及人员的需求迅速增加。从20世纪20年代起，美国小学就设有健康教育课程，并且联邦政府对小学生健康教育师资培养的财政投入增大，对健康教育教师的考核条件提升。1984年，美国联邦政府与美国社会健康协会（American Social Health Association，ASHA）共同对学校健康教育情况进行了调查，其中有24个州将保健教育课程成绩作为高中毕业的必需条件之一。这一系列措施推动了小学生健康教育的进一步发展。

本阶段小学生健康教育的发展主要有以下特点。

第一，国家加强了对小学生健康教育的重视，并加大了健康教育师资的培养。疾病谱的根本性转变，使健康教育在国家的角度被重新认识，国家不仅明确了小学生健康教育的培养目标，而且还提高了对健康师资的考核要求。

第二，小学生健康教育的发展逐渐系统化。据调查，1984年美国24个州将健康教育课程成绩作为高中毕业必要考核成绩之一，并对中小学生健康教育学习效果进行考核。1918年，美国小学生健康协会成立，该协会认为今后学校的卫生教育要转变成全面的健康教育，这也使得"健康教育"一词开始频繁地出现在公众面前。[②]

第三，部分学校将健康教育作为必修课。自1920年始，美国小学陆续开展"医生（保健）、教师和家长三位一体联合行动"教学示范点。试点效果表明，在学校开展健康教育课程不仅能使学生掌握健康知识，树立正确健康观，还有助于培养学生健康行为习惯，对其健康成长有很好的干预作用。随后各级各类的健康教育协会陆续成立，美国小学健康教育的发展逐渐走向制度化。

(四)小学生健康教育的成熟阶段

菲律宾把健康教育作为国家政策，并以法律形式颁布，标志着小学生健康教育的成熟。在菲律宾，健康教育、营养卫生服务和有关的健康计划得到了负责小学、初中、高中和非正规教学四个主管局，以及学校卫生与营养中心的支持，他们有一套完整的学校综合健康教育计划。在小学一至二年级，每周分别安排100分钟和150分钟用于自然科学和卫生课的教学。在三至四年级，自然科学和卫生课开始作

① 秦倩：《国际政治格局演变下的传染病防控》，载《环球》，2020(5)。
② 谢士威、米光明：《美国健康教育历史沿革》，载《中国健康教育》，1998(4)。

为独立学科，每周不少于 200 分钟。①

1964 年，日本颁布了学校环境卫生标准，后来又多次进行修订。日本各级学校都有详尽的健康教育计划。文部省规定小学五至六年级学生每周都要上一节保健体育课，把保健与体育活动紧密结合起来，强调培养小学生对健康和体力的自我理解、自我管理能力，这对小学生身体的正常发育具有重要作用。

苏联实行八年义务教育制。在接受义务教育之前，绝大部分幼儿接受 3～4 年的幼儿园教育。在幼儿教育中学习卫生知识，培养良好的卫生习惯，使健康教育在八年义务教育中继续被系统化、深入化和扩展化。小学生健康教育由教育部领导、卫生部给以技术协助，学校健康教育教师需要在五年制的师范学院毕业。这些措施对苏联小学生健康教育的发展产生了深远的影响并取得了巨大的社会效益。

韩国从小学到大学的健康教育制度也很健全，小学 6 学年与初、高中各 3 学年健康教育的课程都有明确规定；健康教育的师资由全国 11 所教育大学和 27 所师范大学培养，小学生健康教育已是国家教育计划的重要组成部分。

本阶段小学生健康教育的发展主要有以下特点。

第一，小学生健康教育受到普遍重视，并在世界范围内开展。日本、苏联、菲律宾、韩国等，都非常重视小学生健康教育的发展。菲律宾把健康教育课程作为国家政策并以法律的形式颁布。

第二，小学生健康教育制度趋于完善，健康教育师资不断增强。例如，近年来日本小学生身体形态各项指标均明显提高。养护教谕制度是日本的一种特例制度，在中小学设立的养护教谕主要担任全校的健康教育与卫生指导。养护教谕需经过专业培养才可任职，比教师要求高，但与校内的医生、护士工作不同，健康教育教师的专业化水平得到提高。

第三，小学生健康教育作为一门独立学科在学校开展，并渗透于小学生的日常学习中。例如，苏联从小学生生活实际出发，通过晨检、小小卫生员、红十字少年、急救演习、卫生运动、卫生夏令营等课外活动，为新一代小学生身心健康发展，树立正确的卫生意识、价值观打下牢固的基础。

第三节　小学生健康教育的研究内容

依据《中小学健康教育指导纲要》，结合小学生健康教育的特点，本书把小学生健康教育分为七个方面，即小学生健康行为和生活方式、生长发育、常见病和传染病、积极心理品质、体育锻炼、安全、营养膳食。根据《中小学健康教育指导纲要》，

---

① 陈凯：《菲律宾的学校健康教育——面向综合性》，载《中国健康教育》，1994(11)。

小学各年级健康教育的基本内容各有侧重，本节仅条理性地列出这些内容，没有具体展开分析。

一、小学生健康行为和生活方式

《中小学健康教育指导纲要》对小学三个阶段学生的健康行为和生活方式内容的规定是：小学1—2年级学生的健康行为和生活方式包含小学生日常生活的方方面面。比如，不随地吐痰，不乱丢果皮纸屑等垃圾；咳嗽、打喷嚏时遮掩口鼻；勤洗澡，勤换衣，勤洗头，勤剪指甲；不共用毛巾和牙刷等洗漱用品；不随地大小便，饭前便后要洗手；正确的洗手方法；正确的身体坐、立、行姿势；正确的读写姿势；正确做眼保健操；每天早晚刷牙，饭后漱口；正确的刷牙方法以及选择适宜的牙刷和牙膏。同时在预防龋齿和健康饮食、疾病预防等方面做出了较为详细的规定。小学3—4年级学生的健康行为和生活方式包含读书写字、看电视、用电脑的卫生要求；预防近视、眼外伤和饮食等方面的健康行为与习惯。小学5—6年级学生的健康行为和生活方式主要包括合理膳食、适量运动、戒烟限酒、心理平衡等。比如，日常生活饮食应适度，不暴饮暴食，不盲目节食，适当吃零食；不采摘、不食用野果、野菜；不吸烟，不饮酒，远离毒品，学习自我保护的常识和简单方法。

在小学生健康行为和生活方式方面，本书认为健康行为和生活方式可以促使小学生身体健康与心理健康，并能促进小学生全面发展。但是目前小学生的健康行为和生活方式状况并不理想，需要从多方面加以改进，如通过有效的社会活动、学校活动、家庭教育以及小学生自身的努力。

二、小学生生长发育

《中小学健康教育指导纲要》对小学三个阶段学生的生长发育内容做出的规定是：小学1—2年级学生了解生命孕育、成长基本知识，知道"我从哪里来"。小学3—4年级学生了解人的生命周期，包括诞生、发育、成熟、衰老、死亡；初步了解儿童青少年身体主要器官的功能，学会保护自己。小学5—6年级学生要了解青春期的生长发育特点；男女少年在青春发育期的差异（男性、女性第二性征的具体表现）；女生月经初潮及意义（月经形成以及周期计算）；男生首次遗精及意义；变声期的保健知识；青春期的个人卫生知识；体温、脉搏测量方法及其测量的意义。

在小学生生长发育方面，本书首先论述了小学生各个年龄段的生长发育特点，讨论了小学生良好生长发育的表现，即小学生身材匀称，营养均衡，脊柱发育良好和视力良好；然后根据小学生生长发育所处的阶段特点，总结出小学生在生长发育方面存在的问题，进而提出解决措施，即通过社会、学校、家庭及小学生自身努力，有效促进小学生良好生长发育。

三、小学生常见病和传染病

《中小学健康教育指导纲要》对小学三个阶段学生常见病内容的规定包括：小学1—2年级学生主要有咳嗽、脊柱弯曲异常、龋齿，以及一些传染病；小学3—4年级学生主要有肠道寄生虫病、营养不良、肥胖和冻疮等常见病和流感、水痘、腮腺炎、麻疹、流脑等呼吸道传染病等；小学5—6年级学生主要有贫血、细菌性痢疾、伤寒与副伤寒、甲型肝炎等肠道传染病以及疟疾、流行性出血性结膜炎（红眼病）、碘缺乏病、血吸虫病（可根据地方实际选择）等疾病。

本书认为，小学生身体发育尚未完全，免疫力没有达到较好水平，因此容易受到各种易发病的侵害。目前小学生的常见病包括近视、龋齿、贫血、哮喘、腹泻及便秘；小学阶段的传染病主要有麻疹、结核、水痘、腮腺炎等，从各个方面影响着小学生的健康。本书根据这些疾病的诱因及小学生所处的环境等因素，提出可行性措施，如需要养成健康的生活习惯和卫生习惯，加强自身免疫力从而有效预防疾病。

四、小学生积极心理品质

《中小学健康教育指导纲要》对小学三个阶段学生积极心理品质内容的规定是：1—2年级学生能在日常生活中使用礼貌用语，与同学友好相处；3—4年级学生能初步了解生命的意义和价值，树立保护生命的意识；5—6年级学生能保持自信，自己的事情自己做。

本书概括了当前小学生存在的几种心理问题——学习心理问题、情绪情感问题、自我意识问题、人际关系障碍以及个性心理问题，分析了当前小学生的心理状况，提出了通过社会、学校、家庭、教师和学生自身等方面改善小学生的心理状态，培养小学生积极心理品质的建议。

五、小学生体育锻炼

《中小学健康教育指导纲要》强调，通过体育锻炼，使3—4年级学生了解体育锻炼对健康的作用，包括促进生长发育和预防疾病，初步学会合理安排课外作息时间；5—6年级学生要知道体育锻炼时自我监护的主要内容（主观感觉和客观检查的指标）。

小学生体育锻炼方面，存在着社会、家长和学生忽视体育锻炼、小学生体育锻炼运动量不足、体育课重视程度不够等问题。因此，家长和学校要树立正确的体育与健康理念，完善学校的培养目标，科学选择体育锻炼内容，主动创新锻炼类型，完善体育锻炼评价体系，帮助小学生合理开展体育锻炼，从而使小学生保持良好的身体状态和精神状态，以更好地完成学习任务。

六、小学生安全

《中小学健康教育指导纲要》关于小学三个阶段学生安全方面的内容包括：小学

1—2年级学生要注意常见的交通安全标志，基本交通规则，游戏安全、防火用电安全，卫生安全，突发紧急情况安全（医疗求助、火警、匪警电话等）；小学3—4年级学生要注意游泳和滑冰的安全，不乱服药物和不乱用化妆品，火灾和地震发生时的逃生与求助，动物咬伤或抓伤后的应急处理，简便止血方法（指压法、加压包扎法）；小学5—6年级学生要注意骑自行车安全常识，常见的危险标识（如高压、易燃、易爆、剧毒、放射性、生物安全），煤气中毒的预防，触电、雷击的预防，中暑的预防和处理，轻微烫烧伤和割、刺、擦、挫伤等的自我处理，提高网络安全防范意识。

本书认为，目前我国存在对小学生安全教育教学的重视程度不够、部分小学生缺乏安全应急的基本知识和技能、小学生安全事故频发等问题。本书在分析小学生面临的自然灾害、交通事故、食品安全与网络安全等安全教育问题的基础上，提出通过社会、学校、教师、家庭等方面进行安全教育，可以有效提升小学生安全教育的效果。

七、小学生营养膳食

根据《中小学健康教育指导纲要》，小学三个阶段学生的营养膳食内容包括：1—2年级学生要适量饮水，每日适宜饮水量，提倡喝白开水；吃好早餐，一日三餐有规律；偏食、挑食对健康的影响；经常喝牛奶、食用豆类及豆制品有益生长发育和健康。3—4年级学生不吃不洁、腐败变质、超过保质期的食品；生吃蔬菜水果要洗净；知道人体所需的主要营养素。5—6年级学生要做到膳食应以谷类为主，多吃蔬菜水果和薯类，注意荤素搭配；日常生活饮食应适度，不暴饮暴食，不盲目节食，适当吃零食；购买包装食品应注意查看生产日期、保质期、包装有无胀包或破损，不购买无证摊贩食品；容易引起食物中毒的常见食品（发芽土豆、不熟扁豆和豆浆、毒蘑菇、新鲜黄花菜、河豚鱼等）；不采摘、不食用野果、野菜。

本书认为，小学生在膳食方面存在诸多问题，诸如挑食、饮食不规律、偏爱零食与饮料、餐量分配不合理、减肥不当、摄入不足等不良饮食习惯。这些不良饮食习惯可能会造成小学生食欲不振，错误地减肥，维生素的摄入不足，以及消化功能较弱等危害。为保证小学生健康成长，本书提出食用适量蔬菜水果、保证食物多样、饮食需清淡少盐、注意饮食清洁、平衡食量与体力活动、注意营养的摄入、让学校提供营养餐等建议。

第四节 小学生健康教育的原则

小学生健康教育的原则，是指在健康教育过程中，教育者要根据小学生健康教育的目的，以及健康教育的培养目标，结合小学生身心发展特点和规律而提出的指导小学生健康教育工作的基本要求。它是健康教育经验的概括与总结。学校健康教育要把培养小学生的健康意识、提高小学生的健康素质作为根本的出发点，注重实用性和实效性。根据《中小学健康教育指导纲要》的要求，结合小学生健康教育的特殊性，小学生健康教育应当遵循以下几个基本原则。

一、科学性与教育性相统一原则

科学性与教育性相统一原则，是指在健康教育过程中，以马克思主义为指导，健康教育内容要符合科学的健康理论，健康教育要从小学生实际情况出发，依据健康教育教学规律，来确定健康教育的目标、设计与实施健康教育的方案。同时小学生健康教育要充分发挥其"教书育人"的功能，体现"以人为本"的教育理念，与小学生思想品德的培养结合起来，时时处处体现出教育性。贯彻这一原则要注意以下几个方面。

第一，要体现"以人为本"的教育理念。"以人为本"既是我国教育的基本理念，又是小学生健康教育的基本准则。在开展小学生健康教育的过程中，不论教育方针、教育目的的确立，还是教育培养目标的制定都需要体现"以人为本"的理念，充分发挥教书育人的功能。一方面小学生健康教育要贯彻党的教育方针，以培养符合我国需要的全面发展人才为基本目的；另一方面小学生健康教育要遵循小学生的年龄特点和身心发展规律要求，制定适合小学生的培养目标。

第二，要确立正确的指导思想和科学的理论基础，以保证小学生健康教育研究的方向性和科学性。要确保小学生健康教育研究的规范性和科学性，一方面小学生健康教育的相关概念、原理、定义和论证等内容要科学规范与准确；另一方面小学生健康教育的研究内容要符合客观实际，能反映出健康教育的本质。

第三，要保持小学生健康教育研究的科学态度。一方面要实事求是地反映现状，发现小学生健康教育中存在的问题，分析问题产生的原因，并提出有针对性的建议和对策；另一方面小学生健康教育的目标、实施过程、方法要科学合理，既要符合小学生身心发展的规律和特点，又要符合教育自身的规律和要求。

第四，小学生健康教育的内容选择、过程设计、方法选择要体现教育性原则。小学生健康教育，要选择那些健康的、有利于小学生品德形成的内容，充分体现出教育性；过程设计和方法选择要适合小学生思想品德形成的规律。

第五，充分发挥教师的榜样示范作用。教师要做到为人师表，充分发扬自身的积极因素，注意自身行为的示范性；在具体的健康教育过程中，要根据小学生的具体情况，培养他们的积极进取精神，帮助他们树立正确的世界观、人生观和价值观。

二、传授健康知识与培养健康技能并重原则

传授健康知识与培养健康技能并重原则，是指在小学生健康教育过程中要传授

系统的有关健康和健康教育的知识，同时注意培养小学生的健康技能，使知识传授与技能培养相得益彰。这一原则的提出反映了小学生健康知识与健康技能之间密切关联、相互促进的关系。贯彻这一原则要做到以下几点。

第一，保证传授的健康教育知识的科学性、系统性和全面性，保证其知识结构的合理性。知识的编排要有逻辑性，并符合小学生掌握知识的心理和年龄特征，使小学生易于接受。

第二，健康和健康教育知识传授的过程要遵循小学生认知发展的规律，引导小学生自觉掌握和应用知识，以有效发展小学生的健康能力和技能，促进小学生健康成长。

第三，要教会小学生学会学习，使他们在不断地学习健康知识中发展自己的能力，并形成自己的技能。

三、螺旋式递进原则

螺旋式递进原则，是指在小学生健康教育过程中传授健康知识和养成技能要遵循科学健康知识本身的系统性和严密性、学科的逻辑系统和学生认识能力发展的顺序性和阶段性，采取持续、连贯、系统和循序渐进的方式方法来进行。这一原则的提出反映了知识结构的逻辑性和小学生身心发展规律之间的关系。贯彻这一原则的要求如下。

第一，要保证传授系统的、科学的健康教育知识，充分理解健康知识体系的内在逻辑性。

第二，要了解小学生身心发展的特点和规律，尤其是他们认知能力发展的特点和规律。

第三，注重知识传授和技能培养的系统性。在教学过程中教师要做到加强新旧知识的联系，做到以旧带新和以新固旧；要突出重点难点，做到主次分明；要随时指导学生对所学知识进行及时的归纳与整理，进行认知结构的重启；在讲课时既要注意本门学科的逻辑顺序，又要关注相关学科之间的横向联系。

第四，注意健康知识传授和技能培养的循序渐进性。向小学生传授健康知识和培养其健康技能必须由近及远，由浅入深，由简到繁。同时，还要注意教育教学环节之间的衔接。

四、传授健康知识与培养健康意识和健康行为相统一原则

传授健康知识与培养健康意识和健康行为相统一原则，是指在小学生健康教育过程中，健康知识的传授要有助于小学生形成健康意识和健康行为，把提高小学生的健康意识与培养健康的行为习惯结合起来。该原则体现了健康教育知行统一的规律。贯彻这一原则应当做到以下几个方面。

第一，加强关于健康的理论教育，提高小学生的健康认识能力。教师要有目的、有计划地进行健康行为训练，教育学生将正确认识付诸行动，形成良好习惯，在经常变化的生活环境、学习活动中，做到认识与行动一致。

第二，在"知"的前提下，要及时对小学生的健康行为进行褒贬和奖惩，这样才能强化小学生对健康教育的认识，为小学生的"知行合一"创造良好的情境。

第三，组织和引导小学生参加社会实践活动，通过实践活动让小学生加深对健康教育的认识，增强情感体验和养成健康行为，从而有助于小学生从健康意识到健康行为和习惯的顺利实现。

五、总体要求与地方实际相结合原则

总体要求与地方实际相结合原则，是指在小学生健康教育中要正确处理国家总体要求和地方具体情况之间的关系，在充分理解国家有关小学生健康教育的宗旨、指导思想和目标等总体要求的前提下，积极探索适合地方特点的健康教育的具体目标和实施方案，从而实现国家总体要求与地方实际的有机结合，促进健康教育的顺利开展和促进小学生的健康发展。贯彻这一原则的基本要求如下。

第一，全面了解国家有关小学生健康发展的总体要求。要根据《中小学健康教育指导纲要》等文件，制定本地区小学生健康教育的具体目标，有计划、有目的、有步骤地实施健康教育。

第二，充分了解本地区小学生健康教育的实际，在师资配置、教学设备设施、教学及管理等方面做出详细规划，并体现出地方特色。

第三，形成由学校、家庭和社会共同组成的教育网络。在健康教育过程中，教育工作者应主动协调多方面的教育力量，加强学校与家庭、社会之间的合作，形成有利于小学生学习、成长的环境和氛围。利用多种有效手段将社会健康教育、家庭健康教育与学校健康教育联系起来，逐步形成以学校为中心的"三位一体"的健康教育网络，从多方面丰富小学生的健康知识，以此形成教育合力来最大限度地发挥健康教育的整体教育作用。

六、健康教育理论知识和小学生生活实际相结合原则

健康教育理论知识和小学生生活实际相结合原则，是指在小学生健康教育过程中要把科学规范的健康教育的观念、思想和方法与小学生的实际生活结合起来，用科学的知识武装小学生的头脑，帮助小学生形成正确的健康意识、生活方式和行为习惯，把提高小学生的健康意识与实际生活紧密结合起来，使他们健康成长。贯彻这一原则的基本要求如下。

第一，正确处理健康教育理论知识与小学生实际经验之间的关系，丰富小学生有关健康教育和健康活动的内容，引导小学生把健康教育活动和自己的生活实际结

合，并注重开发相关的校本课程或乡土教材。

第二，加强健康教育的实践环节，培养小学生的动手能力和将知识应用于实际的能力。

第三，引导小学生把健康知识主动应用于自己的日常生活和学习过程中，使小学生养成健康的行为习惯和生活方式。

第五节　小学生健康教育的研究方法

小学生健康教育的研究方法，是指为完成小学生健康教育任务、实现健康教育目标，研究者所选择和采用的手段、措施、途径和办法的总称。科学合理的研究方法有助于研究者对小学生健康教育现状的系统考察，有助于发现和分析健康教育中存在的问题及其形成原因，有助于找出小学生健康教育的规律。根据小学生及小学生健康教育的特点，本书主要介绍观察法、调查法和实验法。

一、观察法

观察是研究者获取信息最重要的途径之一。小学生健康教育研究的观察必须建立在科学健康知识的基础上，明确观察的目的和意义，不仅要有利于培养学生掌握一定的健康知识，而且要使学生获得一定的自我保护的能力。

(一)观察法的概念

观察法是指研究者有目的、有计划地通过感官和辅助仪器，对处于自然状态下的客观事物进行系统考察，从而获取经验事实的一种科学研究方法。观察法是教育科学研究使用频率较多的一种方法。观察法不限于肉眼观察、耳听手记，还可以利用视听工具，如录音机、录像机等。在观察过程中，对观察对象不加任何干预、控制，要有翔实的观察记录，获得客观、真实的数据。

(二)观察法的类型

(1)按观察时的环境条件，观察法可以分为自然观察法和实验观察法。自然观察法是指在自然情景中对观察对象不加干预和控制的状态下考察人的各种心理活动和行为表现，搜集研究资料的一种方法；实验观察法是指通过人为地改变和控制一定的条件，有目的地引起观察对象的某些心理现象，以便在最有利的条件下对他们进行观察，搜集有关研究资料的一种方法。在自然观察法中，研究者只能被动地等待观察目标行为自发地出现，而采用实验观察法时，研究者则可以人为地创造一些条件，根据需要改变和控制观察对象。

(2)按观察时是否借助仪器设备，观察法可以分为直接观察法和间接观察法。直接观察法是指观察者凭借自己的感官直接感知观察对象，从而获得第一手观察资料的一种研究方法，如研究人员不带任何仪器设备随堂听课，边听、边看、边记录；间接观察法是指借助各种观察仪器摄录观察现象，获取事实资料的一种研究方法。它突破了直接观察中观察者的感官阈限，可供日后重复观测和反复分析。

（3）按观察者是否直接参与观察对象所从事的活动，观察法可以分为参与观察法和非参与观察法。参与观察法是指观察者参与到观察对象的活动中，作为其中一员，与观察对象建立比较密切的关系，在相互接触和直接体验中倾听和观察观察对象的言行，从而获得观察资料的一种方法。观察者有两种方式参与观察：一是观察者公开自己的真实身份，参与到观察对象的活动中去；二是观察者隐瞒自己的身份，以一个普通活动者的角色参与到观察对象的活动中去。非参与观察法，是指观察者不介入观察对象的活动，通过旁观获得观察资料的一种方法，故又称局外观察。一般而言，非参与观察法比较客观、公正，但由于未参与观察对象的活动，因而缺乏对观察资料的深刻理解。

（4）按观察内容是否有统一设计的、有一定结构的观察项目和要求，观察法可以分为结构式观察法和非结构式观察法。结构式观察法是指观察者根据事先设计好的观察提纲并严格地按规定的内容和计划所进行的可控性观察；非结构式观察法是指对观察范围采取弹性态度，不预先确定观察内容和观察步骤，亦无具体记录要求的非控性观察。非结构式观察法比较灵活，适应性强，而且简便易行。

(三)观察法的步骤

（1）界定研究问题，明确观察目的和意义。研究问题是根据观察需要而设计的，需要通过观察活动来回答的问题，它必须为解决研究者所要研究的问题服务。

（2）编制观察记录表。观察记录表是帮助研究者获取资料的重要工具。观察记录表是否详细、得当、简单易行，决定着观察效果。

（3）实施观察，收集、记录资料。观察者编制好观察记录表之后，接下来的重要工作就是实施观察。研究者要根据观察记录表收集、记录资料，最终将统计的数据进行分析，得出研究结论。

二、调查法

调查法是小学生健康教育研究中最常使用的一种方法。在进行小学生健康教育调查研究时，研究者要深入调查小学生健康教育现状，发现健康教育问题，弄清事实，为健康教育改革提供事实依据，为健康教育事业的发展积极献言献策。

(一)调查法的概念

调查法是指在健康教育过程中，研究者在教育理论指导下，有目的、有计划地对部分研究对象进行调查，了解小学生健康教育的总体现状，分析其因果关系，从而揭示小学生健康教育的发展规律，寻求问题解决办法的一种研究方法。相对于其他研究方法，调查法具有自然性、间接性、适用性、灵活多样性和自主性等优点。

(二)调查法的类型

根据不同的分类标准,教育调查法可以分为不同的类型。本书依据调查研究方式的不同把教育调查法分为问卷调查法、访谈调查法、文献资料调查法。

(1)问卷调查法。问卷调查法是指根据一定的研究目的设计问卷,以书面形式向调查对象收集资料,通过分析揭示某种教育的本质及规律的调查方式。它既包括以提问形式,让调查对象做出书面回答的方式,也包括采用测验方法进行定量化的测定,还包括使用调查表对调查对象进行调查登记。问卷调查法简便易行,省时省力,所收集的材料也较易整理统计,但很难保证100%的问卷回收率,而且难以深入了解问题,调查对象的回答或真或伪也不易区分或核定。

(2)访谈调查法。访谈调查法是指根据研究目的选择一定的调查对象,就研究的有关问题以访问、谈话等方式了解情况、搜集资料的一种调查方式。访谈可以采取个别访谈或召开座谈会等方式进行;可以直接访谈调查对象,也可通过与调查对象有关的个体间接了解调查对象。访谈调查有利于更详细、准确、真实地了解有关细节,但访谈过程中易掺入调查者的主观猜测或倾向,而且比较费时费力。

(3)文献资料调查法。文献资料调查法是调查研究法中普遍使用的一种方法。它是通过已有的文字、音像等资料间接了解调查对象的一种调查法。文献资料内容非常丰富,包括档案、文件、录音、录像、统计年鉴、报表、报告等。在一般情况下,文献资料调查法不单独使用,而是作为一种补充方法配合其他方法使用。

(三)调查法的一般步骤

(1)选择课题。通过对教育领域中研究形式的把握和实际问题的发现,来确定调查目的,选择研究方向,确立调查课题。

(2)明确调查目的,准备调查材料和工具。明确调查目的,是做好教育调查研究的基础;编制调查计划,是开展教育调查活动之前的一项重要准备工作,也是做好教育调查研究的有力保障。调查计划的内容一般应包括调查目的、调查对象、调查步骤、调查项目和调查方法等。

(3)实施调查。根据不同的调查方法,做好充分的准备工作,如准备好访谈法所采用的访谈提纲或访谈表格等,然后进行实地调查,以全面地了解和掌握情况。

(4)撰写调查报告。把调查研究写成调查报告,这标志着调查研究的结束,但又是整个调查研究过程中至关重要的一个环节。没有调查报告的产生,就无法体现调查目的,无法反映调查结果,也不可能发挥调查报告所具有的指导作用。

三、实验法

实验法因其研究结果客观、准确和可靠,研究过程严密,具有逻辑性,是小学生健康教育研究中经常使用的一种研究方法。

(一)实验法的概念

教育实验法是研究者利用科学实验的原理和方法,以一定的教育理论及其假设为指导，有目的地控制和操纵某些教育因素或教育条件，通过观测与所控制的条件相伴随的教育要素或教育现象变化的结果，来揭示教育活动规律的一种方法。实验研究的目的是发现事物间的因果关系，它是各类研究中唯一能确定因果关系的研究。

(二)实验法的特点

(1)以科学的假设为前提。实验法要求在实验开始前就必须有一个明确的科学假设。教育实验是针对教育中存在的某种问题，提出有科学根据的设想和假说，然后付诸实验的检验，从而得出结论，接受或拒绝假设。例如，研究型学习与发展学生能力有什么关系？班队活动与班级集体的凝聚力有什么关系？师生关系对学生人格的发展有哪些影响？某种教学方法能否促进学生的学习能力？这些都可以提出不同的理论假设，并通过实验加以验证。

(2)严格而积极主动地控制实验过程。实验法是在严格控制的条件下，人为设置某种情境，积极主动地促使某些现象、性质特征的出现，进而揭示事物、现象发生的原因。在教育实验中，自变量即实验因素；因变量即实验效果，是依赖其他变量而变化的变量，是实验因素等变量作用下的反应，是实验的结果。例如，在教学方法改革的实验中，教学方法即自变量(实验因素)，教学质量是因变量(实验结果)，实验控制即控制除实验因素以外的其他因素(如年龄、人数、智力、学习成绩、教师水平、教材、学生努力程度、教学时间等)对实验结果的影响。控制是实验法的本质特征和精髓，没有控制，也就称不上实验。

(3)探求变量间的因果关系。教育实验的主要目的是探求变量间的因果关系。因为实验过程中一切无关因素都已受到严格控制，所以作用于因变量的只有实验因素。例如，在实验研究"小学美术深入尝试教学法培养学生创新能力的实验"中，实验因素是深入尝试教学法，因变量是学生的创新能力。在对"尝试教学法"做出操作性定义后，分别在低年级和高年级学生中各选两个班进行为期一学期的实验。实验班学生在每个教学内容中在创作前都进行深入尝试，而对照班学生在创作前不进行深入尝试，在严格控制其他条件的情况下，一学期下来，实验班学生的作品与对照班学生的作品相比，在运笔用墨和画面内容以及创造想象上更丰富，在画面构成上更饱满，在个性特征上更鲜明，而且整个画面都洋溢着活泼、朝气、童趣。由此揭示了深入尝试教学法与创新精神培养的因果关系。

(4)具有可重复性。可重复性是指在同样实验条件下，可以在不同地区、不同单位获得同样的实验结果。实验结果本身就是经过长期反复的实验获得的。一旦某一因果关系确定后，可以肯定它具有较高的科学性。因此，如果在相同的实验情境下，施加同样的实验因素，控制好无关因素的干扰，按同样的方法加以操作，应该能够获得基本相同的结论。教育实验的可重复性，使得实验结果具有更强的说服力和推广价值。

(三)实验法的类型

(1)根据实验是否具有开创性,实验法可分为开创性实验、验证性实验和改造性实验。开创性实验是指前人从未做过的实验,具有开创性;验证性实验是指前人已经做过的实验,研究者按照相同的方法重复进行,包括第一轮实验后的第二轮实验,如"关于某一地区素质教育经验的实验研究"等;改造性实验是指在别人做过的实验的基础上,根据本地、本单位实际加以充实、改进的实验。

(2)根据对实验的控制程度,实验法可分为真实验和准实验。真实验是对所有可能会影响实验效果的因素都做了充分的控制的实验。教育实验主要采用自然实验法,因此实验对象和实验环境很难做到充分严密的控制,如实验组和对照组成员未能进行完全等同的搭配等。这种缺少一个或几个方面的控制的实验,就是准实验。常见的准实验有在组间特质不相等的情况下进行的实验,对各组未施行前测的实验,对实验环境未很好进行选择和控制的实验等多种情况。从某种意义上说,教育实验只可能是准实验。

(3)根据课题覆盖区域的大小,实验法可分为单科单项实验、多科实验和整体实验。单科单项实验是指一门学科或一项专门性的教育活动的实验,如小学语文注音识字、提前读写的实验,小学英语"三位一体"教学法改革实验,小学语文"四结合"的实验等。多科实验是指包括两门及两门以上学科的一项或多项教育活动的实验,如计算机辅助教学的实验,涉及语文、数学、常识等各学科;基础教育课程改革实验涉及基础教育各门课程的设置、学时、进度等。整体实验也称综合实验,是指利用系统和整体的现代思维方法,研究整体内部各要素及其组成结构的改革,以求整体功能最优化的教育实验。整体实验往往涉及教育环境、学校管理体制、评价体系、教学方法、课程设置等各要素,如"中小学教育整体改革""小学生最优化发展综合实验"。

(4)根据实验因素的多少,实验法可分为单因素实验、双因素实验和多因素实验。单因素实验是指在实验过程中,仅施加一个实验因素的实验。例如,在"小学低年级学生抄写生字遍数与识字巩固率关系的研究"中,实验因素只有学生抄写生字遍数一个。双因素实验是指在实验过程中,施加两种实验因素的实验。例如,在现代小学数学集中练习教学法及教材体系改革的实验中,实验因素包括集中练习教学法和教材体系改革两个。多因素实验是指在实验中施加了三个及以上的实验因素的实验。前面提及的教育整体改革实验都属于多因素实验。例如,北京教育学院所做的"小学语文能力整体发展的实验"就是涉及语文课程、教材、教法三个因素的多因素实验。

(四)实验法的步骤

教育实验过程一般可分为准备实验、实施实验、总结与评价实验三个阶段。

1. 准备实验阶段

准备实验阶段的主要任务是制定实验方案。该方案应包括以下内容。

（1）确定研究课题，明确实验目的。实验研究课题的表述应简明，对课题中涉及的关键概念应做界定，并明确该实验课题研究的目的。

（2）设计理论框架，形成实验假设。研究者要做先期的调查研究，查阅有关文献资料，在充分讨论的基础上，按照实验研究的目的设计实验的理论框架，明确实验的指导思想和教育观念，在此基础上确定实验的具体目标，并对实验研究的方向、范围以及如何搜集、分析和解释数据资料做出明确的规定。

（3）选择被试，分解实验变量，进行实验设计。研究者要具体说明实验被试选择的方法、被试分组的方法，以及是否设置对照组。分解实验变量时要准确描述实验课题的自变量、因变量、无关变量，还应对这些变量的操纵、控制措施以及实验手段、条件等进行规定，进行合理的实验设计，最大限度地提高实验的效度。

（4）编制测量工具，选择统计方法。研究者要根据实验的目的要求，设计好搜集实验资料和数据的方法，准备好测定因变量的工具，决定采用什么样的统计方法，从而明确评价因变量的指标。

（5）预设实验过程。说明实验阶段和过程、研究任务的预计完成时间等。

2. 实施实验阶段

实施实验阶段是实验的实质性阶段。研究者和实验人员应按照实验设计，有条不紊地展开实验。各个阶段和过程的主要任务是按照实验设计进行实验处理；采取有效办法，消除无关变量的影响；搜集实验数据和其他实验资料，随时观察和测量操纵自变量所产生的效应。

3. 总结与评价实验阶段

总结与评价实验阶段是实验的结束阶段。该阶段的任务包括：一是分析处理实验中所获得的资料数据，在统计分析的基础上对变量做因果分析，肯定或否定实验假设，得出科学结论；二是评价实验结论，写出实验报告。

第六节　小学生健康教育的评价与实施途径

一、小学生健康教育的评价

评价是一种价值判断的活动，是对客体满足主体需要程度的判断。教育评价是指在一定教育价值观的指导下，依据确立的教育目标，通过使用一定的技术和方法，对所实施的各种教育活动、教育过程及教育结果进行科学判定的过程。小学生健康教育评价是指评定小学生健康教育工作是否达到预期效果，它不仅有助于了解小学生健康教育开展的目的，还是全面检验、控制、判断和保证小学生健康教育工作顺利实施并达到预期效果的关键措施。

(一)小学生健康教育评价的目的和功能

1. 小学生健康教育评价的目的

确定小学生健康教育计划以及健康教育干预的价值，并为健康教育计划的进一步实施和项目的决策提供依据。具体目的包括：确定小学生健康教育计划的先进性和合理性；确定小学生健康教育计划的实施和执行情况；确定小学生健康教育预期目的的完成情况和可持续性；总结概括小学生健康教育的成功和不足之处，并提出改进建议和下一步研究假设。

2. 小学生健康教育评价的功能

小学生健康教育评价的功能主要包括：一是导向、监督功能，即通过评价得出实证性发现和诊断性意见，能够促进小学生健康教育质量的提升，为教育行政部门制定政策、改进工作提供数据支持和科学参考及有效监督；二是鉴定、管理功能，即检验教育工作及其成果，从而为提高教育质量提供依据；三是诊断、激励功能，即对学生在健康教育方面的现状、矛盾和问题进行诊断，分析原因，提出建议。

(二)小学生健康教育评价的指标

小学生健康教育评价的指标从内容上可分为健康观念、健康行为、健康状况和健康知识四个方面的指标。

1. 健康观念的评价指标

健康观念和健康意识是形成良好生活习惯、维护身心健康的基础。个别小学生之所以存在危害健康的行为，是因为缺乏正确的健康观念。因此，小学生健康观念的评价指标应包括是否了解健康的重要性，是否注意公共卫生，是否能够有效预防流行性疾病，是否正确处理健康与运动的关系，是否矫正了不健康的行为习惯，是否正视自身的疾病和心理健康。

2. 健康行为方面的指标

健康行为是小学生身体健康的外在体现，小学生需要通过各种各样的体育活动和良好的生活习惯来增强体质与维护身心健康。健康行为指标具体包括健康生活方式的形成率、不良生活习惯的减少率和健康活动的参与率。其中在生活中形成健康生活方式和良好生活习惯的小学生越多，说明学校健康教育的效果越好。健康活动的参与率包括小学生自觉参加健康教育宣传活动、健康知识竞赛活动以及健康体检活动的人数比例。

3. 健康状况方面的指标

学生的健康状况是评价学校健康教育效果的重要指标。健康状况指标一般包括生理健康指标和心理健康指标，如身体生长发育水平、体重指数、体质、发病率、患病率、因病缺课率以及接受学校心理咨询的比例等。

4. 健康知识水平的评价指标

健康知识是健康教育评价的基本内容，而健康知识水平是评价健康教育的一项重要指标，主要包括健康知识学习的参与率、健康知识的掌握率以及健康知识的达标率。健康知识学习的参与率反映健康教育开展时参与健康教育学习的人数情况；健康知识的掌握率反映个体或群体对健康教育知识的掌握情况；健康知识的达标率是按照事先制定的掌握健康知识的标准，通过调查测试不同时间、不同人群的达标情况。

此外，从教育过程角度划分，小学生健康教育评价指标可分为教学基础指标、教育过程指标和教育效果指标。其中，教学基础指标包括课时、教材教具、教学设施、辅助设施等；教育过程指标包括教学计划、教案、教师培训、教学质量、开课率等；教育效果指标包括书面考核、实际操作、缺课率、体育锻炼等。不同的学校可根据各自学校的具体情况增减评价项目。

(三)小学生健康教育评价的方式

1. 自我评价与他人评价

自我评价是评价者参照一定的标准，对自身的健康教育学习做出的评价。自我评价是一种比较容易开展的评价方式。评价重点包括学生对自身健康意识的建立、基本知识和技能的掌握、健康行为的形成等内容的评价等。

他人评价是来自外部的评价，如教师对学生的评价、学生之间的评价等。他人评价的客观性和真实性较高。自我评价和他人评价多采取调查问卷、座谈、成果展示等方式进行。

2. 过程性评价与终结性评价

过程性评价贯穿于健康教育执行的全过程，可连续不断地进行反馈，以使教学过程不断得到优化。过程性评价一般要将横向和纵向方法相结合，通常包括查阅档案资料、目标人群调查、现场观察三种方法。

终结性评价是在过程性评价的基础上进行的，是对各方面资料的总结性概括，能全面反映健康教育项目的成功与不足之处，为今后健康教育计划的制订、项目的决策提供依据。

3. 质性评价与量化评价

质性评价是小学生健康教育中使用最多的一种评价方式，主要用于发现小学生自身的特点和优点。量化评价建立在质性评价的基础上，体现的是小学生对健康教育课程的学习情况和掌握程度。

二、小学生健康教育的实施途径

学校健康教育是学校教育的一部分，学校管理者应以大健康观为指导，全面、统筹思考学校的健康教育工作，应将健康教育教学、健康环境创设、健康服务提供等有机结合，为学生践行健康行为提供支持，以实现促进学生健康发展的目标。

(一)学科教学活动

(1)小学生健康教育教学方式的选择。学科教学要结合社会要求和小学生身心发展的特点与个性特征，联系生活实际，选择适合小学生的健康教育方式。小学生健康教育要顺应时代发展，适应小学生心理发展特点，以有利于激发小学生的学习兴趣，满足小学生健康教育的需要。在设计健康教育课程时，教师不仅应考虑教育内容的范围、相关性和科学性，还应考虑小学生的人格特质，并以小学生希望接受的方式进行健康教育。

(2)充分利用现有资源。健康是一个广泛的概念，涉及生活的方方面面，学校健康教育体现在教育过程的各个环节，各地在组织实施的过程中，要注意健康教育与其他相关教育，如安全教育、心理健康教育有机结合，把课堂教学与课外活动结合起来，发挥整体教育效应。

(3)充分利用现代信息技术，激发小学生对健康教育的兴趣。现代信息技术已经通过各种方式融入小学生的课堂中，先进技术的引入可以给小学生带来新的感觉，激发小学生对健康教育的好奇心，提高小学生对健康教育知识的理解能力。例如，教育片、专门课程、讲座、竞赛等，通过现代信息技术将有关健康教育的知识传递给小学生，可以克服时间和空间的限制，提高小学生理解健康教育知识的能力。通过使用多媒体工具来表现的健康教育知识，可以让学生将文本或视频组合在一起学习，以增加他们的兴趣。

(二)班主任工作

(1)班主任要重视自身修养，以健康的行为来感染学生。班主任的自我修养具有潜在的教育感染力，班主任只有自己保持身心健康，才能更好地对学生开展健康教育。因此，班主任要时刻注意自身的修养，积极地悦纳自己，客观地了解和评价自己，以自身的健康行为来教育和影响学生的健康行为，潜移默化地改变学生。

(2)营造良好的班级文化和情感氛围。班主任要努力构建健康文化环境和情感氛围，提高班级健康生活质量和学生健康素质。创设健康、和谐、美好的班级氛围，对小学生具有潜移默化的感染力，能唤起学生对健康运动、生活的热爱，可促进团结、友爱、互助的人际关系的形成，让学生更好地体验健康生活在班集体中的乐趣。

(3)通过班风建设和教室布置以及各种活动来营造良好的班级健康氛围。比如，在教室的展示栏中粘贴学生的关于健康的优秀作品；充分利用教室的资源，让每一面墙和每一个角落都会"说话"，如建设班级健康领域读书角和阅读角，开展班级间的健康竞赛活动等。这一系列的活动都有利于培养学生积极向上的态度，使学生保持健康的心理状态。

(4)全面了解和研究学生，对学生的基本情况做到心中有数。定时与家长沟通交流，了解学生在家的健康生活状况，开展家庭教育指导。家庭是健康教育的第一课堂，父母是孩子健康教育的第一任老师。一个人从出生到走上社会，其间大约有三分之二的时间是在家庭中度过的。家长个人的健康素质、对子女的要求和教育方式，以及家庭的人际关系、文化氛围等，无不影响着学生的健康发展。

(三)健康教育教师

(1)各地教育行政部门和学校要重视健康教育师资建设,把健康教育师资培训列入在职教师继续教育的培训系列和教师校本培训计划,分层次开展培训工作,不断提高教师开展健康教育的水平。

(2)要重视健康教育教学研究工作,各级教研部门要把健康教育教学研究纳入教研工作计划,针对不同学段学生特点,开展知识传播与技能培养相结合的教学研究工作。

(四)校园文化

校园文化是学校全体成员在学习、工作和生活的过程中所共同拥有的态度、信仰、作风、行为准则和价值观。校园文化具体包括校园物质文化、校园精神文化、校园组织与制度文化。校园物质文化,即看得见、摸得着的东西,如校园设施;校园精神文化是校园文化的核心内容,也是校园文化的最高层次,包括校风、班风、教风等;校园组织与制度文化是学校教育制度的一部分,包括学校的规章制度等。为了提高小学健康教育的质量,学校应对健康教育的构成要素进行整合,创造健康的校园文化,营造良好的小学生健康教育氛围,使小学生由被动地接受健康教育知识转化为主动地学习健康教育知识,自觉养成健康的行为和生活方式。

(五)心理健康咨询

心理健康咨询工作应帮助小学生树立正确的心理健康态度,提高小学生适应环境的能力,并增强小学生的心理素质,以促进小学生健康成长。学校应采取有效措施,加强对小学生的心理咨询与辅导,积极创建心理健康教育与辅导场所,充分考虑学校教育在发展小学生心理健康教育中的重要作用。心理健康咨询要协助营造丰富的校园文化,组织健康有益的文化娱乐活动,营造积极、健康、优雅的氛围,培养学生的高尚情操,增强学生的互助意识。学校应通过个人咨询、小组咨询、心理培训、行为培训、信件咨询、热线咨询和在线咨询等方式,为有需要的学生提供有目的、有针对性的帮助。

(六)家校合作

健康教育在实施过程中不可避免地会受到家庭教育的影响,学生的成长环境、父母的教养方式、亲子关系等因素都会影响学生的身心健康。因此,学校可以通过家长会、家校微信群等多种途径,让健康知识"走出去",加强健康教育的宣传;帮助学生家长提高健康意识,树立正确的健康教育观念,理解和掌握孩子成长的特点和规律,以身作则,积极营造有益于孩子健康成长的环境,促使孩子形成健康的行为和生活方式。学校还可以通过家长学术沙龙、家长学校等方式,全面、有效地利用家庭的各种资源来建立协调、同步和互补的关系,将健康知识"引进来",提高小学生的整体素质,改善健康教育,促进小学生全面、和谐、健康的发展。

思考题

1. 简述小学生健康教育的内涵。
2. 简述中外小学生健康教育发展的阶段及其特点。
3. 简述小学生健康教育的主要内容。
4. 小学生健康教育的原则是什么？
5. 简述小学生健康教育的研究方法。
6. 如何评价小学生健康教育？
7. 简述小学生健康教育的实施途径。

延伸阅读

中小学健康教育指导纲要(节选)

(2008 年 12 月 1 日)

为贯彻落实《中共中央国务院关于加强青少年体育增强青少年体质的意见》(中发〔2007〕7 号)对健康教育提出的工作要求，进一步加强学校健康教育工作，培养学生的健康意识与公共卫生意识，掌握健康知识和技能，促进学生养成健康的行为和生活方式，依据《中国公民健康素养—基本知识与技能(试行)》及新时期学校健康教育的需求，特制定本纲要。

一、指导思想、目标和基本原则

1. 以邓小平理论和"三个代表"重要思想为指导，按照科学发展观的要求，全面贯彻党的教育方针，认真落实健康第一的指导思想，把增强学生健康素质作为学校教育的基本目标之一，促进学生健康成长。

2. 健康教育是以促进健康为核心的教育。通过有计划地开展学校健康教育，培养学生的健康意识与公共卫生意识，掌握必要的健康知识和技能，促进学生自觉地采纳和保持有益于健康的行为和生活方式，减少或消除影响健康的危险因素，为一生的健康奠定坚实的基础。

3. 学校健康教育要把培养青少年的健康意识，提高学生的健康素质作为根本的出发点，注重实用性和实效性。坚持健康知识传授与健康技能传授并重原则；健康知识和技能传授呈螺旋式递进原则；健康知识传授、健康意识与健康行为形成相统一原则；总体要求与地方实际相结合原则；健康教育理论知识和学生生活实际相结合原则。做到突出重点，循序渐进，不断强化和促进健康知识的掌握、健康技能的提高、健康意识的形成、健康行为和生活方式的建立。

二、健康教育具体目标和基本内容

中小学健康教育内容包括五个领域：健康行为与生活方式、疾病预防、心理健康、生长发育与青春期保健、安全应急与避险。

根据儿童青少年生长发育的不同阶段，依照小学低年级、小学中年级、小学高年级、初中年级、高中年级五级水平，把五个领域的内容合理分配到五级水平中，分别为水平一(小学 1—2 年级)、水平二(小学 3—4 年级)、水平三(小学 5—6 年级)、水平四(初中 7—9 年级)、水平五(高中 10—12 年级)。五个不同水平互相衔接，完成中小学校健康教育的总体目标。

(一)水平一(小学 1—2 年级)

1. 目标

知道个人卫生习惯对健康的影响，初步掌握正确的个人卫生知识；了解保护眼睛和牙齿的知识；知道偏食、挑食对健康的影响，养成良好的饮水、饮食习惯；了解自己的身体，学会自我保护；学会加入同伴群体的技能，能够与人友好相处；了解道路交通和玩耍中的安全常识，掌握一些简单的紧急求助方法；了解环境卫生对个人健康的影响，初步树立维护环境卫生意识。

2. 基本内容

(1)健康行为与生活方式：不随地吐痰，不乱丢果皮纸屑等垃圾；咳嗽、打喷嚏时遮掩口鼻；勤洗澡，勤换衣，勤洗头，勤剪指甲(包含头虱的预防)；不共用毛巾和牙刷等洗漱用品(包含沙眼的预防)；不随地大小便，饭前便后要洗手；正确的洗手方法；正确的身体坐、立、行姿势，预防脊柱弯曲异常；正确的读写姿势；正确做眼保健操；每天早晚刷牙，饭后漱口；正确的刷牙方法以及选择适宜的牙刷和牙膏；预防龋齿(认识龋齿的成因，注意口腔卫生，定期检查)；适量饮水有益健康，每日适宜饮水量，提倡喝白开水；吃好早餐，一日三餐有规律；偏食、挑食对健康的影响；经常喝牛奶、食用豆类及豆制品有益生长发育和健康；经常开窗通气有利健康；文明如厕，自觉维护厕所卫生；知道蚊子、苍蝇、老鼠、蟑螂等会传播疾病。

(2)疾病预防：接种疫苗可以预防一些传染病。

(3)心理健康：日常生活中的礼貌用语，与同学友好相处技能。

(4)生长发育与青春期保健：生命孕育、成长基本知识，知道"我从哪里来"。

(5)安全应急与避险：常见的交通安全标志；行人应遵守的基本交通规则；乘车安全知识；不玩危险游戏，注意游戏安全；燃放鞭炮要注意安全；不玩火，使用电源要注意安全；使用文具、玩具要注意卫生安全；远离野生动物，不与宠物打闹；家养犬要注射疫苗；发生紧急情况，会拨打求助电话(医疗求助电话：120，火警电话：119，匪警电话：110)。

(二)水平二(小学 3—4 年级)

1. 目标

进一步了解保护眼睛、预防近视眼知识，学会合理用眼；了解食品卫生基本知识，初步树立食品卫生意识；了解体育锻炼对健康的作用，初步学会合理安排课外作息时间；初步了解烟草对健康的危害；了解肠道寄生虫病、常见呼吸道传染病和营养不良等疾病的基本知识及预防方法；了解容易导致意外伤害的危险因素，熟悉常见的意外伤害的预防与简单处理方法；了解日常生活中的安全常识，掌握简单的避险与逃生技能；初步了解生命的意义和价值，树立保护生命的意识。

2. 基本内容

(1)健康行为与生活方式：读书写字、看电视、用电脑的卫生要求；预防近视(认识近视的成因、学会合理用眼、注意用眼卫生、定期检查)；预防眼外伤；不吃不洁、腐败变质、超过保质期的食品；生吃蔬菜水果要洗净；人体所需的主要营养素；体育锻炼有利于促进生长发育和预防疾病；睡眠卫生要求；生活垃圾应该分类放置；烟草中含有多种有害于健康的物质，避免被动吸烟。

(2)疾病预防：蛔虫、蛲虫等肠道寄生虫病对健康的危害与预防；营养不良、肥胖对健康的危害与预防；认识传染病(重点为传播链)；常见呼吸道传染病(流感、水痘、腮腺炎、麻疹、流脑等)的预防；冻疮的预防(可根据地方实际选择)；学生应接种的疫苗。

(3)生长发育与青春期保健：人的生命周期包括诞生、发育、成熟、衰老、死亡；初步了解儿童青少年身体主要器官的功能，学会保护自己。

(4)安全应急与避险：游泳和滑冰的安全知识；不乱服药物，不乱用化妆品；火灾发生时的逃生与求助；地震发生时的逃生与求助；动物咬伤或抓伤后应立即冲洗伤口，及时就医，及时注射狂犬疫苗；鼻出血的简单处理；简便止血方法(指压法、加压包扎法)。

(三)水平三(小学5—6年级)

1. 目标

了解健康的含义与健康的生活方式，初步形成健康意识；了解营养对促进儿童少年生长发育的意义，树立正确的营养观；了解食品卫生知识，养成良好的饮食卫生习惯；了解烟草对健康的危害，树立吸烟有害健康的意识；了解毒品危害的简单知识，远离毒品危害；掌握常见肠道传染病、虫媒传染病基本知识和预防方法，树立卫生防病意识；了解常见地方病如碘缺乏病、血吸虫病对健康的危害，掌握预防方法；了解青春期生理发育基本知识，初步掌握相关的卫生保健知识；了解日常生活中的安全常识，学会体育锻炼中的自我监护，提高自我保护的能力。

2. 基本内容

(1)健康行为与生活方式：健康不仅仅是没有疾病或不虚弱，而是身体、心理、社会适应的完好状态；健康的生活方式(主要包括合理膳食、适量运动、戒烟限酒、心理平衡)有利于健康；膳食应以谷类为主，多吃蔬菜水果和薯类，注意荤素搭配；日常生活饮食应适度，不暴饮暴食，不盲目节食，适当零食；购买包装食品应注意查看生产日期、保质期、包装有无涨包或破损，不购买无证摊贩食品；容易引起食物中毒的常见食品(发芽土豆、不熟扁豆和豆浆、毒蘑菇、新鲜黄花菜、河豚鱼等);不采摘、不食用野果、野菜;体育锻炼时自我监护的主要内容(主观感觉和客观检查的指标);发现视力异常,应到正规医院眼科进行视力检查、验光,注意配戴眼镜的卫生要求;吸烟和被动吸烟会导致癌症、心血管疾病、呼吸系统疾病等多种疾病;不吸烟、不饮酒。常见毒品的名称;毒品对个人和家庭的危害,自我保护的常识和简单方法,能够远离毒品。

(2)疾病预防:贫血对健康的危害与预防;常见肠道传染病(细菌性痢疾、伤寒与副伤寒、甲型肝炎等)的预防;疟疾的预防;流行性出血性结膜炎(红眼病)的预防;碘缺乏病对人体健康的危害;食用碘盐可以预防碘缺乏病;血吸虫病的预防(可根据地方实际选择)。

(3)心理健康:保持自信,自己的事情自己做。

(4)生长发育与青春期保健:青春期的生长发育特点;男女少年在青春发育期的差异(男性、女性第二性征的具体表现);女生月经初潮及意义(月经形成以及周期计算);男生首次遗精及意义;变声期的保健知识;青春期的个人卫生知识。体温、脉搏测量方法及其测量的意义。

(5)安全应急与避险:骑自行车安全常识;常见的危险标识(如高压、易燃、易爆、剧毒、放射性、生物安全),远离危险物;煤气中毒的发生原因和预防;触电、雷击的预防;中暑的预防和处理;轻微烫烧伤和割、刺、擦、挫伤等的自我处理;提高网络安全防范意识。

三、实施途径及保障机制

(一)学校要通过学科教学和班会、团会、校会、升旗仪式、专题讲座、墙报、板报等多种宣传教育形式开展健康教育。学科教学每学期应安排6—7课时,主要载体课程为《体育与健康》,健康教育教学课时安排可有一定灵活性,如遇在下雨(雪)或高温(严寒)等不适宜户外体育教学的天气时可安排健康教育课。另外,小学阶段还应与《品德与生活》《品德与社会》等学科的教学内容结合,中学阶段应与《生物》等学科教学有机结合。对无法在《体育与健康》等相关课程中渗透的健康教育内容,可以利用综合实践活动和地方课程的时间,采用多种形式,向学生传授健康知识和技能。

(二)各地教育行政部门和学校要重视健康教育师资建设,把健康教育师资培训列入在职教师继续教育的培训系列和教师校本培训计划,分层次开展培训工作,不断提高教师开展健康教育的水平。中小学健康教育师资以现有健康教育专兼职教师和体育教师为基础。要重视健康教育教学研究工作,各级教研部门要把健康教育教学研究纳入教研工作计划,针对不同学段学生特点,开展以知识传播与技能培养相结合的教学研究工作。

(三)各地应加强教学资源建设,积极开发健康教育的教学课件、教学图文资料、音像制品等教学资源，增强健康教育实施效果。凡进入中小学校的自助读本或相关教育材料必须按有关规定，经审定后方可使用；健康教育自助读本或者相关教育材料的购买由各地根据本地实际情况采取多种方式解决，不得向学生收费增加学生负担。大力提倡学校使用公用图书经费统一购买，供学生循环使用。

（四）要重视对健康教育的评价和督导。各地教育行政部门和学校应将健康教育实施过程与健康教育实施效果作为评价重点。评价的重点包括学生健康意识的建立、基本知识和技能的掌握和卫生习惯、健康行为的形成，以及学校对健康教育课程（活动）的安排、必要的资源配置、实施情况以及实际效果。各地教育行政部门应将学校实施健康教育情况列入学校督导考核的重要指标之一。

（五）充分利用现有资源。健康是一个广泛的概念，涉及生活的方方面面，学校健康教育体现在教育过程的各个环节，各地在组织实施过程中，要注意健康教育与其他相关教育，如安全教育、心理健康教育有机结合，把课堂内教学与课堂外教学活动结合起来，发挥整体教育效应。

（六）学校健康教育是学校教育的一部分，学校管理者应以大健康观为指导，全面、统筹思考学校的健康教育工作，应将健康教育教学、健康环境创设、健康服务提供有机结合，为学生践行健康行为提供支持，以实现促进学生健康发展的目标。

第二章　小学生健康教育的理论基础

本章导读 ▶

　　作为一个新的研究领域，小学生健康教育的学科构建需要坚实的理论基础。本章主要介绍包括哲学、社会学、医学、教育学和心理学等学科的理论基础。哲学为小学生健康教育研究提供世界观和方法论指导，社会学可保证小学生健康教育研究的有效性，医学为小学生健康教育研究提供科学性。小学生健康教育既以教育学、心理学为基础，同时它也丰富了教育学、心理学的研究内容。

第一节　小学生健康教育的哲学基础

小学生健康教育的研究和学习要以一定的哲学思想为基础，中外哲学家的真知灼见为我们研究和学习小学生健康教育提供了诸多有益的见解。本书主要选取孔子、蔡元培、陶行知、"希腊三哲"、昆体良和杜威的思想来加以分析，探讨他们的有关健康教育的思想，以及这些思想对小学生健康教育的启发意义。

一、中国哲学视野下的小学生健康教育

(一)孔子与小学生健康教育

孔子是我国古代著名的思想家、教育家，儒家学派的创始人。孔子思想博大精深，涉及哲学、政治、教育等诸多领域，他的政治主张、伦理思想、道德观念及教育原则等主要记载在《论语》一书中。本书选取孔子"仁""礼""因材施教""中和"等观点，说明他的健康教育思想，以及对当前小学生健康教育的启发价值。

1. "仁""礼"思想与小学生健康教育

"仁"是孔子哲学思想的核心范畴之一，它是处理人与人关系的道德标准，即"仁者爱人""为仁由己，而由人乎哉"(《论语·颜渊》)。由此可见，孔子非常重视个人道德修养和道德教育，而且将道德教育和道德修养放在培养君子的首要位置。在他看来，一个人要成为君子，必须具备高尚的道德品质；他强调"为政以德"，认为用道德和礼教来治理国家是最高尚的治国之道。"仁"是孔子德育思想中最高的道德原则，孔子心目中的"仁"就是"爱人"。人与人之间要充满爱心，有仁爱之心的人才能被称为人。"礼"是孔子道德教育的修身准则，是人与人之间的相处之道。儒家德育思想的目标是通过"礼"规范人的行为，使社会的道德、法律和家庭的准则对受教育者都有规范作用，使"礼"成为每一个人自觉遵守的准则。

小学生健康教育应该借鉴孔子"仁""礼"思想的精髓，坚持"育人为本，德育为先"的原则，把道德教育放在首位，使学生逐步认识到道德教育不是一种约束、限制人的异己力量，而是促使个人不断发展完善的动力。因为小学生只有从内心主动接纳了道德教育，才能真正得到健康成长。

2. 因材施教与小学生健康教育

孔子主张因材施教，有"夫子施教，各因其材"之说。孔子十分重视观察、研究学生，他认为只有全面而深入地了解学生，准确掌握其特点，才能有针对性地进行教育。

有一天，子路问孔子："听到老师的教诲应该马上去实行吗?"孔子说："你父亲和兄长还在，怎么可以听到就去实行呢!"冉有也来问同样的问题，孔子却说："应该

听到后就去实行。"站在一边的公西华有些困惑，不由得问孔子缘故。孔子说："冉有平时胆小，做事容易退缩，所以我要激励他大胆去做；子路胆量过人，做事莽撞，所以我有意限制他一下。"冉有与子路二人后来从政都有所成就，都是由于孔子教育有方。

孔子因材施教的教育思想对目前小学生健康教育具有重要的启发价值。小学生健康教育要从学生的实际情况出发，关注学生的个性特点。例如，在体育课堂中有的学生爆发力强，有的学生耐力强，有的学生适合打篮球，有的学生适合踢足球……这是由他们的先天条件决定的。所以教师要因人而异，坚守为了学生健康发展的初衷，有针对性地对学生实施健康教育。

3. "致中和""过犹不及"与小学生健康教育

孔子平生重视修身养性，在当时人均寿命很低的情况下，虽历经坎坷却寿至73岁。他在生活中通过实践积累了诸如体育锻炼、饮食调摄、音乐娱乐、劳逸结合、心理调养等养生方法，并将"中和"观始终贯穿在养生诸法中，成为其指导思想，其中大部分对我们具有借鉴价值。

"中和"是中国传统哲学的一个核心范畴。《礼记·中庸》认为，"喜怒哀乐之未发，谓之中；发而皆中节，谓之和。中也者，天下之大本也；和也者，天下之达道也。致中和，天地位焉，万物育焉"。也就是说，喜怒哀乐是人与生俱来的情绪，从喜怒哀乐之未发说，"中"有两种解释，一是情绪未被激发时，比较平静的自然心境；二是超越于情绪之上的道体。孔子认为，"礼之用，和为贵"，这种说法为后人所推崇，如董仲舒说"能以中和养生其身者，其寿极命"。不能做到"和"，还会危及生命："反人之生也，天出其精，地出其形，合此以为人。和乃生，不和不生"。"和"就是指不偏离常态，不过分。春秋时医和论病因时说："天有六气，……淫生六疾。……过则为灾。""和"又有"平正"的意思，即意味着阴阳二气的调和、流通，如"阴升阳降，二气调和，故施生万物"。"和"的状态是通过阴阳二气的流动、运行、升降而实现的。

《论语·先进》说，"过犹不及"，这是中庸思想的具体说明。《礼记·中庸》说，过犹不及为中。"执其两端，用其中于民，其斯以为舜乎！"就是说，舜于两端取其中，既非过，也非不及，以中道教化百姓，所以为大圣。"过犹不及"，主张通过控制自己不要逾越规矩来保持"中和"的状态。用"礼"来规范自己的饮食起居，就会达到"度"的理想境界（"和节"），否则就会产生疾病，危及健康。

《黄帝内经》把"和"即健康的这一看法表述得非常清楚，把人体内部的阴阳平衡看作健康的基础，一旦平衡被打破，健康也就同时被破坏了，即"阴平阳秘，精神乃治；阴阳离决，精气乃绝"。如果"阴阳相倾"，就会使人"气乱于卫，血逆于经，血气离居"。偏离了"和"的状态，也就失去了健康。

总之，人们为了实现健康长寿的目的而进行的种种活动归根结底都是为了实现和保持这种和谐统一的状态。从本质上看这种和谐统一的状态也就是阴阳和谐和平衡，这种和谐和平衡就是生命常态，即健康的本质和标准。因此，从某种意义上说小学生健康教育实质上就是使学生保持阴阳平衡。

(二)蔡元培与小学生健康教育

蔡元培是我国著名的哲学家、教育家、革命家和政治家。就蔡元培的哲学思想而言，他把哲学研究的问题概括为三个方面：一是认识问题，涉及认识的起源、认识的适当、认识的对象等内容；二是世界观问题，涉及实在论、生成论等内容，由此形成"理论的哲学"；三是人生观问题，涉及价值、伦理、美感等内容，用于帮助人们树立一种指导人生实践的价值理念，由此形成"实际的哲学"。[①] 他不仅提出"学术自由，兼容并包"的治理方针，而且在任中华民国首任教育总长时提出军国民教育、实利主义教育、公民道德教育、世界观教育和美感教育"五育并举"的思想。"五育并举"包含了丰富的小学生健康教育内容。他认为，"教育者，养成人格之事业也"，主张教育应重视学生，反对呆板僵化，提倡美育、健康教育和人格教育等新的教育观念，对小学生健康教育具有重要的启发价值。

1. 军国民教育

蔡元培认为面对"邻强交逼，亟图自卫，而历年丧失之国权，非凭借武力，势难恢复"的状况，要打破军人成为"全国中特别之阶级"的局面，就"非行举国皆兵之制，否则无以平均其势力"，反对帝国主义侵略，必须用武力自卫，打破当时国内拥兵妄为的局面，"平均其势力"必须"行举国皆兵之制"。

"军国民教育"的思想对小学生健康教育具有重要的启发意义。首先，有助于当前培养学生健全的人格和健康的身体。他把军事体育发展成学校体育教育，将体育作为培养"共和国民健全之人格"的重要方式，学生要有健全的精神，必须塑造健全的身体。他要求学生"各就所好，多多运动"，锻炼学生的身体，振作学生的精神。其次，有助于培养小学生的危机意识。危机意识是一种对外在环境保持一定的警觉并随时做出反应的感官意识。小学生危机意识薄弱，自我保护能力欠缺，对外界意外反应的敏感度差，容易导致一些事故发生。当前诸如电击、溺水、火灾、交通事故、传染病、地震等给小学生造成的伤害呈上升趋势，也成为小学生健康的重大威胁，所以强化小学生的危机意识意义重大。[②]

2. 实利主义教育

蔡元培认为实利主义教育是富国强兵的手段，他认为世界的竞争不仅表现在武力的竞争，还表现在财力的竞争。因此国家要加强科学技术教育，提高生产力，发展国民经济，国家只有富强才能够在世界竞争中生存下来。

---

① 宋志明：《蔡元培的哲学观与中国哲学史学科初建》，载《学习与探索》，2014(5)。
② 石萍、李琴：《论蔡元培"五育并举"教育思想对当代小学教学的启示》，载《教育教学研究》，2011(7)。

在蔡元培看来，实利主义教育即智育。智力开发是健全人格的重要组成部分，是小学生健康教育的重要内容之一。在一定意义上讲，智力的发展过程就是健全人格的形成和提高的过程，人的道德判断水平是与其智力呈正相关的。在培养小学生健全人格的过程中，要重视智力的开发，即在各项活动中，从个体的发展需要和社会生活出发，根据学生关注的热点及学生中普遍存在的问题，确定活动主题。[①]

另外，实利主义教育思想有助于小学生形成良好的行为习惯和生活方式。比如，对于小学生零用钱的使用，让学生通过合理地使用零用钱为人生的规划打下基础。学校可以倡导学生家长适当给学生一点能够自由支配的金钱，由老师和同学监督学生对这些金钱的使用。学校可以不定期地开展"今天我当家""小小理财师"等活动，培养学生的规划意识。[②]

3. 道德教育

蔡元培非常重视道德教育，他把西方近代资产阶级"自由、平等、博爱"的道德观念分别比作中国古代儒家所提倡的"义、恕、仁"，并把"自由、平等、博爱"作为道德教育的内容。他主张广泛吸收国外文化，同时"必择其可以消化者而吸收之"，并且"必须以'我'食而化之，而毋为彼此所同化"，他批评有些志行薄弱者，一到国外留学，"即弃捐其'我'而同化于外人"。

道德教育思想对小学生健康教育具有重要影响。道德教育要求小学生健康教育突出学生社会道德意识的培养，在借助一切有利资源的同时，注重向小学生传授道德知识，注意培养小学生的道德意识和道德情感，规范其道德行为。另外，小学生健康教育倡导立德树人，以德为先，要求小学生能够约束自己，在日常生活中践行良好的道德行为。比如，不插队拥挤，不乱穿马路，要有爱心等。

4. 世界观教育

蔡元培的世界观教育思想来自他对现象世界和实体世界的哲学认识，他要求人们遵循思想自由、言论自由的原则，不要被某一学说的思想束缚，在当时对打破几千年来的思想专制统治状态具有重要影响。

一些小学生由于缺少对社会的认识，盲目地认为读书就是为父母争气，学习就是负担，不了解个体对整个社会的作用，甚至一些小学生有攀比斗富的心理，这些误区都是小学生对现象的错误认识造成的，这就要求教师应当及时帮助学生形成良好的人生观、价值观，正确认识自身的社会价值。

5. 美感教育

蔡元培首先提出美感教育，认为美感教育是进行世界观教育最重要的途径，是人们从现象世界通向实体世界必经的桥梁。他认为美育既继承了我国礼乐教化传统，又着重汲取了西方近代教育哲学思想的合理因素。他指出美育的作用在于"陶养吾人

---

① 胡崇芝、张燕：《蔡元培完全人格教育思想的现代意义》，载《文教资料》，2006(21)。

② 石萍、李琴：《论蔡元培"五育并举"教育思想对当代小学教学的启示》，载《教育教学研究》，2011(7)。

之情感、使之有高尚纯洁之习惯，而使人我之见、利己损人之思念，以渐消沮者也"。[①] 美育可以陶冶情操，使人日趋高尚；可以去私忘我，超脱利害；可以使人寄托于美的享受，去掉生活恶习，从而美化人生。

蔡元培认为美育的实施应包含家庭美育、学校美育和社会美育。家庭美育是指孕妇应生活在气氛祥和的地方并进行胎教，儿童应该生活在优美的环境中。学校美育是指美育课程，除了开设音乐、美术等美育课程外，其他课程也要进行美育渗透。社会美育就是要创造优美的环境，这种环境可以使人的精神受到潜移默化的影响，逐渐起到陶冶情操、培养高尚品德的作用。

小学生健康教育可以汲取蔡元培美感教育的思想精髓，从学校、家庭、社会三个方面为学生创造健康的教育环境。只有把健康教育作为一种理念，渗透于德智体美劳教育的全过程，才能使小学生健康成长。

(三)陶行知与小学生健康教育

陶行知是我国教育家，他提出了以生活教育为基础、以终身教育为纲的教育理论。陶行知的教育思想极其丰富，主要可概括为生活即教育，社会即学校，以及教、学、做合一。

1. 生活即教育

生活即教育是生活教育理论的本体论，是陶行知生活教育理论的核心。在陶行知看来，教育和生活是同一过程，教育蕴含于生活之中，教育必须和生活结合才能发生作用；他主张把教育与生活完全融于一体。陶行知认为，教育来源于生活，主张教育同实际生活相联系。教育若不能通过生活来进行，就不能成为真正的教育，真正的教育必须通过生活来进行。所以，教育要着眼于小学生的生活，要用生活来教育，通过生活而教育。

2. 社会即学校

社会即学校是生活即教育同一意义的不同说明，也是它的逻辑延伸与保证。因为生活即教育的"生活"是社会生活，所以"整个社会的运动，就是教育的范围"。"社会即学校"的真正含义就是根据社会需要办学校。从教育内容来说，人民需要什么生活就办什么教育；从教育形式来说，适宜什么形式的学校就办什么形式的学校。

3. 教、学、做合一

教、学、做合一是生活教育理论的教学论。陶行知认为，"教、学、做是一件事，不是三件事。我们要在做上教，在做上学"。在陶行知看来，"教、学、做合一"是生活法，也是教育法，它的含义是教的方法要根据学的方法，学的方法要根据做的方法。

陶行知有着非常丰富的健康教育思想，他提出"健康第一"的原则，并在健康教

---

① 李修建:《刻舟集》，241页，北京，北京时代华文书局，2017。

育的手段、方法和课程方面都有独到的见解。

第一，学校教育要树立"健康第一"的理念。陶行知从教育学的角度论述了"健康第一"的重要意义，他回答了为什么要坚持"健康第一"，怎样坚持"健康第一"，怎样处理好"健康第一"与智育、德育的关系等理论问题，这些教育思想对目前的学校教育改革具有理论上的借鉴价值。因为学校教育只有树立"健康第一"的理念，才能引起人们对健康教育重要性的足够重视，才能使学生的身心得到全面健康发展。

第二，将健康教育课设为小学的必修课。体育课可以锻炼学生身体，增强学生体质，但真正的健康，是综合运动、营养、卫生、心理等关于人的生命活动的基本要素才能达到的。因此，为了确保学生达到真正的健康，还必须使学生掌握营养、卫生、心理等方面的健康知识，小学开设健康教育课非常必要。

第三，突出健康教育手段和方法的多样性。陶行知提出的健康教育的手段和方法符合现代健身学的原理，可以有效促进小学生身心健康发展，这些手段可以被小学生健康教育借鉴。在健康教育实践中，教育学生通过多种手段和方法来达到健康，真正促进小学生身心健康发展。[1]

第四，行是知之始，重视学生的实践活动。陶行知认为，行是知之始，认识来源于实践，实践是认识的基础。陶行知注重学生直接经验的重要性，他认为小孩起初必定是烫了手才知道热水是热的，冰了手才知道雪是冷的，吃过糖才知道糖是甜的。小学生健康教育可以吸收陶行知"行是知之始"的教育思想，不仅重视学生课堂上的间接经验，而且让学生走出课堂，通过实践获得直接经验。例如，地震、火灾等意外避险的教育，应该采取场景模拟演练的方式进行，在模拟场景中教会学生逃生技巧。

二、外国哲学视野下的小学生健康教育

被誉为"希腊三哲"的苏格拉底、柏拉图和亚里士多德，以及古罗马的昆体良、美国哲学家杜威等人的思想中蕴含着丰富的小学生健康教育思想，对小学生健康教育研究具有重要的借鉴意义。

(一)"希腊三哲"与小学生健康教育

1. 苏格拉底的哲学观与小学生健康教育

苏格拉底(Socrates)是古希腊的哲学家、教育家和思想家。苏格拉底的教育思想具有开创性，不仅对柏拉图的哲学思想具有重要影响，而且对希腊时代和后世欧洲哲学思想的发展产生了深远影响。苏格拉底的关于小学生健康教育的思想主要体现在他的《对话录》中，主要包括以下内容。

(1)生死观与小学生健康教育。在西方古代社会，人们面对死亡不仅有一种普遍的畏惧心理，而且还认为死亡是一种"恶"的现象，但苏格拉底认为，"死亡无非就是

---

① 潘明、鲁月强：《论陶行知的健康教育思想》，载《体育学刊》，2002(3)。

两种情况，它或者是一种湮灭，毫无知觉，或者如有人所说，死亡是一种真正的转变，从一处移居到另一处"。在他看来，死亡无论是湮灭还是转变，都是幸福的，人们应该选择一种理性的、乐观的态度，从容、淡定地面对死亡。人们不仅不需要惧怕死亡，还应该以乐观的态度接受死亡，更要充满自信地看待死亡。[1]

苏格拉底对生活的智慧态度、对生死的认知、面对死亡时的从容与淡定，对当代小学生树立理性的人生观、价值观和荣辱观有借鉴意义。苏格拉底对哲学的毕生探索、对人格完善的追求、对德性生活的思考，也是值得当代小学生学习和借鉴的。在纷繁复杂的现代社会生活中，人们都需要一种健康理性的人生观，反思自我，"自知无知"，更加深刻地认识自己，在注重物质追求的同时，更关注人类精神世界的需要。[2] 苏格拉底的生死观有利于小学生对生活怀有美好憧憬，对自己充满积极期望，并有一定的生活规划及目标，能够在成长的过程中享受快乐，构建更加健康积极的人格，能够在充满坎坷和诱惑的人生道路上，坚定信念，持之以恒，努力过一种"善"的生活，使自己的人格得到完善，使生命的价值和意义得到彰显。

（2）美德与小学生健康教育。关于美德与小学生健康教育的关系，苏格拉底在《普罗泰戈拉篇》中认为，学生是祖国的希望和未来，而小学生的发展更为重要。要使一个国家兴旺，有没有一种东西是所有小学生必须共有的？如果有这样一种东西，它不是建筑、铸造、制陶等技艺，而一定是最基本的美德。这就是一切小学生必须共享的东西。[3]

当代小学生的健康发展，不只是身体和心理的健康成长，而是德智体美劳全面健康的发展。苏格拉底所提倡的美德教育与我们今天所提倡的全面发展中的德育不谋而合。为了使小学生的美德健康发展，学校要重视学生品行及道德教育而非其他。学校可以通过让小学生研读包含训诫、赞扬、名人故事等内容的一些优秀作品给学生树立榜样，经过长时间的陶冶熏陶，使小学生形成健康的道德品格，成为社会所期望和需要的人。

（3）体育与小学生健康教育。身体健康是小学生成长发育的基石，健康的身体是学生进行一切活动的前提条件。苏格拉底提出通过体育训练，使学生保持健康的体魄。小学生除了接受道德教育还要接受体育训练，从而使美好的心理能有一个健康的身体承载，没有人会因为身体虚弱而在一些考验中成为胆小鬼。[4] 因此，苏格拉底告诫人们，要重视小学生的身体健康。一方面要尽量向那些知道怎样保持健康的人学习，另一方面个人也要一生一世注意什么食物、什么饮料和什么样的运动对自己有益处……[5]

[1] 李慧娟、吕青：《〈申辩篇〉中苏格拉底生死观之我见》，载《哲学研究》，2015(31)。
[2] 李慧娟、吕青：《〈申辩篇〉中苏格拉底生死观之我见》，载《哲学研究》，2015(31)。
[3] [古希腊]柏拉图：《柏拉图全集》(第一卷)，王晓朝译，446页，北京，人民出版社，2017。
[4] [古希腊]柏拉图：《柏拉图全集》(第一卷)，王晓朝译，447页，北京，人民出版社，2017。
[5] [美]约翰·E.彼得曼：《柏拉图》，胡自信译，184页，北京，中华书局，2004。

目前，我国小学将健康教育课程与体育相融合，通过体育锻炼使小学生拥有健康的体魄。很多学校重视学生的体育锻炼，保障师生体育锻炼时间和强度，提高广大师生的身体素质。小学生健康教育越来越受到社会重视，体育锻炼在增强体质、培养体育能力等方面的作用得到社会和学校的认可。小学生除了要加强体育锻炼之外，还要注意饮食健康和规律，根据自身情况制订训练计划，促进自身健康成长。

2. 柏拉图的哲学观与小学生健康教育

柏拉图（Plato）是古希腊伟大的哲学家、思想家，客观唯心主义的创始人。他早年师从苏格拉底，后来成为亚里士多德的老师。公元前387年，柏拉图在雅典创办学园，授徒讲学并撰写对话录。他的哲学思想和教育主张主要体现在《理想国》中。

（1）体育思想与小学生健康教育。柏拉图认为小学体育训练的目的在于，一方面培养学生强健的体魄，另一方面培养学生抵制假恶丑的意志力，即使在诱惑面前也能守住道德底线。在他看来体育不是单纯地促进小学生身体健康，体育还要与音乐和哲学结合才能更好地发挥作用。对此，柏拉图提出，如果一个人进行体育锻炼，胃口好，食欲大，但从来不学习音乐和哲学，那么他是否会变得身强力壮，心里充满自信和激情，比原先更大胆呢？[1] 柏拉图认为一个人仅接受体育锻炼，而不接受音乐、哲学和其他学科的教育，是不和谐也是不健康的教育，不利于小学生的健康发展。小学生应该在接受体育训练的同时接受哲学和音乐的熏陶，使体育训练与其他学科达到平衡的状态。柏拉图的这种思想在当代小学生健康教育课程设置方面仍有重要的现实意义。

（2）和谐教育与小学生健康教育。第一，强调营养均衡与和谐。为了使学生具有健康的体魄，柏拉图在学校饮食方面做了明确的规定：越是简单的食物越有利于学生的健康，而复杂的食品会使人生病。"简单"是理想国中最好的食谱，这样保持下去人很少生病，同时要注意饮食卫生，营养的均衡搭配即营养成分的"和谐"。第二，突出身体与心理的和谐。柏拉图认为，如果一个人的心理拥有美好的气质，那他的身体也具有与美好的气质相适应的和谐美，在一位沉思的鉴赏家眼中，这样身心和谐的美岂不是一个美丽的景观？[2] 柏拉图强调的身体与心理的和谐美，也是小学生健康教育领域中的一个基本问题。小学阶段是人生发展的关键期，一方面我们要掌握一些必备的基础知识并养成一些良好的习惯，比如识字练习、美育品德培养、有规律的饮食习惯、作息习惯等；另一方面，我们要从国家、社会、学校、家庭方面关注小学生的身体健康，比如体育健康、饮食健康以及根据小学生各阶段身体发育特点制定健康教育必修课程和社会实践拓展活动，使小学生拥有健康的体魄。小学生只有达到身体与心理的协调一致、共同发展，才能为以后成为一个身心健康的人打下坚实的基础。

---

① 《柏拉图全集·国家篇》（第二卷），王晓朝译，382页，北京，人民出版社，2017。

② ［古希腊］柏拉图：《柏拉图全集》（第二卷），王晓朝译，370页，北京，人民出版社，2017。

（3）普通教育与小学生健康教育。柏拉图提出了强迫儿童接受教育的主张，认为儿童应从 6 岁开始进入男女分校学习，接受同样的教育，并且根据个人的兴趣、爱好分别进入文法学校、弦琴学校和体操学校学习。这些学校的学习内容很丰富，包括阅读、书写、计算、唱歌、音乐、体操、骑马、射箭等。这一阶段的教育主要培养儿童的情感和道德，发展儿童心理中的低级部分，形成节制的品德。16 岁以后，大多数人，尤其是手工业者、农民的子弟要进入社会做一个顺从的劳动者，而奴隶主子弟在 17～20 岁要接受较高一级的教育，培养意志和勇敢。体育训练是主要的学习内容，除此之外还要学习军人所必须掌握的知识，如算术、几何、天文、音乐。这一阶段的学习结束后，大多数奴隶主子弟结束学习，担负起保卫国家的职责，成为军人，只有极少数的人可进入更高一级的学校接受教育。

3. 亚里士多德的哲学观与小学生健康教育

亚里士多德（Aristotle）是希腊的哲学家和教育家，堪称希腊哲学的集大成者。由于亚里士多德经常带着学生在花园林荫中一边散步一边讨论哲理，因此，后人把亚里士多德学派称作"逍遥学派"。

（1）重视小学生健康教育。亚里士多德哲学思想不仅为教育活动提供了理论支持，而且蕴含着丰富的小学生健康教育内容。首先，在对待小学生的态度上，亚里士多德提倡教师要尊重学生的权利，认为教育者和受教育者生来平等，教育的重要目标之一是培养学生健康的人格。其次，亚里士多德主张只有促进"德育""智育""体育"三者和谐发展，才能使学生健康发展。

（2）重视体育和音乐教育。亚里士多德认为，小学生应以身体的健康发展为主，注重体育教育。小学阶段应该让学生从事轻微的体力劳动，避免出现阻碍其身体发育的事情。这一点和柏拉图在《理想国》中所提倡的一味让学生进行严格痛苦的训练相悖。

亚里士多德的音乐教育观最能反映他的健康教育思想。他提倡的音乐教育，目的不是让学生学会多少乐理知识或者掌握多少种乐器，或者培养他们的音乐技巧，而是用音乐对学生进行心灵的熏陶。他认为音乐不仅会给人带来暂时的休闲和娱乐，而且会引导人达到至善至美的境界，从而提高人的幸福感，促进小学生身心全面健康发展。

（3）睡眠与小学生健康教育。亚里士多德非常重视睡眠在学生身心健康发展中的作用，认为睡眠与小学生的健康有着必然的联系。他在《自然诸短篇·睡与醒》一文中写道：任何动物都参与睡眠，这一点毋庸置疑。动物和人在睡眠时，情绪能得到更好的释放，更利于生长；因为在睡眠中人们无所感应，不为悲伤和欲望所扰乱，在睡眠期间身体能吸收更多的营养，生长得较快，因此睡眠与人的身体健康有着密切的关系。

亚里士多德关于小学生健康教育的观点在西方教育史上占有重要的地位。他的思想体现了对人的充分尊重，也反映了健康教育对小学生培养的基本要求，对西方健康教育理论的发展具有重要的指导意义。但是，他的教育主张都是针对自由民的教育，强调教育的等级性，反映出了其思想的局限性。

(二)昆体良与小学生健康教育

昆体良(Marcus Fabius Quintilianus)是古罗马的教育家和哲学家，他集古希腊、古罗马教育经验之大成，为文艺复兴和西方教育理论的发展奠定了基础。他强调重视道德教育、加强学校教育、充分发挥教师作用的教育主张，为今天小学生健康教育的发展奠定了理论基础。

1. 德性与小学生健康教育

昆体良十分重视道德教育，把伦理学视为培养雄辩家和提升德性的重要课程。他所提出的培养善良而精于雄辩之人的教育目的，突出善良的首要地位，而在雄辩术上达到完美境界则居第二位。

昆体良在培养雄辩家的过程中重视对受教育者的德性培养，他认为个人的禀性对道德全貌会起到某种作用，但更重要的是靠教育的力量。比如，小学生起初常常以自我为中心，常违反班级纪律，但随着时间的推移，在老师和家长的教导下，他们会慢慢形成规则意识、纪律意识，不道德的行为逐渐减少。所以，昆体良认为德性作为小学生的一种内在精神品质，具有思想性和实践性，是一笔无形的宝贵财富。

2. 体罚与小学生健康教育

昆体良认为教师应该对学生宽严相济，和蔼而不纵容。他竭力反对小学教育中的体罚措施。他认为对小学生实施体罚事实上是一种凌辱的残忍行为，体罚的必然结果是使学生"心情沮丧"，产生"恐怖心理"，百害而无一利。

昆体良提倡对小学生进行积极鼓励，拒绝体罚的观点，有助于保护小学生身体健康、维护其自尊心和自信心，使其健康快乐地成长。昆体良提倡鼓励为主、拒绝体罚的教育思想对当前小学生健康教育有重要的启发价值，为研究小学生健康教育提供了必要的理论支持。

(三)杜威与小学生健康教育

约翰·杜威(John Dewey)是美国的哲学家和教育家，进步主义教育的主要代表人物，他的教育思想对美国乃至世界教育的发展产生了深远的影响。作为20世纪著名的哲学家，杜威在詹姆斯和皮尔斯实用主义哲学的基础上，形成了自己独特的哲学思想，即经验的自然主义哲学观。概括地讲，经验的自然主义既是经验的，又是自然主义的。经验在杜威的哲学思想中占有重要地位，它是指有机体自身所感、所思、所想的一切；自然主义是杜威对儿童自身发展规律和特点的尊重。由其哲学观出发，杜威在教育上非常重视儿童的经验以及儿童的活动，提出了教育即生长、教育即生活、教育即经验改造，学校即社会，从做中学等观点。

1. 儿童中心与小学生健康教育

杜威提出儿童是起点，是中心，是目的。儿童的发展、儿童的生长，就是理想所在。"儿童中心"的理念要贯穿整个教育过程。他要求教师应考虑儿童的个性特征，尊重儿童在教育活动中的主体地位。他批评传统的教育强迫儿童死记硬背，填鸭式地灌输书本知识，这种教育是对儿童天性的摧残和压迫。杜威呼吁把儿童从传统教育中解放出来，从儿童的现实生活中进行教育，激发儿童的学习需要和兴趣，调动他们的学习自觉性和积极性。

杜威强调"儿童中心"的教育思想，要求教师尊重儿童的个性特点，杜绝对其天性的摧残和压迫，关注儿童的兴趣和特长，使儿童健康学习、快乐成长等主张，与小学生健康教育所要求的尊重学生、促进学生身心健康发展的理念相契合。

2. 学校即社会与小学生健康教育

杜威认为人们参加的社会活动，是促进身心成长和经验改造的正当途径。所以教师要把教授知识的课堂变成儿童活动的乐园，引导儿童积极自愿地投入活动，从活动中潜移默化地养成品德、获得知识，实现生活、生长和经验的改造。

在素质教育的大背景下，为了促进小学生健康地全面发展，学校要与家庭、社区相结合，充分利用周边资源，如进行社区调研活动，学校定期举行二手商品义卖活动等，把学校看成一个雏形的社会。这样不仅可以让小学生获得一定的社会经验，还可以帮助他们形成良好的行为习惯，如遵守班级纪律、保护环境等。

3. 从做中学与小学生健康教育

从做中学是杜威全部教学理论的基本原则。他所倡导的"从做中学"即从活动中学，从经验中学，把学生从学校中获得的知识和日常生活中具体的活动联系在一起。因为儿童在那些真正有教育意义、有兴趣的活动中进行学习，才能更好地生长和发展。[①]杜威"从做中学"的教育思想对小学生健康教育课程的实施具有重要的借鉴意义。

首先，健康教育教师在进行教学设计时，要使教学活动尽可能地贴近小学生的生活实际，将教学目标与小学生感兴趣的活动相结合。其次，在健康教育课堂中教师要以学生为中心，结合学生已有的知识经验因材施教。再次，健康教育教师要强化教学目标，提高课堂效率，激发小学生对健康教育理论知识学习的兴趣。最后，健康教育教师要做好教学效果的预设，通过学习使小学生的健康意识、思想、行为等达到预期的变化。

第二节　小学生健康教育的社会学基础

小学生健康教育与社会学密不可分。本书简单梳理有关的社会学理论，讨论它

---

① 庞钊珺、杨进红、李玉芳：《学前教育史》，223 页，重庆，西南财经大学出版社，2018。

们对健康教育研究的启示，以便使小学生健康教育更加适应社会发展的要求。这些理论主要包括生活方式理论和社会决定因素理论。

一、生活方式理论

生活方式是一个内容相当广泛的概念，它包括人们的衣、食、住、行、劳动、休息娱乐、社会交往、待人接物等物质生活和精神生活的价值观、道德观、审美观，以及与这些方式相关方面。生活方式可以理解为在一定的历史时期与社会条件下，各个民族和社会群体的生活模式，也可以理解为不同的个人、群体或全体社会成员在一定的社会条件制约和价值观念指导下所形成的满足自身生活需要的全部活动形式与行为特征的体系。生活方式有广义和狭义之分。广义的生活方式是指日常生活领域的活动形式与行为特征；狭义的生活方式仅指由情趣、爱好和价值取向决定的生活行为的独特表现形式，即生活风格。生活方式是西方社会学的一个重要理论范畴，很多哲学家皆对此有独到见解。本书主要讨论威廉·科克汉姆（Cockerham，W.C.）的现代生活方式理论及对小学生健康教育研究的启示。

（一）生活方式理论的主要观点

（1）美国医学社会学家威廉·科克汉姆结合个体主义与结构主义的研究范式，借鉴马克斯·韦伯（Max Weber）关于生活方式的概念，赋予了健康生活方式新的概念内涵——一种基于生活机会与健康相关的行为选择。也就是说，健康生活方式是人们有目的的行为选择，能否实现主要取决于生活机会的大小，生活机会则受到结构层次的社会经济水平、社会网络和资源环境的制约。[1]

（2）威廉·科克汉姆指出，韦伯生活方式的概念也适用于健康生活方式，因为个人在追求健康的生活方式时，会根据其动机、努力程度和自身水平养成良好的健康状态。韦伯的观点是，群体之间的差别由人与物质消费资料的关系决定，不同等级群体具有不同的生活方式，社会经济水平高的人群生活方式明显有别于社会经济水平低的人群的生活方式。一定的物质经济条件支持是获得某种生活方式的一个条件，拥有更多社会经济资源的人则拥有健康的生活方式的概率更大。

（3）威廉·科克汉姆总结了韦伯的观点对健康生活方式研究的重要性，并进一步概括了韦伯的未来研究境况。一是韦伯在社会学中提出了"社会经济水平"的概念，而社会经济水平是一个人属于某一社会群体的基本反映。二是生活方式反映了一个人的社会生活情况。三是生活方式是基于选择的，但是这种选择取决于个人实现特定生活方式的能力，而这又取决于个人的社会经济环境。四是一种特定生活方式的特点是社会经济群体的特征表现。五是社会经济水平对生活方式的选择很重要，但这不是决定生活方式的唯一因素。除社会因素外，还应考虑根据年龄和性别等其他因素选择健康的生活方式。六是现代文明社会的明确标志：无论它属于哪个社会群

---

[1]　黄嘉文：《探索促进健康生活方式的政策干预新思路》，载《中国社会科学报》，2018-05-09。

体，人们都会在环境允许的条件下接受健康的生活方式。

(二)生活方式理论对健康教育的启示

(1)从生活方式理论来看，不良的行为和生活方式给身体的健康带来不利影响，这种不利因素是影响人的身体健康的主要原因，至少占影响健康因素的一半以上，生活方式中的饮食、嗜好等都影响到人体的健康。通常人们把健康当成一种生活的目标，为了追求健康，人们在日常生活中会预防各种影响到健康的问题，根据问题产生的原因及影响调整自身生活方式，以达到追求健康的目的。健康对人类而言具有非常积极的意义，只有当人类拥有健康的身体时，才能推动社会的进步，从而显现出人类的精神文明和社会发展。在传统的观念下，不生病就代表着身体健康，但这种传统的从医学角度对健康的看法并不适用于当今社会的发展，无论是在社会、经济还是在环境因素中，对人类而言，真正的身体健康是建立在精神完好的状态下的，人类只有拥有完好的精神状态，才能实现真正的身体健康。[①]

(2)建立以知识传播为核心的健康信息体系，强化健康生活方式的实施动机。个体主义范式强调动机的重要性，认为动机能激活健康的初始行为，使行为在一定时期内保持稳定。这种动机来源于健康知识的传递、吸收，并内化成自身价值理念的内在过程。因此，需要构建以知识传播为核心的健康信息体系，强化健康生活方式的实施动机。首先，将健康知识划分成基础与专项两种类型，形成具有差异化、针对性的信息传播内容。前者有利于个体识别常见的健康威胁和评估自身的健康状态。后者围绕"饮食、运动、睡眠"等内容为个体实施健康生活方式提供指导。其次，重视生命周期的早期干预。有证据表明，早期的健康干预措施对后期的健康状态具有重要的保护作用。也就是说，应对健康风险的最根本解决方案是针对儿童群体，以家庭与学校为基础单位，从小强化健康意识及健康生活方式的实施动机。

(3)以社区为依托，完善促进健康生活方式实施的支持系统。结构主义范式的研究结果指出，个体是否采取健康生活方式受制于日常工作、生活等直接社会环境。社区作为凝聚社会成员并在生活层面形成相互联系的集合体，是我国基层社会治理的重要载体。首先，社区通过提供全覆盖、精细化的公共设施与健康服务，为社会成员实施健康生活方式提供便利的环境与机会。一方面，全面完善运动健身、人身安全、宜居环境、健康生活用品等方面公共设施的供给与维护；另一方面，从健康教育、健康评估、专项疾病管理等角度，为打造符合自身健康状况以及人口社会特征的健康生活方式予以充分的指导，以满足不同群体多层次的健康需求。其次，积极调动民间组织力量，营造良好的健康生活氛围。这些以体育健身、健康活动为主旨的民间组织具有自治性、自愿性和公益性的特点，贴近社区成员的健康需求，有利于提高健康行为的参与程度，对推广与普及健康生活方式起到不容忽视的作用。

---

① 吴菲：《如何用锚点情境法降低自评健康的回答偏误？——一项基于 CFPS2012 数据的实证分析》，载《人口与发展》，2019，25(2)。

（4）以公平为原则，立足不同领域与人群，构建促进健康生活方式实施的政策体系。结构主义范式预示，影响健康生活方式实施的社会环境因素还涉及社会排斥与歧视等深层次结构要素，这需要国家运用更具包容性的政策工具以解决资源分配与规则制定实施的公平性问题。首先，以系统性变革为目标，致力于改善影响健康生活方式的社会生态格局。资源环境视角的研究表明，促进个体实施健康生活方式不局限于公共医疗卫生系统要素，还涉及教育均等、就业保障、居住安全等其他领域。孤立的卫生医疗措施难以对健康促进有实质性影响，将健康融入不同领域的公共政策进程，消除造成健康生活方式实施的资源环境距离才是根本之道。其次，重视儿童、妇女、流动人口等群体健康生活方式的建立。这些群体因自身机能、资源分配与承受能力的劣势，更容易遭遇健康问题。与其他群体相比，促进健康生活方式的政策干预对他们增强健康素质、预防疾病侵袭有着更为重要的作用。因此，需要针对这些群体的健康需求与实际困难，引导和帮助他们建立良好的生活方式，促进健康目标的实现。[1]

二、社会决定因素理论

社会决定因素理论的主要代表是哈佛大学经济学和哲学教授、诺贝尔经济学奖获得者阿玛蒂亚·森（Amartya Sen）。该理论强调健康的社会决定因素的作用，认为健康的社会决定因素作为人们所处的社会环境特征、人们生活和工作的总体社会条件，反映了人们在社会结构中的不同位置。

(一)社会决定因素理论的主要观点

（1）阿玛蒂亚·森认为，卫生服务的公平分配与政治权利有关，卫生不平等与人权不平等有关，以前的卫生政策仅考虑直接导致疾病的生物学原因，考虑健康的社会决定因素还不够。

（2）健康不平等是由社会造成的人群总体健康差异和不公正，健康的社会决定因素所体现的基本价值取向是健康公平。健康决定因素的社会本质表明，政府不仅要关注特定公共卫生问题对人群造成的危害，还必须维护国民健康的社会性政策，从影响健康的原因入手，把实现健康公平作为基本价值目标。

（3）不同社会群体的人们的行为和健康水平各不相同，经济水平低的群体的总体健康状况比经济水平高的群体的总体健康状况更差。不同社会群体的人常常患有不同的疾病，经济水平越低，预期寿命越短；经济水平越高，健康状况就越好；贫穷对健康的危害最大。

(二)社会决定因素理论对健康教育的启示

从社会决定因素理论来看，健康观念的形成不是由医学这一专门领域促成的，需要创造一个新的医疗价值体系与理念。如果想把人类传统的以看病为中心的理念

---

[1] 黄嘉文：《探索促进健康生活方式的政策干预新思路》，载《中国社会科学报》，2018-05-09。

转化为以健康为中心的理念，需要通过医学、经济学、社会学与管理学等多方面的合作才能完成，并将对人类的评估分为健康、亚健康以及不健康三种。对应这三个种类进行相关的健康管理，这是医学社会化发展的一个大趋势。对人类而言，对身体、情绪、智力、社交、职业、精神、环境等方面进行自我管控，是社会学视角下健康成长的要义。

总之，不生病并不代表着身体健康，这是基于社会学的一种探索。这种探索告诉人们要改变传统的以看病为中心的观念，而转变为以健康为中心的观念。

第三节　小学生健康教育的医学基础

小学生健康教育要有专业的医学理论的支撑。医学理论不仅可以直接提供专业的医学知识，而且可以提升健康教育研究的科学性和合理性。因此，小学生健康教育研究，只有以科学的医学知识、专业的生长发育理论为基础，才能够有效地分析出小学生存在的健康问题，找出解决小学生健康问题的对策，从而更好地促进小学生健康发展。

一、中医全息理论

中医全息理论是全息理论在医学中的应用研究成果。20世纪80年代，王存臻、严春友主编的《宇宙全息统一论》展示了一个结合自然科学、社会科学、思维科学和哲学的新领域。宋为民、吴昌国主编的《中医全息论》系统阐释了中医全息理论。

"全息"一词，现代最早用在激光照片里，是光学应用的描述。物理中全息还有更高应用。全息理论是研究事物之间所具有的全息关系的特性以及规律的一门学说，从本质来看它是事物之间的相互联系。全息理论既是一门理论学科，又是一门应用学科。

(一)中医全息理论的主要观点

全息理论的核心观点是，宇宙是一个各部分之间全息关联的统一整体，在宇宙的这个整体当中，各子系统与系统、系统与宇宙之间全息对应，凡是相互对应的部位较之非相互对应的部位，在物质、结构、能量、信息、精神与功能等宇宙要素上相似程度较大。

我国全息生物学者张颖清教授认为，全息生物学诞生于中国是由于有中医学的影响，中医学是全息生物学的理论来源之一。全息生物学这一崭新的学科出现之后，又反过来给中医学以深刻的影响，形成中医全息疗法。他认为，从胚胎学观点看，由于在受精卵通过有丝分裂分化为体细胞的过程中，DNA经历了半保留复制过程，所以体细胞也获得了与受精卵相同的一套基因，它也有发育成一个新机体的潜能。

在全息内，各个对应点有不同的生物学特性，但是每一个对应点的特性都与其对应器官或部位的生物学特性相似。也可以把全息胚看作处于某种滞育阶段的胚胎，这样就可以用足疗、耳针治疗全身疾病。

人体是一个有机整体，局部的病变可以影响全身，内脏的病变可以从五官、四肢、体表各个方面反映出来，在全息元穴区给予一定刺激可以治疗对应整体部位的疾病。

(二)全息理论对健康教育的启发

许多全息方法，如空间全息方法、生物全息方法和时间全息方法被应用于医学实践，并与现代医学、传统医学理论和全息生物学理论相结合，构成了全息医学的框架。全息医学研究具有重要的实践意义和理论意义，该方法简单，易于实施，经济、安全、有效，副作用小，尤其是在今天人们越来越关注药物带来的毒性和副作用环境下，这种应用具有更多实际意义。

全息理论经过中国古代、近代以及国外众多学者的研究与发展，内容逐渐丰富，并随之产生了许多新的医学研究，如三段论学说、全息穴位图等，还产生了相应的全息医学诊断方法。全息医学诊断方法，目的在于了解病情，清除体内垃圾，并找出疾病所在位置，判断如何去治疗。全息医学诊断学包括多种诊断方法，除望、闻、问、切外，还有利用现代物理学原理的诊断仪，如穴位阻抗检测仪、耳穴探测仪等，它们能提高诊断的准确率。

全息理论对健康的影响主要在于医学治疗手段方面。全息理论为医学提供了多种治疗方法。在医学领域，人们的疾病多依靠现代医学的治疗，通过卫生服务达到健康的目的。卫生服务是卫生医疗机构和专业人员为了预防疾病并促进健康，通过使用公用卫生资源和医疗手段向个人及社会群体提供医疗、预防、保健、康复服务的过程。人们在出现健康问题后，通过卫生医疗服务能够及时找到病因，采取针对性的治疗手段。通过全息医学理论，以及全息穴位图、耳部全息诊法、足部全息诊法等，人们可以判断自身是否健康，更加了解自己的身体状况，从而更好地接受治疗。有学者从"全息育人"中的德性育人、知识育人、审美育人、健康育人、劳动育人几方面发掘育人点，以"全息"挖掘"全息育人"之健康育人点，并有机地渗透与落实，将健康教育与教学目标有机融合，组织教学，促进小学生的健康发展。[①]

二、健康信念模式理论

(一)健康信念模式理论概述

健康信念模式是由霍克巴姆(Hochbaum)于 1958 年在研究了人的健康行为与其健康信念之间的关系后提出的，后经贝克(Becker)等社会心理学家的修订逐步完善。

---

① 谢开宇：《"全息育人"渗透健康育人点——以〈健康过冬天〉的教学为例》，载《科研》，2019(7)。

此模式主要用于预测人的预防性健康行为和实施健康教育。[①] 健康信念模式是指个体为维持或促进健康，达到自我满足、自我实现而采取的行为与信念方式，包括疾病知识知晓程度、健康知识掌握程度等几个方面的行为。[②]

健康信念模式以心理学为基础，由需要动机理论、认知理论和价值期望理论综合而成，并在预防医学领域中得到应用和发展。健康信念模式遵循认知理论原则，强调个体的主现心理过程，即期望、思维、推理、信念等对行为的主导作用。因此，健康信念形成是人们接受劝导、改变不良行为、采纳健康行为的关键。

健康信念模式由三部分组成：个体的健康信念、行为的线索或意向以及行为的制约因素。[③] 第一，个人的健康信念，即人如何看待健康与疾病，如何认识疾病的严重程度和易感性，如何认识采取预防措施后的效果和采取措施时遇到的障碍。健康信念模式认为，人们要接受医务人员的建议而采取某种有益于健康的行为或放弃某种危害健康的行为，需要具备下面几个条件：知觉到某种疾病或危险因素的威胁，并进一步认识到问题的严重性；对采取某种行为或放弃某种行为的结果的估计，包括对行为益处的认识（perceived benefits）、对实施或放弃行为障碍的认识（perceived barriers）和效能期待。第二，行动的线索或意向，指人们能否采取预防性措施的促进因素，包括传媒活动的宣传、医务人员的提醒、他人的忠告、亲友的疾病经验等。第三，行为的制约因素，包括人口学特征，如年龄、性别、种族、籍贯等；社会心理学因素，如个性、社会群体、同伴及他人的影响等；知识结构因素，如关于疾病的知识、以前患此病的经验等。

健康信念模式的应用有以下几种。第一，评估个体的健康信念及影响和制约因素，即评估个体的健康信念，包括个体对疾病易感性的认识，对疾病严重性的认识，个体对行为益处的认识，对采取或放弃行为障碍的估计及个体的自我效能；评估个体行动的线索或意向；评估个体行为的制约因素等。第二，通过健康教育，提高个体健康信念。根据评估结果，采取相应的措施帮助个体，增强个体的健康信念，使个体形成对疾病或健康问题威胁及严重性的认知，知觉采取健康行为的益处，帮助个体克服在采取健康行为时遇到的障碍，让个体感到有信心、有能力通过长期努力改变不良行为，采取促进个体健康的行为。同时强化制约因素对个体采取健康行为的影响。[④]

(二)健康信念模式理论对健康教育的意义

以健康信念模式理论为基础，人们形成想要了解身体状况或健康水平的动机，付诸实践，了解到相关的健康知识，从而实现想要提升身体素质的愿望，形成对健

---

① 李小寒：《健康信念模式在护理实践中的应用》，载《继续医学教育》，2006(29)。
② 彭维：《110例老年冠心病患者应用健康信念护理模式的分析》，载《中国医药导报》，2011，8(25)。
③ 李小寒：《健康信念模式在护理实践中的应用》，载《继续医学教育》，2006(29)。
④ 吴嫣、陈利群：《健康信念模式在护理实践中的应用进展》，载《全科护理》，2010，8(33)。

康的态度，并且有能够应对疾病、克服障碍的能力。

健康信念模式理论侧重于研究人们对疾病的认识与预防方面，为人们认识疾病提供了多个角度，倡导人们采取多种态度对待疾病，采取相应的预防手段，同时促进人类疾病转型。人类疾病转型与健康信念模式理论的发展有着相关性，该理论致力于先研究健康问题的特征再确定问题的根源，以期最终将问题消除。在实际的医学例子中，对于急性或者烈性传染病一直到近代医学都无能为力，直到 19 世纪后半期，人类在细菌学上的突破才引发了真正的医学革命，清除和控制病变的方式，成为治疗疾病的主要手段，最终在 20 世纪 60 年代急性或烈性传染病得到了有效的控制。随之人类的疾病谱发生变化，慢性病时代来临。为了战胜慢性病，人类通过技术力量开始了探索，推动了医疗保障制度的发展和完善。

三、营养医学理论

营养医学是现代医学、细胞生物学、生物化学、营养学、中医学中的养生学等学科发展到新的阶段所产生的一个交叉学术领域的综合学科。它不但有很强的理论性，而且与医疗实践结合非常紧密。20 世纪以来，慢性病肆虐全球。美国参议院高度重视这一现象，并于 1975 年成立了"营养问题特别委员会"，召集来自人类生物学各个学科的专家进行深入研究和讨论。经过两年的研究，该委员会发表了一份长达五千页的报告，影响了国际医学与营养界。该报告认为，现代慢性病其实就是（细胞）代谢异常（损伤）的疾病，起因于营养的代谢失衡。对于此种失衡，不能用应付细菌的方法治疗，因为它是身体本身质变引起的疾病。

(一)营养医学理论的主要观点

营养医学整合了医学及临床营养，研究营养素与疾病预防治疗的关联。营养医学理论认为疾病的本质是细胞受损伤的过程，这个过程长则为慢性病，短则为急性病。治疗是指修复损伤细胞的过程。修复一个细胞，减少一种疾病；缺乏一种营养，产生一种疾病。营养医学理论的精髓就在于，人的慢性病是由营养代谢失衡造成的。

营养医学强调的是整体医学、预防医学，是清除病因的（治本）医学和养生学。它对很多疑难病、慢性病，具有良好的对策和效果。通过十几年的临床实践，它对患者达数万人之多的，并涉及多种被西医认定的不治之症，显示出一定的疗效，证实了这一新理论的正确性。

营养运行特点是细胞外的营养向上行，细胞内的实体物质向下行，在升降的运行中，细胞与营养的撞击，是细胞运动的动力之一。营养素的运动和更新，是恢复人体细胞功能的根本方法。因为它们运动，撞击了周围的细胞，从而补充了细胞营养，激活、改善了细胞的活力。故要使细胞功能恢复，必须及时补充均衡的营养来激活细胞，改善细胞生存的内外环境，改变细胞周围营养的浓度与压力。人体内营养的运动规律是，压力高的向压力低的方向运动，浓度高的向浓度低的方向疏散。

人体内空间是细胞运动、营养素调节的场地，只有这些空间纯净，营养素流通顺畅，人体才能保持健康。细胞的运动与细胞周围的环境有密切的关系，细胞周围空间营养的压力与浓度的变化直接影响细胞的运动。周围空间营养浓度越高，压力越大，细胞内的物质积聚就越多，就会形成传统中医所认为的气血淤滞。气血淤滞是造成细胞功能失调的主要因素。脏腑疾病的起因是物质、营养不能疏散，从而形成淤滞所致，即气血不通而形成疾病。

(二)营养医学理论的应用价值

美国分子矫正医学会会长雷沙博士认为，从前的医学只是以医药勉强抑制疾病，是一种欺瞒世人的手段。实际上，只要人体细胞拥有良好的生态及正常、均衡的营养，基本上是不会患疾病的。未来人们显然要考虑到"细胞"的"营养"及"代谢"问题，这才是人类的最新医学——营养医学。

营养是生命的物质基础，也是治疗疾病和健康长寿的保证。"医食同源，药食同根。"合理均衡的营养可以提高人体预防疾病的能力，减少并发症，促进身体康复。在医学模式发生变化的今天，科学、合理、及时、均衡的营养，是临床综合治疗的重要组成部分，对提高临床医治水平、恢复机体组织细胞功能有着重要作用。

营养医学理论是一个研究领域较为广泛的理论，传统的健康观念和整体的健康观念可以通过人体的各项检测功能进行测评，最终将人体分为三个健康状态，分别是健康、亚健康和不健康。对于不健康的情况，需要通过医疗服务进行相关治疗；而对于健康和亚健康状态，则需要通过健康管理方式来确保人类继续向着健康的方向发展。在这个基础上通过营养干预的方式进行合理饮食，以运动干预的方式进行适当的运动，最后通过戒烟戒酒等其他个人行为来干预，做到身体与心理的平衡。

总之，从医学视角看待健康的标准，首先是患者自身的个人感受是否正常，其次是通过医生的诊断发现对应的病情，最后是患者的症状如果与某些临床病症一致就说明患者已经患病。有时候患者的病症也可以通过体检确定。医生通过体检的方式发现患者的某个器官或者某项组织超出人体的理论数值范围，可以确定患者已经患病，随后通过相关的药物治疗或者手术治疗，使患者的器官或者组织达到医学理论的正常数据值，这就是医学视角下看待健康的方式。[1]

第四节　小学生健康教育的教育学基础

本书主要从全面发展教育理论、现代全人教育理论和终身教育理论三个方面对小学生健康教育的教育学基础进行论述。全面发展教育理论是马克思主义中国化的

---

① 张成岗、巩文静、李志慧等：《医学3.0与健康管理2.0将促进健康中国战略的早日实现》，载《转化医学电子杂志》，2018，5(12)。

产物，它主张小学教育的目的是促进小学生德智体美劳全面发展，为社会主义现代化培养合格的建设者和接班人，是小学生健康教育的核心理论基础；现代全人教育理论强调人的知、情、意、行的协调发展，强调人的健全人格，突出促进学生认知素质、情感素质全面发展和自我实现教育目标，是小学生健康教育的方法论基础；作为一种教育理论和理念，终身教育理论强调教育的终身性，倡导学习化社会和终身学习，重视基础教育的重要性，是小学生健康教育应当确立的教育理念和追求。

一、全面发展教育理论

在马克思主义者看来，人的全面发展是指人的智力、体力得到充分、自由、和谐的发展，同时也包括道德、志趣、意向等个性品质的发展。马克思主义者坚持教育与生产劳动相结合是实现全面发展的唯一途径。

现阶段我国社会主义的全面发展是使受教育者在德智体美劳方面和谐发展，成为社会主义现代化事业合格的建设者和接班人。其基本内涵为：全面发展是指所有人的共同发展而不是少数人的发展；全面发展不是人各个方面的平均发展，而是整体素质的和谐发展。它意味着人的高尚信念、道德品质、物质需要及精神需要等方面的有机结合，使个体在学习和生活中实现能力、热情和需要的完美和谐；全面发展与个性发展是辩证统一的关系。人的发展是整体性的发展，但每个人都是独立的个体，由于遗传、兴趣爱好、社会生活等方面的不同，其发展存在个体差异性。因此全面发展理论意味着受教育者需在德智体美劳各方面得到发展，不可偏颇，即个性的全面发展。个性发展意味着德智体美劳素质在受教育者身上的特殊组合，即全面发展的个性，二者辩证统一，有机结合在一起。

(一)德育

德育即思想品德教育，是教育者按照一定社会的要求，有目的、有计划地对受教育者施加的系统影响，把一定社会的思想观点、政治准则转化为个体思想品质的教育。德育是实现全面发展教育目的的保证。它一方面可以从思想和政治上保证育人的方向，使学生沿着社会所期望的方向发展(例如，学校开设的德育课，即学校按照一定的社会要求，有目的、有计划地对小学生进行道德熏陶，保证小学生的道德品质健康发展)；另一方面又给其他各育提供动力和能源，推动小学生智、体、美、劳方面的发展。健康的道德品质是小学生健康成长的基石，是小学生体力和智力健康成长的前提。

德育对小学生健康教育具有指导作用。学校德育的目的是使受教育者树立正确的世界观、人生观、价值观、道德观，这就要求受教育者要有与之相适应的智力、体力等。从某种意义上说，德育指导着小学生的健康教育，小学生健康教育拓宽了德育的内容。学校的德育主要对学生进行思想、政治、道德和心理品质的教育，心理健康教育是小学生健康教育的重要组成部分之一。所以，小学生健康教育拓宽了德育的内容。

（二）智育

智育是传授给学生系统的科学文化知识、技能，发展学生智力的教育。它与德育、体育、美育、劳动技术教育一起构成一个完整的教育体系，各育之间存在相互影响的关系。其中，智育的任务是向学生传授系统的科学文化知识，培养、训练学生形成基本技能和技巧，发展学生的智力。

智育是全面发展的基础，是实施小学生健康教育的手段之一。《中小学健康教育指导纲要》指出，要实施小学生健康教育就要培养学生的健康意识与公共卫生意识，掌握必要的健康知识和技能。而健康知识和技能的学习，离不开智育的培养。因此，要使小学生具有高尚的情操、健康的审美情趣、科学的卫生保健知识、熟练的劳动本领，必须实施智育。

（三）体育

体育是授予学生健身知识和技能，培养学生机体素质和运动能力，增强他们的体质的教育。小学阶段是学生生长发育的关键时期，对他们施以体育，指导他们有计划、有组织地锻炼身体，可以促进小学生身体的正常发育，增强体质，为其一生的健康成长奠定良好的基础。

健康的体魄是小学生健康教育的目标之一。小学生在完成学习任务之外进行的各种体育活动，对学生来说是休闲性的，具有主动性，还能起到愉悦学生性情、缓解学习紧张、丰富学生生活的作用，从而可以促进小学生健康成长。

（四）美育

美育又称审美教育或美感教育，是培养学生正确的审美观以及感受美、鉴赏美和创造美的能力的教育。美育反映了社会主义精神文明和物质文明建设的社会需要，具有提高小学生的审美能力、增长小学生的聪明才智、丰富其精神生活的作用，以及通过提升小学生精神境界，促进社会主义精神文明建设。

美育可以帮助小学生形成正确的审美观念和积极的审美情趣，从而形成优秀的道德品质和良好的心理素质。美育还可以潜移默化地影响小学生的气质、情操、性格、意志和信念，起到塑造人的心灵、陶冶人的情操、培养健全人格的作用。

（五）劳动技术教育

劳动技术教育是向学生传授现代生产劳动的基础知识和基本技能，培养学生正确的劳动观点，使学生养成良好的劳动习惯的教育。劳动技术教育包括劳动教育和技术教育两个方面。

对小学生进行劳动技术教育，即让小学生参加一定的劳动，促进小学生形成良好的道德品质，培养小学生的劳动观念。劳动技术教育还可以让学生把课堂上学到的知识和实际联系起来，加深对书本知识的理解，促进理论和实际、感性认识和理性认识的结合，从而使学生获得比较全面的知识，掌握一定的劳动技能。例如，日本规定小学生每周在学校、农场、果园和家禽饲养场参加两小时全校性的生产劳动，每个学生每周还要参加一小时小组生产劳动。

《中小学健康教育指导纲要》指出，要发展小学生健康教育，要注重实用性和实效性。劳动技术教育提倡理论和实践的结合，让小学生在实践中应用知识，在实践中对知识进行感悟升华，可以更好地促进小学生全面发展。

二、现代全人教育理论

现代全人教育理论来自人本主义学习理论，其代表人物是美国教育学家卡尔·罗杰斯(Carl Rogers)。20世纪80年代，美国的隆·米勒(Ron Miller)首先在现代意义上提出全人教育，加拿大的约翰·米勒(John Miller)、日本教育家小原国芳为全人教育理论的构建做出了重要贡献。卡尔·罗杰斯认为，全人教育是促进学生认知素质、情感素质全面发展和自我实现教育目标的教育。[①] 在他看来，当时的教育是知和情严重分离的一种教育，而在人的成长发展过程中知识和情感是相互融合不可分割的两部分。因此，该理论认为，教育的目的不仅是让小学生学会某种知识和技能，而且要促进学生知、情、意、行协调发展，培养小学生的健全人格，使小学生成为一个完整的人。全人教育理论的主要观点包括以下几个方面。

(一)关注每个人，整合人格的全面发展

全人教育理论的核心内容就是全人的培养。全人(holistic person)是具有整合人格得到全面发展的人，即注重每个人智力、情感、社会性、物质性、艺术性、创造性与潜力的全面挖掘。隆·米勒认为从全人的本质来看，精神性更胜于物质性，从当今时代来看，教育应更着重于人的情感、创造力、想象力、同情心、好奇心等的培养，尤其要注重人的自我实现。

(二)寻求人与人之间的理解和生命的真正意义

全人教育理论鼓励自我实现，但同时也强调真诚的人际交往和跨文化的人类理解，认为人性的体现不在于竞争而在于合作。全人教育就是要学生在受教育过程中加强合作精神的体验，培养人与人之间相互理解、相互关心的素养，同时将生活中的人际交往进一步深化为人类跨文化的理解与信任，增强学生的全球意识。

(三)强调学生人文精神的培养

全人教育者在思考如何塑造学生的健全人格并完善其思维方式时，在很大程度上受当代人文主义教育思潮的影响。全人教育理论认为，人是一个整体，知识教育虽然重要，但也仅是人的一部分，除了知识教育以外，还有许多其他部分不容忽视。隆·米勒提出，全人教育是用人文教育(humanistic education)的方法来达到全人发展的目标。以全人教育为其终极理想的通识教育应该帮助学生了解人之所以为人的道理、各种永恒的问题，认识所处时代的特性及所面临的困境等。总之，教育者只

---

① 张大均：《教育心理学》(第三版)，113～114页，北京，人民教育出版社，2015。

有深刻领会人格、个性与思维的重要性，才能真正培养出理性的、人文的、道德的、精神的全人。

(四)鼓励跨学科的互动与知识的整合

全人教育理论认为，目前的学校教育将各种知识人为地割裂开来，各门学科相互孤立，世界被拆分为无数的碎片，这直接导致了人的发展也必然是片面的，思维方式是孤立的。这样，通识教育的跨学科整合学习就成为达到全人教育的重要途径。全人教育理论强调学科间的整合学习，并清楚没有任何一种科目、议题或因素可单独解决当今世界发展的相关课题。只有通过学科之间的互动、影响和渗透，超越学科间的各种限制，我们才能开拓新知识学习与问题研究视野，真正将世界还原为一个整体。

(五)主张学生精神世界与物质世界的平衡，注重生命的和谐与愉悦

全人教育以塑造未来为目的，倡导以育人为本，强调以开发人的理智、情感、身心、美感、创造力和精神潜能为教育目的。全人教育理论正是针对这种物化的教育观，主张在人的培养过程中，不仅关注物质世界，而且注重学习过程的愉悦，与人交往的和谐，自我良好品格的养成。

(六)培养具有整合思维的人

全人教育的最大特色在于"全"，这不仅意味着培养人的全面素质，还蕴含着一种广阔而博大的世界观。全人教育理论所关心的不是某个人、某个学校、某个国家的发展，而是从更宽广的角度将整个地球甚至整个宇宙联系在一起。隆·米勒认为，新世纪的教育需求是目前这种教育方式难以观察到的，未来的教育必须强调全球的、生态的及灵性的世界观。

全人教育的理论与实践为小学生健康教育的研究奠定了理论基础。在全人教育理论的基础上，教师和家长不再单纯地关注学生的身体状况与学习成绩，而是更加关注学生的人格、能力、品德、技能等方面。学校和家庭对小学生教育理念的更新、对其健全人格的培养等一系列措施，都对小学生健康教育的实施具有积极的推动作用。

三、终身教育理论

1965 年，在联合国教科文组织主持召开的成人教育会议上，联合国教科文组织成人教育局局长保罗·朗格朗(Paul Lengrand)正式提出终身教育的概念。迄今终身教育作为一种教育理念在世界各国得到广泛传播。

(一)终身教育的概念

保罗·朗格朗认为，终身教育并不是指一个具体的实体，而是泛指某种思想或原则，或者说是指一系列的关系与研究方法。概括而言，终身教育也指人一生的教育与个人及社会生活全体教育的总和。国际教育发展委员会在《学会生存》的报告中

把终身教育界定为:"终身教育包括教育的一切方面,包括其中的每一件事情,整体大于部分的总和,世界上没有一个非终身而非割裂开来的永恒的教育部分。"国际 21 世纪教育委员会在向联合国教科文组织提交的《教育——财富蕴藏其中》的报告中,对终身教育这个概念的内涵做了进一步的诠释,终身教育固然要重视使人适应工作和职业需要的作用,然而,这绝不意味着人就是经济发展的工具。除了人的工作和职业需要之外,终身教育还应该重视铸造人格,发展个性,使个人潜在的才干和能力得到充分发展。

总之,终身教育是人们在一生中所受到的各种培养的总和,它开始于人的生命之初,终止于人的生命之末,包括人发展的各个阶段及各个方面的教育活动,既包括纵向的一个人从婴儿期到老年期各个不同发展阶段所受到的各级各类教育,也包括横向的从学校、家庭、社会各个不同领域受到的教育,其最终目的在于"维持和改善个人社会生活的质量"。[①]

(二)终身教育的特点

(1)终身性。终身性是终身教育的基本特征。它把教育看成个人一生中连续不断的学习过程,是人们一生中所受的各种教育的总和,实现了人生中整个教育过程的统一。终身教育突破了正规学校的框架,既包括正规教育又包括非正规教育。

(2)全民性。终身教育的全民性,是指接受终身教育的人包括所有的人,无论男女老幼、贫富差别、种族性别。联合国教科文组织汉堡教育研究员达贝提出终身教育具有民主化的特色,反对教育只是为所谓精英服务,认为具有多种能力的一般民众应平等获得教育机会。事实上社会上的每一个人都要学会生存,而要学会生存就离不开终身教育。

(3)广泛性。终身教育的广泛性既包括家庭教育、学校教育,也包括社会教育。它包括人的各个阶段,是一切时间、一切地点、一切场合和一切方面的教育。终身教育为整个教育事业注入了新的活力。

(4)灵活性。终身教育的灵活性具体表现为,任何有需要的人都可以随时随地进行任何形式的学习。学习的时间、地点、内容、方式均由个人决定,人们可以根据自己的特点和需要选择最适合自己的学习方式。

(三)终身教育理论对健康教育的启示

首先,终身教育思想有助于人们更好地理解小学生健康教育的终身性。作为一种教育理论体系和教育理念,终身教育把教育理解为贯穿于人的一生的事情,在这个过程中,小学教育是基础。同样,小学生健康教育也是一个人终身教育的基础阶段,小学生健康教育的好坏会直接影响到人的一生的发展是否健康。

其次,终身教育思想有助于小学生健康教育内容的全面性。终身教育强调知识

---

① 联合国教科文组织国际教育发展委员会:《学会生存——教育世界的今天和明天》,华东师范大学比较教育研究所译,8 页,北京,教育科学出版社,1996。

的变革与创新，它要求每个人必须有能力在自己的一生中利用各种机会，去更新、深化和进一步充实最初获得的知识，使自己适应快速发展的社会。小学生健康教育强调学生身心发展的全面性，不仅使学生有健康的体魄，而且要求学生具有良好的行为习惯和生活方式，以及健康的心理品质，只有这样，才能保证小学生在面对社会知识变化的过程中保持良好的适应能力。

最后，终身教育思想有助于小学生健康教育方法的改进。终身教育是面对信息化社会的先进的教育理念，它强调终身学习，要求学生学会认知，学会做事，学会与人共处和学会生存。小学生健康教育以培养适应未来社会全面发展的人才为目的，以形成学生良好的健康意识和行为习惯与生活方式为目标。小学生健康教育应当借助终身教育的理念，变革教育方法，结合小学生健康教育的特点，遵循小学生身心发展规律，注重健康教育方法的灵活性、趣味性和活动性，以更好地促进小学生健康成长。

第五节　小学生健康教育的心理学基础

小学生健康教育包括生理、心理和精神等方面的全方位教育。进入小学阶段，学习成为学生的主要活动，其认知、人格和学习的心理学理论成为研究小学生健康教育的重要理论基础。

一、皮亚杰的认知发展理论

认知发展理论是由瑞士发展心理学家和发生认识论创始人皮亚杰（Jean Piaget）提出的，对当代教育有重要的启示。皮亚杰认为认知发展是一个建构的过程，是个体在与环境的相互作用中实现的。

（一）儿童认知发展的本质

皮亚杰认为，认知（或智力）的本质就是适应，即儿童的认知是在已有图式的基础上，通过同化、顺应和平衡，不断从低级向高级发展的。

（1）图式。图式是指儿童对环境做出适应的认知结构。从发展的角度来看，儿童最初的图式是由遗传而表现出的一些本能反射行为，如吸吮反射、定向反射等。

（2）同化。同化是指儿童把新的刺激物纳入已有图式中的认知过程。皮亚杰认为，同化是图式（认知结构）发生量变的过程，它不能引起图式的质变，但影响图式的生长。比如，同化可以被看成给气球充气，随着充气量的增加，气球体积不断变大（同化），但气球的性质并没有改变。

（3）顺应。顺应是指儿童通过改变已有图式（或形成新的图式）来适应新刺激物的认知过程。当儿童遇到自己不能同化的刺激时，他们就面临着两种选择：一种是创造，能够把新刺激纳入其中的新图式；另一种是修改原来的图式，使它能把新刺激纳入其中。这两种情况都是顺应的表现。顺应是图式发生质变的过程。通过顺应，儿童的认知能力达到一个新的水平。

（4）平衡。平衡是指同化与顺应之间的"均衡"。皮亚杰认为，同化和顺应过程对认知能力的发展变化是非常重要的。假如一名儿童总是去同化所遇到的刺激而不是顺应它们，则该儿童认知能力就很难有质的发展。这直接导致他大脑中的图式不仅简单而且数量少，使他把许多不同的事物都看成类似的东西。相反，假如一名儿童总是去顺应刺激而不同化刺激，其结果将导致他有很多细小的概括性差的图式，使他把许多有联系的事物看成独立的而互不联系。因此，在儿童认知发展的过程中，同化与顺应需要平衡。在儿童的认知发展过程中，必须平衡同化和顺应。平衡是相对的，不平衡是绝对的。儿童的知觉发展就是从低级水平发展到高级水平，然后逐渐达到平衡的过程。

（二）皮亚杰的认知发展阶段

皮亚杰将儿童的认知发展分为感知运动阶段、前运算阶段、具体运算阶段和形式运算阶段四个阶段，具体内容如下。

（1）感知运动阶段（0～2岁）。在这个阶段，儿童的认知发展主要是感觉和动作的差异。新生儿出生时会有一系列的条件反射，随着身体的发展，儿童可以将自己的感觉和动作结合起来，应对外界环境中的刺激。此阶段结束后，儿童的感觉和动作逐渐分化并起到调节作用，思维开始萌芽。

（2）前运算阶段（2～7岁）。在这个阶段，儿童的感知觉运动模式开始内化为表象或图式，特别是在语言的发展过程中，儿童经常使用表象符号代替外在事物，但他们的语词或其他符号仍然不能代表抽象的概念，思维仍然与具体直觉表象联系在一起，很难从知觉中解放出来。

（3）具体运算阶段（7～11岁）。在这个阶段，儿童的认知结构中有了抽象的概念，可以进行逻辑思考。这一阶段的标志是守恒观念的发展与形成。守恒观念是指儿童能意识到物体外观已发生变化，但其独有特征保持不变。

（4）形式运算阶段（11～15岁）。儿童形成解决各种问题的逻辑推理能力，并由大小前提得出结论。无论是否存在某些事物，他们都能理解形式中的相互关系和内涵。

（三）影响认知发展的因素

（1）成熟。皮亚杰认为，成熟在于揭开新的可能性，它是某行为模式出现的必要条件，如何使可能性变为现实性，这有赖于个体的练习和经验。

（2）练习和经验（自然经验）。练习和经验指个体对物体做出动作的过程中的练习和习得的经验（不同于社会经验）。皮亚杰把经验区分为物理经验和逻辑数理经验两种。

（3）社会性经验。社会性经验指社会环境中人与人之间的相互作用和社会文化的传递。社会环境因素对个体的发展具有重要影响，但是社会环境因素不是发展的充分因素。与物理经验一样，它们对主体的发展发挥作用必须建立在它们能被主体同化的基础上。

（4）平衡。平衡是心理发展的决定因素。平衡具有自我调节的作用，通过调节同化和顺应的关系，使个体的认知不断发展。

小学生正处于皮亚杰认知发展阶段的具体运算阶段，该年龄段的学生能够利用逻辑思维解决具体问题，但必须依赖实物和直观形象的支持才能进行逻辑推理及利用逻辑思维解决问题。在健康教育过程中，教育者应根据小学生的认知、心理发展特点，多采用以直观感知为主的教学方法，如演示法，即教育者通过展示实物、教具和示范性的实验来说明、印证某一事物和现象，使学生掌握健康知识。

二、埃里克森的人格发展理论

（一）埃里克森的人格发展理论概述

人格发展理论，也称心理社会性发展八阶段理论，由美国现代精神分析理论家埃里克森（E. H. Erikson）于 1950 年提出。他认为个体发展是一个持续不断的过程，在心理发展的每一个阶段，个体都会面临一个需要解决的心理社会问题，该问题引起社会心理发展的矛盾与危机。如果个体能够顺利解决每一阶段所面临的矛盾与危机，就会对个体心理发展产生积极影响，反之则会产生消极影响。

埃里克森人格发展的八阶段是相互依存、密切联系的。前一阶段解决危机的方式会对后一阶段产生影响，后一阶段发展任务的完成依赖前一阶段（或前几阶段）冲突的解决。如果个体发展的阶段性危机没有得到较好的解决，就会影响个体的人格和社会性发展。埃里克森关于人的一生发展的八个阶段如下。

第一阶段，婴儿期（0～1岁），基本信任与不信任的冲突，主要发展任务是满足该年龄段孩童的生理需要，获得信任感，克服不信任感。

第二阶段，儿童早期（1岁～3岁），主要发展任务是获得主动感，克服羞耻感，体验意志的实现。

第三阶段，学前期（3～6岁），主要发展任务是获得主动感，克服内疚感，体验目的实现的喜悦感。

第四阶段，学龄期（6～12岁），主要发展任务是获得儿童的主动感与勤奋感，克服自卑感，体验能力实现的喜悦感和成就感。

第五阶段，青年期（12～18岁），主要发展任务是形成角色同一性，防止角色混乱，体验忠诚的实现。

第六阶段，成年早期（18～25岁），主要发展任务是获得亲密感，体验爱情，避免孤独感。

第七阶段，成年中期（25～60岁），主要发展任务是获得繁殖感，避免停滞感，体验关怀的实现。

第八阶段，成年晚期（60岁以上），主要发展任务是获得完善感，避免失望或厌恶感。

（二）人格发展理论对健康教育的启发价值

小学生处于埃里克森人格发展的第四阶段，与学前儿童有着本质的区别。他们开始体会到勤奋与成功的关系，并开始形成一种成功感，主要的发展任务是获得勤奋感，克服自卑感。本阶段儿童开始进入学校学习，活动和依赖的重心已由家庭转移到了社会、社区和学校。学校是学生适应社会、掌握今后生活所必需的知识和技能的地方，学校教育要按照一定的培养目标、健康教育目标，有计划、有步骤地对学生施加健康教育影响。如果学生能从健康教育的学习中获得成功的喜悦，他们就会获得勤奋感，这使他们在今后的独立生活和工作学习中会自觉形成健康的行为与生活习惯；反之，就会产生自卑感。当学生的勤奋感大于自卑感时，他们就会获得有"能力"的品质。在健康教育过程中，教师应积极扮演教育引导者的角色，发挥自身榜样示范作用，以学生为本，结合学生人格发展特点，设定健康教育目标，制定健康教育的任务，实施形式多样的健康活动等。

三、学习理论

长期以来，心理学家采用不同的研究方法，根据不同的实验资料，从不同的角度揭示了学习的实质问题，提出了许多有关学习的理论。本书主要介绍班杜拉的社会学习理论和布鲁纳的认知发现学习理论，并探讨它们对小学生健康教育研究的启发意义。

（一）班杜拉的社会学习理论

班杜拉（A. Bandura）是美国心理学家，新行为主义的代表人物之一，社会学习理论的创始人。1977年出版的《社会学习理论》一书标志着班杜拉社会学习理论体系的诞生。班杜拉强调在社会学习过程中行为、认知和环境三者的交互作用，认为个体、环境和行为三者都是作为相互决定的因素而起作用的，它们彼此之间的影响也是相互的。

班杜拉认为人的学习主要是观察学习。观察学习，又称替代学习，是指通过对他人及其强化性结果的观察，一个人获得某些新的反应，或者矫正原有的行为反应，而在这一过程中，学习者作为观察者并没有外显的操作。观察学习是人类学习的另一重要来源。儿童通过观察他们生活中的重要人物的行为而习得社会行为，这些观察以心理表象或其他符号表征的形式储存在大脑中。班杜拉把观察学习过程分为注意、保持、复现和动机四个子过程。

（1）在注意过程中，观察者注意并知觉榜样情境的各个方面。

（2）在保持过程中，观察者记住从榜样情境中了解的行为，以表象和语言形式将它们在记忆中进行表征、编码及存储。

（3）在复现过程中，观察者将头脑中有关榜样情境的表象和符号概念转为外显的行为。

（4）在动机过程中，观察者因表现所观察到的行为而受到激励。他还认为习得的行为不一定都表现出来，学习者是否会表现出已习得的行为，受强化的影响。

在健康教育过程中，教育者应充分促进学生的观察学习，观察学习应注意教育者的示范作用。学生通过观察教育者的示范行为，在自己尚未表现健康行为时，就已经学习到了如何避免许多错误或危险的结果。

（二）布鲁纳的认知发现学习理论

布鲁纳（J. S. Bruner）是美国认知教育心理学家，认知发现学习理论的代表人物之一。他的基本思想主要体现在其1960年出版的《教育过程》一书中。他主张学习的目的在于以发现学习的方式，使学科的基本结构转变为学生头脑中的认知结构。

（1）学习观。布鲁纳认为，学习的实质是学生主动地形成认知结构，而不是被动地接受知识，强调学生自身主动获取知识的同时，将新获取的知识与原有认知结构相联系，积极建立起其知识体系。布鲁纳认为学习包括新知识的获得、知识的转化、知识的评价三个过程。

（2）教学观。布鲁纳认为，学习的实质就是让学生主动获取知识，教师应发挥自身引导作用，让学生能够独立思考并发现他们要学习的概念和原理。教师的作用不是为学生提供现成的答案，而是为学生提供独立思考与探究的教学环境。

（3）发现学习。布鲁纳认为，发现是教育学生的主要手段，学生掌握学科基本结构的最好方法是发现学习。发现学习是指教育者给学生提供有关的学习材料，让学生通过探索、操作和思考，自行发现知识、理解概念和原理的教学方法。

在健康教育过程中，教育者应引导学生亲自去发现学习，激发学生学习健康知识的兴趣与好奇心，刺激学生"发现的兴奋感"，从而将外部动机转化为积极主动的内部动机，增强学生对健康教育本身的兴趣。

四、马斯洛的需要层次理论

美国当代社会心理学家、人本主义心理学的主要发起者和理论家马斯洛（A. Maslow）于1943年提出需要层次理论。在马斯洛看来，在不同时期表现出来的各种需要的迫切程度是不同的。人的最迫切的需要才是激励人行动的主要原因和动力。人的需要是从外部得到的满足逐渐向内在得到的满足转化。他根据需要的先后顺序，把需要分成了五个层次，即生理的需要、安全的需要、归属与爱的需要、尊重的需要和自我实现的需要。

(一)生理的需要

生理的需要是人类维持自身生存的最基本要求，包括食物、水分、空气、睡眠等方面的需要。它是人的所有需要中最基本、最原始，也是最强有力的需要，是其他一切需要产生的基础。马斯洛认为，只有这些最基本的需要满足到维持生存所必需的程度后，其他的需要才能成为新的激励因素，此时，这些已相对满足的需要也就不再成为激励因素了。

(二)安全的需要

安全的需要是指希望受保护与免遭威胁从而获得安全感的需要。人在生理的需要相对满足的情况下就会出现安全的需要。马斯洛认为，整个有机体是一个追求安全的机制，人的感受器官、效应器官、智能和其他能量主要是寻求安全的工具，甚至可以把科学和人生观都看成满足安全需要的一部分。

(三)归属与爱的需要

归属与爱的需要，也称社交需要，是指每个人都有被他人或群体接纳、爱护、关注、鼓励及支持的需要。它是生理和安全需要满足之后的更高一级的需要，包括被人爱与爱他人，希望交友融洽，保持友谊，人际关系和谐，被团体接纳，成为团体一员，有归属感等。

(四)尊重的需要

尊重的需要是在生理、安全、归属与爱的需要得到基本满足后产生的对自己社会价值追求的需要，包括自尊和受到别人尊重两个方面。具体表现为认可自己的实力与成就、自信、独立、渴望赏识与评价、重视威望和名誉等。这种需要得到满足，就会感受到自信、价值和能力；否则就会产生自卑感或保护性反抗。尊重的需要得到满足，能使人对自己充满信心，对社会充满热情，体验到自己活着的用处和价值。

(五)自我实现的需要

自我实现的需要是最高层次的需要，它是指实现个人理想、抱负，发挥个人的能力到最大程度，完成与自己的能力相称的一切事情的需要。所谓自我实现，即追求自我理想的实现，是充分发挥个人潜能、才能的心理需要，也是一种创造和自我价值得到体现的需要。马斯洛提出，为满足自我实现的需要所采取的途径是因人而异的。自我实现的需要是在努力挖掘自己的潜力，使自己成为自己所期望的人。

小学阶段是人生最重要的发展阶段。小学生的身体正在迅速发育，他们渴望认识新事物和学习新的文化知识。但是，小学生的认知能力有限，对周围潜在风险的警惕和防范意识匮乏，个人防范能力相对较低，做事情往往出于个人喜好，易冲动，缺乏学习兴趣与动机。马斯洛认为，在某种程度上，学生缺乏学习动机可能是由某种缺失性需要没有得到充分满足而引起的。因此，教育者应满足学生对安全的需要，也要充分发挥学生潜能、才能，使学生获得自我成就感。

思考题

1. 试比较东西方哲学视野下小学生健康教育发展的异同。

2. 论述蔡元培教育思想对当代小学生健康教育思想的影响。

3. 根据小学生的社会生活特点，简述小学生健康教育应包含的内容。

4. 试论述全面发展教育与小学生健康教育的关系。

5. 简述皮亚杰的认知发展理论及它对小学生健康教育的影响。

6. 简述埃里克森的人格发展理论及它对小学生健康教育的影响。

7. 简述学习理论及它对小学生健康教育的影响。

8. 简述马斯洛的需要层次理论及它对小学生健康教育的影响。

第三章　小学生健康行为和生活方式与健康教育

本章导读 ▶

　　健康的行为和生活方式不仅可以帮助小学生树立正确的健康观，促进小学生身心健康发展，而且是小学生健康成长必不可少的条件。通过学习本章，我们需要厘清小学生健康行为和生活方式的概念、意义、内容及特点；掌握小学生健康行为和生活方式的影响因素，主要包括社会、家庭、学校和小学生自身，了解小学生健康行为和生活方式形成的主要对策。

第一节　小学生健康行为和生活方式概述

小学生健康行为和生活方式受其自身、家庭、学校、社会等多方面因素的影响，其中积极的因素有利于培养小学生的健康行为和生活方式，消极的因素不利于培养小学生的健康行为和生活方式。充分理解小学生健康行为和生活方式的概念及其功能是研究小学生健康教育的理论准备。

一、小学生健康行为和生活方式的概念

健康行为是人们为了增强体质、维持身心健康而进行的各种活动，如充足的睡眠、适当的运动、合理的营养膳食等。健康行为不仅能增强人的体质，维持良好的身心健康状态和预防各种疾病，而且还能帮助人们养成健康的生活方式。健康的生活方式是指有益于健康的、习惯化的行为方式。健康的行为方式体现正确的健康观，适应正确的社会行为方式和社会文化，并且有助于满足社会和谐发展的要求。

小学生健康行为和生活方式，是指小学生个体或群体为了预防疾病、增强体质、维持和促进健康所采取的一切有利于自身及他人在身体、心理、社会适应性等方面保持良好、健康状态的各种行为和活动的总称。具体来说，它是指为了促进小学生健康地生长发育，避免各种疾病的发生，小学生在教师和家长的科学指导下进行的一系列相关活动，如适当进行体育锻炼、保持乐观的心态、爱护环境、与同学友好相处等。除此之外，小学生健康行为和生活方式还包括饮食起居规律、早晚按时刷牙、按时完成作业、尊老爱幼、爱护公共卫生、遵守社会秩序等健康的生活习惯。

小学生健康行为和生活方式有着丰富的内涵，既包括日常生活中小学生在教师和家长的指导下，学习健康行为和生活方式的知识与技能，如学会正确打扮自己，包括保持衣服的干净与整洁、选择适合自己的颜色，注意营养饮食，合理安排时间，科学用脑，加强身体锻炼等；还包括具有正确的健康意识，良好的社会适应能力，能与他人友好相处，如小学生在生活中要逐渐养成独立自主的精神、正确的消费观、乐观的心态，乐于助人，遵守社会公德，爱护环境，保护大自然等的健康行为和生活方式。

二、小学生健康行为和生活方式的意义

随着社会的发展和教育整体质量的提高，学校健康教育问题越来越受到社会的关注，尤其是小学生健康教育问题更加受到人们的重视。小学阶段学生养成健康行为和生活方式，会对他们未来身心健康发展奠定坚实的基础。

(一)促进小学生身体健康

健康的身体是进行一切学习活动的基础和前提。小学生的身体正处在生长发育的重要阶段，健康行为和生活方式有助于他们学习日常安全常识，形成正确的卫生习惯，从而在体育锻炼中拥有健康的体魄，更好地促进小学生身体健康。健康行为和生活方式有利于帮助小学生避免偏食、挑食、熬夜等不良生活习惯，营养均衡、睡眠充足、作息规律等良好生活习惯有助于促进小学生的身体健康。

(二)促进小学生心理健康

根据皮亚杰认知发展阶段理论，小学生的心理发展处于具体运算阶段。本阶段小学生的逻辑思维能力已有了进一步的发展，但仍然具有很大的形象性和盲目性，容易出现自卑、学习困难、情绪焦虑等现象。健康行为和生活方式有助于小学生形成正确的挫折观，使他们正确认识生活、学习中出现的一些困惑与困难，并采取积极的态度。例如，小学高年级学生生殖器官开始发育，有些学生对身体发生的明显变化难以接受，容易出现心理问题，健康行为和生活方式有助于小学生积极地悦纳自己，有效避免心理疾病的发生。

(三)促进小学生全面发展

健康行为和生活方式，不但有助于小学生形成健康的心理和健全的人格，而且对小学生获得全面和谐的发展也有重要的意义。

小学生正处在思维活跃的关键期。这个时期的小学生求知欲强，可塑性强，是全面发展能力的重要时期。小学生健康教育的目的是使学生获得身体和心智方面的全面和谐的发展。在学校健康教育的大背景下，世界各国颁布的教育法律法规皆明确提出促进小学生身心健康发展的教育方针和培养目标。例如，我国颁布的《教育法》和《教师法》明确规定要关心学生健康，并提出相关措施。日本文部省根据学校健康教育方面的法令(《学校教育法》《学校保健法》)制定了《学习指导要领》，目的在于使小学生获得有关健康与安全的必要知识，并促进其身心健康发展。

(四)培养小学生的社会适应能力

小学生的社会适应能力是指他们为了更好地适应家庭以外的生活环境而在生理、心理以及行为上发生的各种适应性的变化，以获得与社会达到和谐状态的一种适应能力。小学生初入社会开始面对复杂多变的社会环境，必然会遇到周围状况和自身条件冲突的情况，这时健康行为和生活方式有助于小学生审时度势，抓住机遇，选择有利的环境，同时积极调整自我，进行相关知识和技能的学习，这样小学生就能较快、较好地适应环境，并取得成功。

第二节　小学生健康行为和生活方式的特点

不同年龄阶段小学生健康行为和生活方式有不同的特点。根据小学生身心发展特点，《中小学健康教育指导纲要》把小学生健康行为和生活方式划分为三个水平，各个水平的内容、目标各不相同，而且表现出不同的特点。

一、整体性

小学生健康行为和生活方式的整体性，是指培养目标的全面性、教育内容的完整性和教育对象的普遍性。培养目标的全面性是指培养小学生身体、心理、社会适应的完好状态；教育内容的完整性是指涉及小学生日常行为的方方面面，如不随地吐痰、三餐规律饮食、合理膳食、用眼卫生、自我保护、远离毒品等，具有整体性特点；教育对象的普遍性是指要面向所有小学生，指所有学生全面和谐的发展。

二、社会性

小学生健康行为和生活方式的社会性，是指小学生健康行为和生活方式所产生的社会影响。小学生健康行为和生活方式不仅有利于自身的发展，而且会对他人和社会产生积极影响。例如，不随地吐痰，不乱丢果皮纸屑等垃圾，不仅减少了病菌的传播，而且有利于社会公共卫生的维护，为人们营造一个健康的生存环境；反之，则会对社会产生消极影响。小学生健康行为和生活方式的养成是小学生适应社会发展的必然要求。

三、阶段性

小学生健康行为和生活方式的阶段性，是指不同年龄阶段小学生健康行为和生活方式表现出不同的年龄特点，教师和家长要根据学生的年龄特点有针对性地进行教育。依据小学生的年龄阶段，《中小学健康教育指导纲要》将健康教育的行为和生活方式划分为不同的水平，具体表现为以下内容。

一至二年级的小学生有很强的向师性，缺乏独立思考的意识。所以，重点要让小学生初步了解掌握个人卫生习惯对他们的影响，养成规律的饮食习惯，其中教师的言传身教非常重要。

三至四年级的学生自我意识增强，思维开始从具体形象思维向抽象逻辑思维转化，因此引导学生掌握简单的逃生避险技能，了解生命的价值。

五至六年级的学生开始进入青春早期，处在心理的转型期，因此本阶段学生的主要任务是要保持自信，正确认识第二性征的出现，积极悦纳自己。

根据小学生不同发展阶段的特点培养其健康行为和生活方式。

四、预防性

小学生健康行为和生活方式的预防性，是指通过学习卫生预防和保健知识，可以有效地减少疾病发病率，更好地促进小学生身心健康发展，达到预防的目的。根据《中小学健康教育指导纲要》，小学生健康行为和生活方式含有许多卫生预防与保健知识，如在疾病预防方面，要定期注射预防传染病的疫苗，利用学校及社区公共设施加强体育锻炼，降低患病率等。小学生健康教育就是通过一系列有计划、有组织、有系统的健康教育活动，促使小学生树立健康意识，掌握健康行为和生活方式的有关知识与技能，从而减少疾病的发生。

第三节　小学生健康行为和生活方式的影响因素

小学阶段是学生形成健康行为和生活方式的准备期，养成健康行为和生活方式对其一生的发展具有基础性影响。小学生健康行为和生活方式的形成与发展受多种因素的影响，主要包括小学生自身因素、家庭因素、学校因素和社会因素。

一、小学生自身因素

影响小学生健康行为和生活方式的自身因素有很多，本书仅就其道德发展水平、动机、意志力和气质方面加以说明。

(一)小学生道德发展水平的影响

皮亚杰将儿童的道德发展划分为四个阶段。第一阶段是自我中心阶段(2～5岁)。该阶段儿童缺乏用规则意识来规范自身的行为，在亲子关系、同伴关系、价值判断等方面均表现出自我中心的倾向。第二阶段为权威阶段或他律阶段(6～8岁)。该阶段儿童把规则看成绝对的、不可更改的。他们认为服从、听话就是好孩子，违反规则的就是坏孩子，往往根据客观效果而不是主观动机去判断行为的正误。第三阶段为可逆阶段，又称自律阶段(8～10岁)。该阶段的儿童认为规则是可以改变的，逐渐从他律转向自律。第四阶段为公正阶段(10～12岁)。该阶段的儿童继可逆性之后，正义感得到发展，道德观念倾向于公平公正。皮亚杰认为，儿童道德发展阶段的顺序是固定不变的，这些阶段不是绝对孤立的，而是一个连续发展的统一体。

小学生正处在由他律阶段向自律和公正阶段发展的重要时期。他们健康知识的获得、健康行为的形成，仅仅依靠外界的监督是不够的，还需要提高自律性。平时不正确的坐姿、挑食、偏食等都会对学生的体质健康产生一定的影响。例如，很多小学生喜欢趴在桌子上看书，没有正确的坐姿意识，久而久之就会影响其体态，甚至会影响他们未来的职业选择，所以当小学生出现不健康的行为和生活方式时，成人不仅要对他们加以引导，还要让他们懂得这样做为什么不好，以发展他们的道德认识，培养其健康行为和生活方式。

(二)小学生动机的影响

动机是引起个体活动，维持并促使活动朝向某一目标进行的内部动力，是小学生为满足其某种需要而进行某种活动的念头或想法，是激励小学生达到一定目的的直接原因或内部动力。小学生在生活中经常会产生矛盾、对立或排斥的动机，在解决问题的过程中不同类型的学生采取的方式不同，行为也就不同。

例如，小学生面对诱惑在动机抉择时往往会产生心理冲突。当个人欲望与外在规范产生冲突时，正确动机与自身坚强的自制力有助于小学生摒弃错误的欲望，如坚决抵制"三无"产品，从而有助于小学生养成健康的行为和生活方式。同样，面对"美味"的"三无"产品，错误的动机则容易使小学生产生满足味蕾的欲望，当小学生禁不住诱惑时就会背着家长、老师偷偷尝试，久而久之就会形成不良的行为和生活方式，甚至会危害其身心健康发展。可见，动机对小学生健康行为和生活方式的培养具有重要作用。

(三)小学生意志力的影响

小学生的意志力是指小学生自觉地确定目的，并根据目的来支配、调节自己的行动，克服各种困难，从而实现目的的心理品质。意志力不是生来就有的，或不可改变的，而是一种能够培养和发展的心理品质。小学生精力旺盛，活泼好动，但是他们的自制力还不强，意志力较差，完成某一项任务是靠外界压力，而不是靠自己的意志力。小学生自身意志薄弱，不能用正确的健康意识战胜个人不合理的需要，就会导致不良的行为和生活方式。

(四)小学生气质的影响

气质是在人的认识、情感、语言和行动中，心理活动发生时力量的强弱、变化的快慢和均衡程度等稳定的动力特征。气质一般分为胆汁质、多血质、黏液质和抑郁质四种类型。胆汁质的小学生易冲动，控制自己行为的能力较差。多血质的小学生反应迅速，接受新事物快，但印象不深刻，注意力不集中。黏液质的学生耐受力强，对自己的行为有较好的自制力，但可塑性差，表现不够灵活。抑郁质的小学生心思细腻，多愁善感，观察力强，但行动缓慢，优柔寡断。

气质虽无好坏之分，但相对其他气质而言，抑郁质的小学生情感较脆弱，他们往往不喜抛头露面，不爱表现自己，常有孤独感等，这类小学生更易受不良环境和生活方式的影响。因此，教师要给予这类小学生更多的关怀和鼓励，培养他们的自尊心和自信心，从而培养其健康行为和生活方式。

二、家庭因素

家庭是人生的第一所学校，小学生的品性在家庭教育中就形成雏形。日本教育学家福泽谕吉(Fukuzawa Yukichi)认为，家庭是孩子养成良好习惯和行为方式的重要场所，而父母则是孩子良好习惯和行为方式养成中最重要的老师。[①] 影响小学生健康行为和生活方式的家庭因素主要包括家庭结构、家长与学校的配合力度、父母

---

① 陈卫东：《家庭是培养习惯的学校——福泽谕吉论习惯》，载《少年儿童研究》，2002(10)。

的教养方式以及父母的行为习惯和文化水平等。

(一)家庭结构

正常家庭分为正常大家庭和正常小家庭两类。正常大家庭是指学生的父母均为初婚，有1名以上的子女，与祖父母或外祖父母及其他近亲属共同居住的家庭。正常的小家庭是指学生的父母均为初婚，家中有1名以上子女的家庭。正常家庭里培养出来的孩子一般情绪稳定，心理健康，具有健康行为和生活方式。家庭结构异常是指单亲家庭、再婚家庭、断代家庭等结构不完整的家庭。近年来，随着生活节奏的加快，生活压力的增大，小学生家庭结构异常的比例增大，异常家庭不仅对小学生的学习产生不良影响，还会影响其健康行为和生活方式。

(二)家长与学校的配合力度

我国家庭教育中出现的一些负面现象制约了学生的全面发展，甚至出现了"5＋2＝0"的现象。[①] "5"代表学生在学校接受的5天正面教育，"2"代表学生周末接受的两天家庭教育，"0"代表教育效果。仅周末两天的家庭教育，就可能使学生在学校5天形成的教育成果化为乌有，主要原因在于有的家长责任意识淡薄，很少配合学校的教育，认为把孩子交给老师教育就可以了，以致孩子的教育结果是5＋2＝0。可见，家长与学校的配合力度对小学生的健康行为和生活方式有重要的影响。

小学生邋遢的生活习惯、无原则的撒娇等不良的行为和生活方式，大多受家长的影响。例如，邋遢的家长会对孩子产生不利影响。首先，最直接的表现就是不讲卫生，饭前便后不洗手，衣着邋遢，久而久之必然会影响孩子的健康。其次，邋遢的小学生易受到其他同学的排斥，影响其社交，长此以往学生就会变得胆小、自卑。家长要配合学校，发现问题及时与老师沟通，尽早找出解决办法，培养孩子的健康行为和生活方式。

(三)父母的教养方式

家庭是小学生成长过程中停留时间较长的生活环境。父母的教养方式、家庭环境的优劣、家长对其健康行为和生活方式养成的看法，以及亲子之间的互动方式等都会对孩子的心理发展、情商发展、行为方式和生活习惯的养成等产生一定的影响。民主型教养方式的父母培养出的孩子，多数性格开朗，意志坚强，积极向上，有自信心，能与人和睦相处；放任型和专制型教养方式的父母培养出来的孩子，由于缺少父母的关怀、教育和理解，往往缺乏安全感和归属感；溺爱型父母往往以孩子为中心，尽其所能满足孩子的一切欲望和要求，这样的教养方式培养出来的孩子往往情绪不稳定，缺乏自信，心理承受能力差，独立性差。

小学生在成长过程中，接受不同的家庭教育，被不同的生活环境所影响，所以他们的意志力也大不相同。例如，同样水平的A、B两名小学生面对同样一道数学难题(难度都在他们的最近发展区之内)，学生A看到后想不出来直接放弃，而学生

---

① 白蕾：《从"5＋2＝0"现象谈目前家庭教育的发展》，载《学理论》，2013(9)。

B 经过缜密的思考之后仍然解不出来，这时他会选择向同伴或者老师寻求帮助，直到自己克服困难为止。据了解，学生 A 在生活中遇到困难时父母总是抱着"树大自然直"的思想，很多时候忽视了对孩子及时恰当的指导，学生 A 遇到困难时总是被搁浅，久而久之就形成了不爱动脑子的习惯。而学生 B 在生活中遇到困难时，父母会鼓励他："你换个角度来看这个问题如何？这个问题在你的能力范围之内，相信你可以做得更好!"父母适时给予孩子恰当的指导，久而久之学生 B 养成了意志力坚强的良好品质。所以在家庭教育中父母的教育观念和教养方式是影响小学生健康行为和生活方式的重要因素之一。

(四)父母的行为习惯和文化水平

父母是孩子的第一任老师。父母的生活习惯和行为方式会对孩子产生很大影响。首先，父母的生活态度会对孩子产生直接的影响。一般来说父母爱看书爱学习，孩子爱看书爱学习的概率比较大；相反，家长整天沉迷于游戏，孩子迷恋网络的可能性就大。

其次，父母的行为会对孩子产生潜移默化的影响。比如，电视上插播的一段公益广告，妈妈给奶奶端水洗脚，孩子一般会模仿妈妈的行为给妈妈端水洗脚。家长日常生活中身体力行的教育效果胜过百倍十倍的口头说教。

最后，如果家长平时熬夜，作息、饮食不规律，会给孩子造成负面影响，导致孩子作息不规律，上课打盹，甚至会影响孩子的身体健康。

父母的文化水平对孩子养成健康行为和生活方式具有重要影响。如果父母双方具有较高的文化水平，孩子一般就会在家庭中获得科学的卫生知识，养成正确的健康观念，这不仅可以使他们自己愉快地生活，还会给周围的人带来良好的影响。反之，孩子则不利于养成健康行为和生活方式。

三、学校因素

学校是学生学习和生活的重要场所，也是影响学生养成健康行为和生活方式的关键因素。学校对小学生健康行为和生活方式的影响主要表现在学校健康教育的理念、学校环境和教师有关健康教育的认识等方面。

(一)学校健康教育的理念

学校健康教育的理念，不仅影响学校管理者对健康教育的认识，而且会直接影响管理者对有关健康教育政策和规章制度的贯彻与落实，从而影响健康教育教学的实施效果。比如，学校开设的"体育与健康""健康与卫生"等健康教育课程，是小学生养成健康行为和生活方式的主干课程，但是如果学校不能按照规定开足、开全这些课程，它们就起不到应有的作用。

如果学校缺乏健康教育的理念，则会严重影响小学生健康行为和生活方式的形成。在唯分数论等观念的支配下，一些学校往往会忽视小学生的健康教育，出现文化课学习挤占健康教育课程的现象。比如，在学生核心素养备受关注的教育背景下，仍有部分学校尤为重视语文、数学、英语而忽视其他课程。他们认为，除去语文、数学、英语之外的一些课程如音乐、体育等只是副科，甚至部分教师占用音、体、美、德育课时来补习语文、数学等文化课。学校管理者对此做法不仅没有批评，还认为教师牺牲自己业余时间为学生补习功课是对学生负责的表现。毋庸置疑，这些做法不仅违背了核心素养的规定，而且限制了学生全面发展的权利。尤其是占用体育课减少了学生学习健康卫生知识和锻炼身体的机会，从而影响小学生健康行为和生活方式的养成，甚至会对其身体健康造成潜在的威胁。

(二)学校环境

环境对学生的发展起决定作用。作为一种特殊环境，学校教育在小学生的成长过程中起着不可替代的作用。由于特殊的年龄和心理特点，小学生的健康行为和生活方式更容易受到学校环境的影响。

学校的物质环境是校园文化的重要组成部分，它积淀着历史、传统和社会价值，蕴含着巨大的教育意义，对全体师生的信念、态度、情感和价值观具有深刻的影响。具体来说，校园物质文化包括教室、办公楼、图书馆、食堂、运动场以及内部设施、道路、走廊等所有看得见、摸得着的物质文化状态。构建良好的校园物质环境是学校工作的重要内容。良好的校园物质环境有助于小学生的生长发育以及健康行为和生活方式的培养。空气清新、整洁卫生的校园，为学生提供了良好的卫生环境，有助于学生健康成长。大量的教学实践和环境心理学的研究表明，学生置身于整洁、优雅的校园环境中会努力控制自己的言行举止，自觉改正不良的生活习惯，主动培养健康行为和生活方式。

学校精神环境是校园文化的一种特殊反映，主要包括政治舆论、学术氛围、校风、学风、人际关系、心理氛围、规章制度和师生共同交往中形成的非明文规定的行为准则。良好的学校精神环境有助于小学生健康行为和生活方式的养成。

首先，和谐的人际关系是小学生心理健康的重要标志，和谐的人际关系对小学生心理健康有着强有力的促进作用，良好的校园精神环境有利于小学生建立和谐的人际关系。

其次，良好的学校精神环境有助于小学生保持积极的情绪。在教育者营造的校园环境中，学生既可能形成积极、乐观、开朗、愉悦等积极情绪，也可能产生抑郁、忧虑、恐惧等消极情绪。学校精心营造的健康向上的精神环境更容易使学生产生积极向上的力量。例如，多数小学生认为黑板报可以给他们带来额外的收获，这种随处可见的精神环境能够让小学生在潜移默化中受到感染和鼓舞，有助于培养小学生健康生活的积极情绪，更有助于其健康行为和生活方式的养成。

(三)教师有关健康教育的认识

教师对健康教育的认识水平及其言行举止，对小学生正确的世界观、人生观、价值观的形成具有重要影响。由于小学生具有向师性和模仿性等特点，教师的健康行为和生活方式更容易成为小学生模仿的榜样，从而影响小学生的健康行为和生活方式。同时，教师在日常教学活动中的一些教学行为和教育观念，不仅能够增加小学生的健康教育知识，还可以加深小学生对健康行为和生活方式的认知。

四、社会因素

社会因素方面，不仅包括人们的整体道德水平、行为方式和生活方式，而且包括社区的基本设施和社区文化，这些都对小学生养成健康行为和生活方式具有重要影响。

(一)人们的整体素质

人们的整体素质是社会文明进步的总体表现，它包括人们的整体道德水平、行为方式和生活方式等方面所表现出来的素养。在信息发达的网络时代，足不出户便能尽晓天下事。对于各方面尚未发育成熟的小学生来说，人们积极健康的整体素质不仅能够帮助小学生树立正确的世界观、人生观和价值观，而且有助于小学生养成健康行为和生活方式。现阶段，我国正处在建设"健康中国"的关键时期，提倡全民健康和健康教育。社会应当为小学生提供正面的健康教育榜样，鼓励小学生模仿榜样的健康行为和生活方式，引导小学生辨别不良的行为并自觉抵制。

(二)社区基础设施和文化

社区基础设施是影响小学生健康行为和生活方式的因素之一。社区环境优雅，基础设施齐全，不仅能够满足社区成员或小学生锻炼身体的需要，还可以激发他们积极参加体育锻炼的激情与兴趣。在"健康中国""全民健康教育"的背景下，社区内健全的基础设施有助于培养社区成员的健康行为和生活方式。

相反，如果社区内基础设施匮乏，不能够满足社区成员或者小学生锻炼身体的需要，就间接剥夺了他们锻炼身体的机会。如果小学生长期运动量不足就会养成不良的行为和生活方式，久而久之还会影响小学生的身体健康。

社区文化中的精神和文化制度本身就包含了人们的行为和生活方式，以及社区的文化设施等要素，它们对小学生养成健康行为和生活方式起着潜移默化的作用。例如，社区可以充分利用其宣传栏宣传健康知识，可以经常组织开展"远离毒品，珍爱健康""爱护环境，从我做起"的公益活动，鼓励小学生积极参加志愿服务活动。这些都有利于引导小学生认识健康教育的重要性，帮助他们掌握必要的健康知识，改变不良的行为和生活方式，提高生活质量。

第四节　小学生健康行为和生活方式的培养

小学生健康行为和生活方式是健康教育的主要内容之一。小学生健康行为和生活方式的养成需要社会、学校、家庭和学生自身的共同努力才能实现。

一、鼓励学生积极参加社会实践活动

有效的社会活动是指一些健康的、积极的、能够促进社会发展的实践活动，尤其是那些能够培养社会成员健康意识和健康行为方式的社会实践活动，如社区德育实践活动、健康知识公益宣传活动、文明上网活动等。

(一)通过公益宣传活动进行健康教育

随着市场经济的发展，有许多现象不利于小学生的健康发展。比如，旅游景点乱丢垃圾，不遵守交通规则等不良行为，给小学生健康行为和生活方式的养成造成了负面影响。因此，国家要加大整治社会不良风气力度，通过各种公益活动在全社会形成良好的氛围，并鼓励小学生积极参加公益活动。例如，通过社区德育实践活动，提高人们的社会责任感；通过公益宣传活动，提高人们的健康意识等。让小学生从身边的环境中接受潜移默化的熏陶，培养健康意识，形成健康行为和生活方式。

例如，河北北方学院基础医学院大学生志愿者协会于2019年4月1日在张家口市回民通顺街回民小学举办了以"健康生活进校园"为主题的义讲活动。此次义讲不仅向小学生介绍了食品健康的重要性，在一定程度上也提高了小学生对健康教育的认识，加深了家长和教师对小学生健康教育重要性的认识，对培养小学生健康行为和生活方式起到了很好的作用。

(二)净化网络环境，提高自控能力

电子产品日益普及，为人们获取信息带来了极大的便利。小学生自我控制力差，长时间看电子产品，会导致视力严重下降；另外，一些恶意诈骗和不健康的信息也会污染小学生的心灵，不利于小学生健康成长。因此，国家一方面要加强相关的立法，严惩网络黑客，打击黑网吧，净化网络环境；另一方面，要定期举办提升国民道德素质的德育活动，或者开展"文明上网，从我做起"的宣传活动，为小学生创造一个绿色的网络环境。

二、学校要切实重视健康教育

学校是小学生养成健康行为和生活方式的主要场所，学校应当在课程设置、课堂教学形式、学科教学、日常教育活动、课外活动、校园文化方面有意识地培养学生的健康行为和生活方式。

(一)开设专门的健康教育课程

开设专门的健康教育课程是指把小学生健康教育纳入学校的教学计划中，有计划地对小学生进行健康教育，以此传授基本的健康知识，使小学生掌握基本的健康技能，并使小学生养成健康行为和生活方式。健康教育涉及的领域很多，如心理学、

教育学、卫生学等，要把这些知识传授给学生，教师不仅要注意理论知识讲授的生动性，还要注意学生操作性技能的培养。比如，消防演习、地震演习等，以此教会学生一些自救和救人的方法，保护生命安全。

(二)精心组织课堂教学

课堂教学是基本的教学组织形式，教师应当精心组织小学生健康教育的课堂教学，在这个过程中达到培养小学生健康行为和生活方式的目标。为此，教师要积极探讨在课堂教学过程中对学生进行健康教育的有效途径，要认真贯彻健康教育的各项原则，使课堂环境更利于学生的健康发展。例如，在合作探究的基础上，根据学生最近发展区，创造一种建设性的竞争压力，为学生营造一种积极向上、相互支持的同伴环境。这种积极的课堂心理氛围更有利于促进学生的共同发展，从而培养小学生的健康行为和生活方式。

(三)学科教学中渗透健康教育

发挥学科教学的优势，把健康教育寓于各学科教学中。在各科教学中渗透健康教育，强调全体教师积极参与到健康教育中，使每位教师都成为健康教育者。各科教师要善于发掘所教学科与健康教育有关的素材，根据健康教育的目标，使各科教学都能起到培养小学生健康行为和生活方式的作用。例如，在德育课中教授"吸烟喝酒的危害"内容，首先，让学生通过小组合作讲述吸烟、酗酒的事例；其次，讨论吸烟有哪些危害(对个人、对他人)；最后，再进一步推广到自己不要吸烟，进而深化学生对吸烟有害健康的认识，由此消除小学生对烟、酒的好奇心。

(四)在日常教育活动中实施健康教育

健康教育和其他教育活动一样应与学校日常教育活动相结合，需要"润物细无声"的意识和观念。小学生日常教育活动主要是指教师在课堂教学活动之外的教育活动，这些活动以育人为主，不存在传授知识的压力，气氛比较轻松，学生易于接受。

(五)在课外活动中渗透健康教育

课外活动是指在课堂教学范围之外，利用课余时间对学生进行的各种有意义的教育活动。课外活动因其活动性、趣味性而深得小学生的喜爱，学校应充分利用小学生的特点组织好课外活动，并在课外活动中渗透健康教育的内容。课外活动的内容可以丰富多彩，形式可以多种多样。例如，组织学生参加"远离毒品，珍爱生命"的主题活动，让学生了解毒品的危害，掌握自我保护的常识和方法，远离毒品；举办少先队活动，对学生进行思想、政治、道德教育；进行火灾消防演练等。

例如，广州市八一希望学校开展的主题为"消防安全手拉手，平安校园齐相守"的消防演练活动，取得了非常好的教育效果。通过消防演练活动，全体师生学到了安全防护的健康教育知识，防火意识和自护自救技能得到了大大提高。此次活动丰富了健康教育课程的形式，为保护人、财、物的安全和建设平安校园打下了坚实的基础，也提高了小学生的健康意识和技能。所以学校要积极开展丰富多彩的课外健康教育活动，贯彻"寓教于乐"的教育思想，提高学生在课外活动中的参与度，在潜移默化中培养小学生的健康行为和生活方式。

(六)发挥校园文化的健康教育功能

校园文化是指学校所具有的特定的精神环境和文化氛围，既包括学校的建筑设计、校园景观等物化形态的内容，也包括学校的校风、规章制度、人际关系等精神文化的内容。校园文化作为一种心理环境、一种氛围，潜移默化地使个体自觉或不自觉地受到影响。学校可以开展与健康教育有关的社团、报刊、沙龙等。此外，学校还可以在环境的布置上巧妙安排，发挥积极的心理暗示作用，帮助学生调试好自己的心情。

社团文化是校园文化的重要组成部分，也是落实教育理念、开展各类教育活动的重要载体。形式多样的社团文化使校园文化更加丰富多彩，小学生在参与社团活动的过程中更容易树立健康意识，学习健康知识，获得健康技能。所以，学校通过校园文化中的社团活动向小学生渗透健康教育知识和技能是培养其健康行为和生活方式的有效途径。

三、营造健康教育的家庭氛围

家庭是孩子一出生便接触到的外界环境，是孩子人生的第一所学校。家庭教育的内容主要包括父母的教养方式、文化程度、健康意识、行为习惯等，正确的家庭教育有助于培养孩子的健康行为和生活方式。

(一)父母要树立正确的健康教育观

最初进入社会的孩子就像一张白纸，父母应把培养孩子健康的人格放在首位，从小培养孩子的社会公德意识和健康行为。在家庭教育中，父母良好的社会公德意识和健康行为会直接影响到孩子，所以在家庭教育中父母要谨言慎行，摒弃不良的行为和生活方式，树立正确的健康教育观。比如，家长要树立正确的健康教育观念，根据小学生健康营养膳食要求结合其自身特点为小学生合理搭配饮食，改变吃得多、吃得好、吃得贵即吃得健康的错误观念，从而培养其健康行为和生活方式。

(二)发挥家长的示范作用

家长是孩子的第一任老师，更是孩子终生的老师。因此在孩子健康行为和生活方式的培养过程中，家长要充分发挥示范作用，以达到事半功倍的教育效果。家长要以身作则，不断提高自己的健康意识，改善自己的行为。比如，在日常生活中，家长要注意用眼卫生，不要长时间使用电子产品；在家里要多看书学习，为孩子营造一个爱读书的氛围，用行动影响孩子，培养孩子爱读书的习惯；过马路时即使没人、没车，也不要带着孩子闯红灯，否则将会对理性思维发展未完善的小学生产生误导；家长要做到不吸烟、不喝酒，避免让孩子被动吸二手烟，危害孩子的健康。

　　小学生健康行为和生活方式的养成是一个长期的过程，需要他们具备坚强的毅力和付出艰苦的努力。因此家长不仅需要在日常生活中对孩子进行健康教育，而且有时甚至需要付出艰巨的努力，这样才能达到好的教育效果。例如，一对肥胖的父母为了给孩子树立榜样，戒掉了最爱的垃圾食品，均衡饮食，并且每天加强运动，并参加马拉松比赛，在他们的不懈努力下，两年以后，两人成功减肥。本案例说明，一是不良的饮食习惯和生活方式对人的健康造成危害；二是这种危害一旦形成，要克服它需要坚强的毅力；三是展示了家长的榜样力量。

(三)积极配合学校进行健康教育

　　健康行为和生活方式的养成，单靠学校的教育力量是不够的，家长应当积极配合学校健康教育工作的要求，形成小学生健康教育的合力，实现家校共育。家长要摆脱健康教育只是学校的事情，一切工作都依赖学校和教师的想法，如果这样，就会出现"5+2=0"现象。因此，家长要积极配合学校和教师组织的诸如家访、家长学校、家长开放日等活动，多与教师沟通，共同构建良好的育人环境。此外，家长要及时向教师反映孩子在家的一些不良的行为和生活方式，在教师的帮助下培养孩子的健康行为和生活方式。

四、促进小学生健康行为和生活方式的自我教育

　　小学生健康行为和生活方式的形成是一个长期的过程，需要小学生付出艰苦的努力才能实现。这不仅需要小学生形成健康教育的意识，而且需要他们有对健康行为和生活方式的认知，以及健康成长的兴趣和意志。

(一)了解健康行为和生活方式的知识，形成健康成长的意识

　　教育心理学研究表明，教育者只有与受教育者形成共同的价值取向，才能切实提高教育效果。小学生只有明确了不良行为和生活方式给生活带来的不利影响，才能更加积极主动地从自身做起，主动学习健康行为和生活方式的知识，形成健康成长的意识，促进健康行为和生活方式的养成。例如，小学生了解到长时间使用电子产品会导致近视，近视会给生活带来极大的不便等，他们就会有意识地控制自己使用电子产品的时间和次数。小学生可以通过课堂学习、网络学习、同伴学习、社会实践等多种途径获得健康行为和生活方式的知识。

(二)养成健康行为和生活方式的习惯

　　培养小学生健康行为和生活方式的途径有很多，关键在于小学生要从自身做起，坚定自己养成健康行为和生活方式的信念，养成健康行为和生活方式的良好习惯。小学生想要拥有健康就必须从形成健康行为和生活方式做起，具体做法如下。

　　(1)生活规律，按时起床，按时睡觉，保持充足的睡眠；

　　(2)营养均衡，不挑食、偏食，按时按量进餐；

　　(3)保持心情愉快，能和他人友好相处；

(4)坚持体育锻炼,培养一项体育爱好,至少每天运动一小时以上;

(5)坚决抵制毒品的诱惑,不吸烟,不喝酒,洁身自好。

(三)磨炼健康行为和生活方式的意志

拥有健康行为和生活方式是拥有幸福生活的基础,小学时期是健康行为和生活方式养成的重要阶段,小学生要明确健康行为和生活方式的重要性,萌发养成健康行为和生活方式的愿望并付诸实际行动。

健康行为和生活方式不是一朝一夕可以养成的,小学生必须具有坚定的意志与毅力。例如,每天坚持早晚刷牙,饭后漱口,掌握正确的刷牙方法以及选择适合自己的牙刷、牙膏,注意口腔卫生,预防龋齿;日常饮食要适度,不暴饮暴食,不盲目节食,适当食用零食;掌握一些他救和自救的应急措施,保持身心健康等。培养健康行为和生活方式不仅要靠外在的监督,还要靠小学生自身的努力。小学生要时刻把健康行为和生活方式当成一种生活常态要求自己,使之根植于内心,外化于行动。

思考题

1. 简述小学生不良的行为和生活方式。

2. 结合实际,谈谈小学生不良的行为和生活方式的危害。

3. 试论述小学生养成健康行为和生活方式的意义。

4. 试论述在核心素养背景下小学生健康行为和生活方式的培养。

第四章　小学生生长发育与健康教育

本章导读 ▶

　　小学生生长发育是小学生健康成长的前提条件。本章主要介绍小学生生长发育的概念、特点、条件、内容及营养需求；小学生在身体、视力和心理等方面生长发育良好的表现，以及它们各自在小学生生长发育过程中的积极影响；影响小学生良好生长发育的主要因素，以及为促进小学生良好生长发育所采取的主要措施。

第一节 小学生生长发育概述

小学生的生长发育是其健康成长的物质前提。良好的生长发育不仅为小学生健康成长提供良好的物质准备，而且是小学生健康的基本标志。小学生的生长发育是一个从量变到质变的复杂过程，它需要适宜的物质条件和合适的精神环境，并表现出自身的发展特点。

一、小学生生长发育的概念

小学生的生长发育是指其身高、体重的增加和全身各个器官的逐渐分化，机体逐渐成熟，由量变到质变的复杂过程。其中，生长是整体形态和器官的不断生长，是机体在量的方面的变化；发育是细胞、组织、器官的分化完善和功能的不断成熟，以及心理、智力的持续发展和机能的不断演进，是质的方面的变化。

小学生的生长发育主要包括生理和心理两个方面。生理方面包括身高、体重等形态的变化和运动系统、神经系统、呼吸系统、循环系统和生殖系统的生长发育；心理方面包括认知、语言、个性和自我意识的发展。

小学生的生长发育是一个从量变到质变的复杂过程，这个过程既表现出一定的渐进性和稳定性，也表现出其生长发育的关键期或者高峰期。比如，小学生身高和体重的生长发育，大致经历了出生后(0～3岁)第一个生长发育的高峰期，10岁以前身高基本上以每年5～8厘米的速度增长，女生在10～12岁，男生在12～14岁开始进入生长发育的第二个高峰期，身高、体重迅速增加。

小学生生理的生长发育和心理的发展是相互影响的。小学生的心理发展对身体生长发育的影响具有两面性。愉悦的心情可以促进小学生身体的生长发育，压抑的心情则会减缓身体的生长发育。同时，小学生健康的身体发育为心理发展提供重要的物质基础。比如，情绪、情感等心理因素，对其生长发育有直接影响。小学生长时间情绪抑郁、恐惧、紧张等均可能对其生长发育带来负面影响。例如，长期得不到父母关爱的小学生，身高要比正常小学生低一些，因为长期郁闷的小学生体内生长激素的分泌低于心情愉悦的小学生。[1]

二、小学生生长发育的特点

(一)小学生生长发育的连续性

小学生生长发育的连续性，一方面是指身体各个器官及其机能发展的连续性，是一个从量变到质变的过程。人的生长发育普遍遵循头尾律和向心律。头尾律是指

---

[1] 刁玉翠：《3～10岁儿童基本运动技能发展与教育促进研究》，博士学位论文，华东师范大学，2018。

胎儿时期生长发育遵循的规律，即胎儿的发育是由头至下肢。向心律即人体各部分发育的顺序是，下肢发育先于上肢，四肢早于躯干，呈现自下而上、自肢体远端向中心躯干发育的规律。另一方面是指身体器官和机能的逐渐成熟和发展的连续性。比如，随着小学生消化系统的生长和胃容积的显著增加，其结构功能也会发生相应的变化。再比如，随着大脑体积的逐渐增大，重量的逐渐增加，其皮层记忆、分析功能也会得到更大的发展，并且大脑在体积和重量长成以后，它的功能还在不断地发展完善。

（二）小学生生长发育的阶段性

小学生的生长发育不仅是一个连续的过程，而且表现出阶段性的特点。小学生生长发育的阶段性是指不同年龄阶段的小学生所表现出来的某些稳定的、共同的典型特征。小学生的生理、心理发展，从一年级到六年级，大致有三个阶段，即小学低年级（一至二年级）、小学中年级（三至四年级）和小学高年级（五至六年级）。

1. 小学低年级学生的生理、心理发展特点

小学低年级学生生理上的生长发育处于平稳发展时期，其身高平均每年增长4～5厘米，体重增加2～3千克，心率、血压、肺活量及其他生理指标都不稳定，且与成年人的指标差距较大，骨骼易弯曲，肌肉力量较小，大肌肉动作的协调性较之幼儿期有很大的发展，但小肌肉动作的协调性还比较差。比如，一年级学生写字时不仅速度慢而且不工整。这一阶段的小学生不宜做强度太大、时间太久的体育运动，在写字、弹琴时要注意动作的协调性。

小学低年级学生大脑神经活动的兴奋性水平提高，表现为既爱说又爱动。该阶段小学生最显著的特点是对老师有特殊的依恋心理，几乎无条件地信任老师，常把"我们老师说……"挂在嘴边。低年级的老师应充分利用学生对自己的信赖，培养深厚的师生感情，同时要在各方面为学生树立榜样，使学生对自己的信赖感更加持久。

2. 小学中年级学生的生理、心理发展特点

除大脑外，小学中年级学生的各项生理指标只在量上比低年级学生有所提高，基本上没有质的飞跃，仍处在平稳发展中。但是，他们的大脑处于迅速发展时期，9岁孩子的脑重量与7岁孩子的相比，有大幅度的增加，同时大脑神经机能得到进一步加强，心理活动更加趋于稳定。

这一阶段的小学生最明显的心理特点是自我意识萌发并逐渐增强，主要表现为，对外界事物有了自己的认识态度，开始尝试自己做出判断。他们不再无条件地相信老师，而且特别关注老师是否"公平"。这一阶段的小学生在心理上处于"动荡"的过渡时期，不听老师话的现象开始出现，班级工作的难度明显增大。此时，教师工作的重点是在学生的"动荡"中赢得信任。

3. 小学高年级学生的生理、心理发展特点

小学高年级学生的身体生长发育再次进入一个高速发展期，被称为第二发展期。

此时他们不仅身高、体重明显增长，而且肌肉、骨骼的力量也在迅速增长。心理上，他们的智力有了很大的发展，逻辑思维开始占优势，创造思维也有了很大的发展。该阶段小学生的独立意识也进一步发展，常常自认为自己已经长大，爱自作主张，有时顶撞家长。此时，教师要在理解学生的基础上，利用学生想独立的心理特点，给他们做事的机会，帮助他们成功。因此，教师应调动他们关心班级、为班级做贡献的积极性和主动性。

(三)各系统器官发育的不平衡性

人体各部位和各系统器官发育的时间和速度不同。其中，神经系统发育得较早，而且发育速度较快，7～8岁时脑的重量已接近成年人；生殖系统发育较晚，儿童出生后的第一个十年内几乎没有变化，青春期开始以后才迅速发育；淋巴系统则先快后慢，小学阶段迅速生长，在10岁左右达到高峰，以后逐渐下降；皮下脂肪在幼儿时期发达；肌肉组织在小学阶段加速发展。[①] 其他系统的发育基本与体格的生长平行。

(四)生长发育的个体差异性

小学生的生长发育有一定的规律性，但又存在个体差异性。所谓个体差异性是指小学生个体在成长过程中，由于遗传以及后天环境交互作用的影响，在身心特征上会表现出与他人相异的特点。影响小学生生长发育个体差异性的因素主要有遗传、营养、疾病、家庭因素、社会因素和气候等。小学生生长发育的个体差异性主要表现在以下几方面。

1. 小学生的智力差异

小学生的智力发展不仅在结构、水平上存在差异，而且在发展速度和表现早晚等方面也千差万别。小学生智力表现早晚的两极现象分别是早慧与晚成。早慧是指智力的早期表现，从小就表现出非凡的智力和特殊能力。例如，有些学生在小学阶段就已在思维、能力、想象力等方面显露才华。早慧的孩子一方面受遗传因素的影响，另一方面与家庭环境中的早期教育有关。晚成是指小学阶段并没有显得多聪明，而是长大之后才表现出惊人的才能。例如，牛顿小时候被称为"笨蛋"，但在23岁时发现了万有引力定律。从个人角度来看，大器晚成很可能是小时候不努力，后来加倍勤奋的结果，也可能是小时候智力生长发育较慢，随着年龄的增加发生了质变。从社会角度来看，大器晚成有可能是由于条件限制，个体早期得不到学习机会，智力得不到很好的开发。总之，早慧或晚成与后天的生活和教育密不可分。

2. 小学生的个性差异

个性是一个人在生活、实践活动中经常表现出来的、比较稳定的、带有一定倾向而又不同于他人的个性心理特点。小学生的个性差异是指学生与学生之间在稳定性特征上的差异，主要表现在行为、兴趣、爱好、态度、认知、性格等方面。

---

① 郑日昌、戴艳：《小学生健康教育》(第2版)，32页，北京，高等教育出版社，2011。

以小学生在性格方面的差异为例。例如，在学习平行四边形的面积计算公式时，一部分小学生先利用"割补法"将平行四边形割补成一个长方形再进行面积计算，割补方式多种多样，这类学生善于思考，懂得利用知识的迁移；也有一部分学生利用"数格子"的方法量出平行四边形的面积，这类学生勤奋刻苦，按部就班；还有一部分学生一脸茫然，望着平行四边形发呆，无从下手，这类学生态度消极，默默无闻。

3. 小学生的认知方式差异

认知方式也称认知风格，是指人们在认知过程中所偏爱的信息加工方式。它是一种比较稳定的心理特征，个体之间存在很大的差异。认知方式可分为场依存型与场独立型、冲动型与沉思型、具体型与抽象型三类。

场依存型的小学生很难做出独立的判断，易受周围人的影响，行为常以社会标准为定向，善于社交。这类小学生善于听老师的讲解，适合那些强调"社会敏感性"的教学方法。而场独立型的小学生不易受周围因素的干扰，喜欢独立判断，喜欢独处，不善于社交。

冲动型的小学生在解决问题时总是急于给出答案，缺少深思熟虑，速度很快，但出错率较高。这类学生适合低层次事实性问题的解决，如在阅读中可以很快掌握大意。沉思型的小学生在解决问题时能够全盘考虑得失，虽然速度慢，但错误率低。这类学生在解决高层次问题中占优势。

具体型小学生比较善于深入地分析某个具体观点或情景。这类小学生比较适合结构化的教学方式，如演绎法、讲解法等。抽象型小学生善于看到问题的多个方面，能更好地避免刻板印象并进行深度思考。这类学生在非结构化的教学方法(归纳法或发现法)下表现得更好。

受遗传、环境、教育等多种因素的影响，差异是客观存在的，也是不可避免的。小学教师只有了解小学生的个体差异，分析差异形成的原因，才能对学生做到心中有数，才能更好地实施"差异教学"。

三、小学生生长发育的条件

小学生生长发育的条件主要包括两个方面：一是包括遗传素质在内的先天条件，二是合理的营养膳食、良好的生活习惯等后天条件。

(一)遗传素质

遗传素质是个体从亲代继承下来的解剖生理结构，特别是高级神经系统的类型特征，这是人的个性心理形成和发展的前提与物质基础。首先，遗传素质是个体发展的物质基础和前提，缺少这个前提小学生的个体发展是不可能实现的。其次，遗传素质的成熟机制制约着小学生身心发展的阶段与过程，为小学阶段学生生长发育提供了可能性和限制。最后，遗传素质的差异性对小学生身心发展的个性特点有一定影响。比如，神经系统的发育对个体思维的灵活性和平衡性有一定的影响，遗传素质的差异性是小学生个体发展差异的重要原因之一。但是，遗传素质的影响是有限的，遗传素质对人的发展不起决定作用。

(二)合理的营养膳食

小学生生长发育迅速，新陈代谢旺盛，体力活动逐渐增多，机体不仅对营养物质的需求量增大，而且对营养质量的要求也相应提高。合理的营养能促进小学生生长发育与健康，增强机体免疫功能，预防或减少疾病的发生。营养失调，即人体所需的正常营养过剩或者不足将影响小学生的正常发育，使机体免疫力下降，易患各种疾病。[①] 因此，要充分发挥营养的保健功能，合理膳食，营养均衡，满足小学生身体发育的各种需要，避免疾病的发生。人体生命活动所需的营养素有蛋白质、脂肪、糖、水、维生素、矿物质和膳食纤维七大类。

1. 蛋白质是生命的物质基础

蛋白质是生命的物质基础。人体所有的组织、器官都含有蛋白质，蛋白质是人体主要的"建筑材料"，其他任何物质都不能取代。蛋白质由 20 多种氨基酸构成，其中有 8 种氨基酸是人体不能合成的，必须由食物来提供，故被称为"必须氨基酸"。一个人每天蛋白质的需求量根据年龄、性别、劳动条件和健康情况来定，并因食物的来源不同而有所不同(表 4-1)。

表 4-1　中小学生膳食蛋白质推荐摄入量(RNI，g/d)

年龄/岁	男	女
6～7	55	55
7～8	60	60
8～9	65	65
10～11	70	65
11～13	75	75

不同食物蛋白质的含量不同。在常见的每 100g 食物中，肉类含蛋白质 10～20g，鱼类含 15～20g，鸡蛋含 13～15g，豆类含 20～30g，谷类含 8～12g，蔬菜水果含 1～2g。蛋白质的主要食物来源有鱼、蛋、肉类及豆制品、乳制品、坚果等。

2. 脂肪是人体不可缺少的营养素

脂肪占人体的 10%～20%，是构成人体组织细胞的主要成分之一。脂肪在人体内氧化后变成二氧化碳和水，释放热量。由脂肪产生的热量约为等量蛋白质或碳水化合物的 2.2 倍。[②] 由此可见脂类是人体内热量的主要来源。脂肪主要来自植物油(芝麻、菜籽、葵花籽、花生及各类坚果等)，部分粮食(玉米、高粱、大米、小米等)，动物肉、动物油及动物内脏和海鲜等。

---

① 郑日昌、戴艳：《小学生健康教育》(第 2 版)，33 页，北京，高等教育出版社，2011。

② 郑日昌、戴艳：《小学生健康教育》(第 2 版)，33～34 页，北京，高等教育出版社，2011。

3. 糖是人体热能的主要来源

人体所需热能的 70％左右由糖供给。糖是构成人体组织的重要成分，血液中的葡萄糖（血糖），乳汁中的乳糖，糖与其他物质结合而成的核糖蛋白、糖脂素等都是构成细胞和组织、调节生理机能不可缺少的物质。碳水化合物缺乏，血糖含量降低会导致气虚乏力、头晕心悸、脑功能障碍等，严重的会导致低血糖昏迷；碳水化合物过多，会转化成脂肪藏于肝内，使人过于肥胖，导致高血脂、糖尿病等。碳水化合物的主要食物来源有蔗糖，谷类（如水稻、小麦、玉米、大麦、燕麦等），瓜果（如甜瓜、西瓜、香蕉、葡萄等），坚果，蔬菜（如胡萝卜）等。

4. 水是人类和一切动植物赖以生存的物质基础

水是维持人体的主要成分之一，占体重的 60％左右。血液中 90％是水，肌肉中水占 72％，骨骼内含有 25％的水。对于人来讲，假如丧失 15％～20％的水，生命就处于危险之中，因为新陈代谢的全过程，几乎每一环节都需要水，如果没有水生命将会终止。

一般来说，我们每天从食物中摄取的水约为 1600 毫升，机体在代谢过程中还会产生内生水约 400 毫升，其余必须靠外界的水补充而获得，夏天出汗多，体内缺水更多，补充也就更多，因此必须及时补充水分。

5. 维生素是微量而神奇的物质

维生素是维持人体正常生理功能、促进人体生长发育必需的微量有机化合物。维生素既不参加组织构成，也不供给热能，但它们通过调节代谢及辅助已消化的食物进行生化反应，并释放能量，从而对维持身体健康起着积极的辅助作用。人体对维生素的需求很少，但又不可或缺。溶解性维生素分为脂溶性和水溶性两大类。前者包含维生素 A、维生素 D、维生素 E、维生素 K，后者包括维生素 C、维生素 P，B 族维生素，叶酸等。体内维生素缺乏，会导致物质代谢障碍，影响正常生理机能，严重的还会引起病症。

6. 矿物质是无处不在的元素

人体除碳、氢、氧、氮四种构成水和无机盐的元素外，其他元素统称无机盐，也称矿物质。现已发现人体内有 20 多种必需的矿物质，占人体体重的 4％～5％，根据其在人体内的含量分为宏量元素和微量元素。人体所含的矿物质中，含量大于体重 0.01％，每人每日需要量在 100 毫克以上的元素，被称为宏量元素或常量元素，包括钙、磷、钾、钠、硫、氯、镁七种。含量小于体重的 0.01％，每日需要量为微克至毫克的，称微量元素，如铁、锌、碘、硒等。人体内本身不能合成无机盐，必须从食物中获取。

7. 膳食纤维是不可忽略的物质

膳食纤维是维持人体健康必需的营养成分之一，也称第七营养素。蔬菜和水果中含有大量的膳食纤维，在膳食中增加膳食纤维，可预防高血压、高血脂和结肠癌。

(三)良好的生活习惯

小学生的生长发育，除受遗传因素和后天的营养膳食影响以外，还受生活习惯的影响。良好的生活习惯包括规律的生活作息习惯、良好的睡眠习惯和良好的卫生习惯。

1. 规律的生活作息习惯

生活作息是指一天学习、工作和休息等时间的科学分配。根据小学生的年龄特征，合理地安排生活计划，认真执行并形成习惯，不仅可以提高生活质量、学习效率，还可以预防过度疲劳。[①]

2. 良好的睡眠习惯

良好的睡眠有利于合成代谢的进行，为小学生的生长发育提供良好的物质条件。人在清醒时，生长激素在血液中的浓度为 1～5 毫微克/毫升，而睡眠时为 10～20 毫微克/毫升，甚至达到 40～50 毫微克/毫升。小学生正处在长身体的时期，为养成良好的睡眠习惯应做到以下几点：第一，每天的睡眠时间不少于 10 小时；[②] 第二，按时睡觉，准时起床，不随意打乱生物钟的运行规律；第三，晚餐宜清淡，临睡前忌食浓茶、咖啡等；第四，每天坚持体育锻炼，但睡前 2 小时不宜运动。

3. 良好的卫生习惯

小学生应该初步养成良好的个人卫生习惯，如勤洗澡、勤换衣、勤洗头；不共用毛巾、牙刷等洗漱用品；不随地大小便，饭前便后要洗手等。这些良好的卫生习惯不仅可以保障小学生健康地生长发育，而且可以培养小学生良好的行为，帮助他们预防疾病，促进其健康成长。

第二节　小学生生长发育的内容及营养需求

小学生生长发育的内容主要包括生理和心理两方面的发展。由于受遗传、环境、后天营养等因素的影响，小学生的生长发育存在一定的个体差异性，但其生长发育仍然具有一定的规律性。小学阶段是小学生生长发育的关键时期，不同阶段他们生长发育所需要的营养不同。因此，我们可以根据小学生生长发育的规律和特点为他们提供合理的营养条件，更好地促进他们健康地生长发育。

一、小学生生长发育的内容

小学生的生长发育，既包括身体各器官及其机能等生理方面的正常发育，也包括小学生心理方面的逐步成熟与发展，是二者的协调发展。

---

① 李清亚、王晓慧：《小学生健康方案》，10 页，石家庄，河北科学技术出版社，2005。

② 郑日昌、戴艳：《小学生健康教育》(第 2 版)，37 页，北京，高等教育出版社，2011。

(一)小学生生理的生长发育

人从小到大要经过复杂的生长发育过程，这不仅表现在人体细胞的不断增多，各器官组织的不断增长，也表现在各器官、组织细胞的不断分化，形态与机能的逐渐完善。由于小学生的生长发育具有自己的特点，所以不能把他们简单地看成成人的缩影。

1. 运动系统

人体的运动系统由骨骼、关节和骨骼肌三部分组成。全身的骨骼相连构成人体的支架。骨骼起到维持人体的形态、保护内脏器官的作用。骨骼肌收缩，牵动所附着的骨绕着关节转动，使身体产生各种运动。所以人体的运动系统具有运动、支持和保护等功能。[①] 小学生的骨骼还没有完全骨化，含水多，含钙少，有韧性，易弯曲，易变形。所以应特别注意小学生学习姿势的调整，为他们配备合适的桌椅，教育他们保持良好的坐姿，以免造成脊柱弯曲和胸部变形，甚至造成驼背和"鸡胸"。

此外，小学生肌肉中水分多，蛋白质、脂肪和无机盐少，其肌肉纤细，力量和耐力都很弱，易疲劳。所以对小学生运动能力要求不能过高，写字、练琴、打球等时间不宜过长，否则会导致小学生肌肉损伤，畸形发展。

2. 神经系统

神经系统由脑、脊髓和周围神经组成，它的功能主要是控制和调节其他系统的活动，使人体成为一个有机的整体，维持机体与环境之间的统一。[②] 小学生神经系统正在迅速完善，大脑重量已接近成人的脑重，但还没有完全发育，所以需要更多的睡眠时间。要保证小学生有充足的睡眠时间，形成正常的作息规律，并且不要让小学生熬夜写作业。小学生大脑皮层中兴奋和抑制两个过程的发展是不均衡的，兴奋过程占优势，抑制过程容易扩散。分化抑制较难，上课时注意力不集中，容易开小差。此外，小学生第一信号系统的活动占主导地位，往往靠直观形象来建立条件反射。随着年龄的增长，第二信号系统得到进一步的发展，语言、文字的抽象思维能力不断提高。

3. 呼吸系统

呼吸系统是机体和外界进行气体交换的器官的总称。呼吸系统的主要机能是与外界进行气体交换，呼出二氧化碳，吸进新鲜氧气，完成气体交换。小学生胸围较小，呼吸肌力量较弱，肺活量小。随着年龄的增长，肺活量会显著增加，肺活量水平直接反映学生的健康水平。目前，很多小学生慢跑 400 米就上气不接下气，表明肺活量指数过低，即肺功能太差。所以家长应鼓励孩子多进行有效的体育锻炼，提高身体素质。但小学生的最大摄氧量和无氧耐力均较成人差，因此小学生不宜长时间进行高强度的体育训练，要根据身体状况选择最佳的锻炼方式和时长。

---

① 郑日昌、戴艳：《小学生健康教育》（第 2 版），28 页，北京，高等教育出版社，2011。

② 郑日昌、戴艳：《小学生健康教育》（第 2 版），30 页，北京，高等教育出版社，2011。

4. 循环系统

循环系统由生物体的体液(包括细胞内液、血浆、淋巴和组织液)及其借以循环流动的管道组成的系统。循环系统的主要功能是为组织细胞运送氧气和养料,并运走二氧化碳等废物。相比于成人,小学生的血液量多,这表明小学生的血液循环机能并不比成人差。但其心脏搏动频率快于成人,所以小学生不宜进行过于剧烈的体育运动,否则心跳很容易飙升到每分钟 160 次,从而损害心脏。

5. 生殖系统

生殖系统包括两部分:一是主要生殖器官(男性为睾丸,女性为卵巢);二是附属生殖器官(男性为附睾、前列腺、阴茎等,女性为输卵管、子宫、阴道等)。睾丸和卵巢又称性腺,是分泌性激素的器官。男性的生殖系统 10 岁以前生长十分缓慢,八九岁起开始有分泌性激素的机能,但分泌量较少;女性的卵巢在青春期以前发育很慢,月经初潮时才达到成人重量的 30%,青春期后加速发育,18 岁时可达到成人重量。[①]

(二)小学生心理品质发展

1. 认知发展

小学生认知发展主要包括感知觉、注意、记忆、思维和想象力等方面的发展。

(1)感知觉的发展。整个小学阶段学生的感知觉发展较快。低年级小学生感知事物时较笼统,往往只注意表面现象和个别特征。例如,看到一个陌生人时小学生的感知只停留在性别上,随着年龄的增长,小学生才有可能注意到陌生人的衣着和长相以及一些细小的特征。随着受教育程度的增加,学生的感知能力有了很大的提高,知觉的有意义性和目的性明显发展。

(2)注意的发展。小学生注意的发展表现在注意的目的性和注意品质的发展两个方面。对于刚步入学校的小学生而言,注意的目的性还很低,无意注意仍起主要作用。同时,小学生注意的稳定性也在逐步发展。实验表明,一般情况下,7~10 岁的小学生可以连续集中注意 20 分钟左右,10~12 岁的小学生可以集中注意 25 分钟左右,12 岁以上可以集中注意 30 分钟左右。小学中年级以后,学生的注意逐渐发展起来。在良好的教学组织中,小学高年级学生注意可以保持 30~45 分钟。

(3)记忆的发展。记忆是人脑对经历过的事物的反映。人们过去见过的、听过的、嗅过的、尝过的、触摸过的、思考过的事物等,都可以在头脑中留下痕迹,以后还可以回忆出来,这些就是记忆现象。小学低年级学生的知识经验不丰富,第一信号系统占优势,因此在记忆事物时通常表现为形象记忆。随着教学的影响、知识的丰富和智力的发展,小学生的抽象记忆逐步发展起来,并超过形象记忆。

(4)思维的发展。根据皮亚杰的认知发展阶段理论,小学生正处于具体运算阶

---

① 郑日昌、戴艳:《小学生健康教育》(第 2 版),30 页,北京,高等教育出版社,2011。

段。该阶段小学生记忆和认知技能得到快速的发展，分析和综合能力提高，思维的发展摆脱了自我中心，达到守恒。小学生在 10 岁左右开始了解事物之间的联系，并根据种属关系对事物进行简单的分类和概括，甚至掌握了一些抽象的概念等。同时，小学生的思维开始出现质的飞跃，即从具体形象思维逐步过渡到抽象逻辑思维。

（5）想象力的发展。小学低年级学生的想象力十分丰富，在他们头脑中现实与想象没有明确的界限。有时候他们会将想象与现实相混淆，导致言语和行为相违背，在成人眼中即所谓"说谎""欺骗"。小学中、高年级学生的想象力能够比较真实地表现客观事物。

2. 语言能力的发展

一年级的小学生以对话语言为主，二至三年级时独白语言发展，一般到五至六年级口头语言表达能力初步完善。书面语言的发展在入学初要落后于口头语言的发展，随着教育程度的加深，书面语言迅速发展（学校、家庭起重要作用）。内部语言的发展是在入学后，学习任务需要独立思考（学会"先想后说""先说后写"），在此基础上小学生的内部语言逐渐发展。小学生内部语言的发展一般经历"出声思维、过渡时期、无声思维"三个阶段。

3. 个性的发展

小学生的个性倾向性和个性心理特征都有了进一步的发展。小学生的需要与动机逐步向高层次发展。小学生的兴趣爱好随着学龄、学识的增长而不断丰富。例如，三年级学生李某对画画颇有兴趣且有天赋，但是文化课学习成绩不好，父母为了提高孩子文化课的学习成绩，业余时间也都让孩子学习文化课，剥夺了孩子发展兴趣的权利，最后导致李某厌学。

4. 自我意识的发展

小学阶段是自我意识发展的重要时期，孩子从"以家庭、个人为中心"转入"以学校、集体为中心"的环境，开始学习新的社会角色行为，建立新的人际关系。小学低年级，自我概念的发展主要表现在自我描述方面，主要从姓名、年龄、性别、籍贯、体貌特征等方面回答"我是谁"。随着年龄的增长，自我概念逐渐复杂化，逐渐将自我分化为身体的自我、学业的自我、社会的自我，所以小学中、高年级学生回答"我是谁"这个问题，会从个性品质、兴趣、特长、社会角色等方面来介绍自己。

二、小学生生长发育的营养需求

（一）钙、铁、锌的作用及需求

钙、铁、锌属于人体必需的矿物质，但人体自身不能合成，必须从食物中摄取。

1. 钙

钙是构成人体的重要成分，正常人体内含有 1000～1200 克钙，机体内的钙一方面构成骨骼和牙齿，另一方面参与各种生理功能和代谢过程。此外，钙元素还能缓解疲劳，增强人的抵抗力。

小学生钙元素补充不足则会造成以下危害：关节疼，腰酸腿疼，骨质疏松，容易抽筋，易骨折和佝偻病等。补钙过量也不利于小学生的生长发育。假如每天超过建议摄取量 10 倍或者 20 倍，则可能会导致高钙血症。高钙血症的人会产生身体虚弱、恶心呕吐、嗜睡、便秘的情况，如果不能及时调节会进入昏迷状态，因为钙质会影响细胞的正常机能。

小学生缺乏钙元素一般选择食物补钙，如果缺乏比较严重，则需要在医生的指导下服用一些钙补充剂。钙含量高的食物有以下几类。

第一，奶制品。奶类不但含钙丰富，且被吸收率高，是补钙的良好来源。小学生每天喝 250 毫升牛奶，可得到钙的总量达近 300 毫克。

第二，虾皮及海产品。虾皮的含钙量是同等重量牛奶的几十倍，但虾皮中只有钙没有帮助钙吸收的元素（维生素 D），所以钙的利用率不能得到充分的保证。家长可以配合鱼肝油或者含有维生素 D 的食物辅助钙的吸收。

第三，豆制品。大豆本身含钙量并不算高，100 克干大豆只有 91 毫克钙。而 100 克豆腐，钙的含量达到 164 毫克。豆腐、豆腐干等豆制品用含钙凝固剂加工，是钙良好的来源，而豆浆、豆汁等含钙量比较低。因此，建议吃豆干、豆腐等豆制品补钙，而不是直接喝豆浆或吃大豆。

第四，肉及禽蛋类。肉及禽蛋类含钙量相对较少，但在日常生活中也是不可或缺的，如猪肉、牛羊肉、鸡蛋、鸭蛋等。

第五，蔬菜类。蔬菜含钙量相对较高的有小白菜、油菜、茴香、芹菜等，每 100 克含钙量在 150 毫克左右。

含钙量相对较高的水果有西瓜、梨、香蕉、苹果、草莓、樱桃、柑橘、橙子。家长可每日配备不同的水果，供给小学生对钙元素的需求。

在为小学生补钙时应注意以下方面：补钙的同时要注意维生素 D 的补充，因为其体内维生素 D 的含量直接影响对钙的吸收，多晒太阳增加维生素 D 的合成，对补钙有十分重要的意义；含钙丰富的食物不要和草酸一起吃，草酸和钙形成不溶性钙，影响人体对钙的吸收，否则即使摄入再多的钙元素，也不能被人体很好地吸收利用。

2. 铁

铁是人体必不可少的微量元素之一，也是小学生生长发育必不可少的元素。铁在人体中最重要的作用是有补血的功能。铁能形成血红素，而血红素在人体中主要起着供氧的作用，它能够携带氧气，供应人体的各个细胞和器官。

儿童缺铁会引起供血不足，严重者会引起脑供血不足。铁能提高人体免疫力，如果人体中一时没有足够的铁来维持血蛋白，那么人就容易得病。铁还能促进人体肌肤的发育，铁的摄入量充足会使人体的肌肤亮白而有张力。如果人体严重缺铁会引起呼吸困难，气短心悸，心跳较快，有时还会出现心慌的感觉。

小学生生长发育旺盛，造血功能也大大增加，对铁的需要较成人高。我国营养学会建议每天要为小学生供应10～12毫克的铁，若从食物中摄取不足时，可用含铁的强化食品或铁制剂来补充，以满足生理需要。铁含量高的食物有以下几种。

第一，粗粮。干豆中黄豆、蚕豆、红豆含铁较多。例如，粗粮细做，能够适应小学生的消化能力，是供应铁的好方法。有些绿叶菜，如小白菜、油菜、荠菜等不但含铁，还含有维生素C和胡萝卜素。不过在烹调时要注意方式方法，避免铁元素的流失。

第二，干果和干菜。桂圆干、杏干、葡萄干等干果都是含铁量较高的食品，家长在饭后为孩子准备适当的干果，要比单给孩子吃糖果有益得多。黑木耳、紫菜中铁元素的含量也较高，经常食用，能满足人体对铁质的部分需求。

第三，动物肝脏。猪肝、鸡肝及猪肾等动物肝脏中含有丰富的铁元素。例如，每100克猪肝中含有31.1毫克的铁元素，但猪肝中含有较多的胆固醇，一次不宜吃太多。维生素C、肉类、果糖、脂肪可增加铁的吸收，而茶、咖啡、牛乳等可抑制铁的吸收，所以小学生的膳食应该合理搭配，以增加铁的吸收。

3. 锌

锌是人体必需的微量元素之一，有"生命之花"的美称。我国营养学会建议小学生每天摄取16毫克左右的锌。

锌可以促进小学生的生长发育，缺锌会导致小学生发育不良，肠道菌群失衡，严重缺乏时，会导致侏儒症和智力发育不良；锌可以维持人体的正常食欲，缺锌会导致味觉降低，出现厌食、偏食、异食、肠道菌群失衡。此外，锌还可以增强人体免疫力，促进伤口愈合。

小学生最安全的补锌方法是从饮食入手，注意饮食的多样化，多吃含锌丰富的食物，但不能以锌强化食品代替日常食物，若以大量含锌丰富的食物代替日常饮食，时间久了会造成营养不均衡。含锌较多的动物类食物有牡蛎、瘦肉、猪肝、鱼类、鸡蛋等。植物食品中的黄豆、玉米、小米、扁豆、土豆、南瓜、白菜、萝卜、松子、柠檬等也含有较多的锌。缺锌特别严重的小学生，除了食补还可以选择锌制剂治疗。

(二)水、无机盐的作用及需求

水是细胞的主要组成部分，是营养物质和新陈代谢废物的溶剂。营养物质和代谢废物借助于水的流动被带到目的地，水分参与营养物质的新陈代谢是保证人体健康的重要因素。另外，水还有调节人体酸碱平衡和调节体温的作用。国际运动医学专家发布的饮水量标准显示：每1磅体重饮水1/2盎司(1磅约等于0.45千克，1盎司约等于28.53克)。按此推算，32.5千克的小学生每天应饮水1千克，小学生的饮水量并不是固定的，可根据体重酌情增减。[1]

---

[1] 王彩芳：《苏州市吴江区城镇、农村和农民工子弟初中生膳食现状的比较研究》，硕士学位论文，苏州大学，2013。

无机盐对组织和细胞的构成非常重要，硬组织如骨骼和牙齿，大部分是由钙、磷和镁组成的，软组织含钾较多。对小学生来说，无机盐是维持正常生命活动必不可少的元素之一。蔬菜的根茎中含有较多的无机盐，小学生可以通过食用胡萝卜、藕、山芋等来满足身体生长所需要的无机盐。

第三节　小学生身体生长发育良好的表现

小学阶段是学生生理和心理发展的重要时期，健康地生长发育可为其一生的发展奠定良好的基础。小学生在幼儿期的基础上身体继续生长发育，各项功能也不断分化、增强，表现出生长发育的良好状态。一般来说，小学生身体生长发育良好主要表现在身体匀称、脊柱发育良好、视力健康和心理健康方面。

一、身体匀称

身体匀称是反映和衡量小学生身体健康状况的重要指标之一。身体匀称一方面指体重在正常的范围之内，另一方面指身体的比例协调匀称或身材匀称。身体匀称对小学生的生长发育有重要意义。小学生身体匀称主要表现为其年龄、身高和体重之间的合理比例。过胖或过瘦都属于身体生长发育的不匀称状态，尤其是肥胖已成为威胁小学生健康成长的重要因素之一。根据不同的 BMI 身体质量指数，可算出自己的体重是否合乎标准。BMI(Body Mass Index)，即身体质量指数，又称体质指数或体重指数，是用体重(千克数)除以身高(米数)平方得出的数字。它是目前国际上常用的衡量人体胖瘦程度以及是否健康的一个标准(见表 4-1、表 4-2)。[1]

表 4-1　女生体重指数(BMI)单项评分表(单位：千克/米²)

等级	单项得分	一年级	二年级	三年级	四年级	五年级	六年级
正常	100	13.3～17.7	13.5～17.8	13.6～18.6	13.7～19.4	13.8～20.5	14.2～20.8
低体重	80	≤13.2	≤13.4	≤13.5	≤13.6	≤13.7	≤14.1
超重		17.4～19.2	17.9～20.2	18.7～21.1	19.5～20.0	20.6～22.9	20.9～23.6
肥胖	60	≥19.3	≥20.3	≥21.2	≥22.1	≥23.0	≥23.7

表 4-2　男生体重指数(BMI)单项评分表(单位：千克/米²)

等级	单项得分	一年级	二年级	三年级	四年级	五年级	六年级
正常	100	13.5～18.1	13.7～18.4	13.9～19.4	14.2～20.1	14.4～21.4	14.7～21.8

[1]　教育部：《国家学生体质健康标准》(2014 年修订版)。

续表

等级	单项得分	一年级	二年级	三年级	四年级	五年级	六年级
低体重	80	≤13.4	≤13.6	≤13.8	≤14.1	≤14.3	≤14.6
超重		18.2～20.3	18.5～20.4	19.5～22.1	20.2～22.6	21.5～24.1	21.9～24.5
肥胖	60	≥20.4	≥20.5	≥22.2	≥22.7	≥24.2	≥24.6

(一)身体匀称有助于小学生强健体质

众所周知，肥胖或体质偏瘦的小学生，都处于一种亚健康的状态。身体偏瘦的小学生，一般比较虚弱，抵抗力相对较差，容易患病，而且他们一般会食欲不振，能量储存相对较少，易出现疲劳和体力不足等现象；而身体匀称的小学生一般饮食规律，不偏食，不挑食，营养均衡，免疫力较强，喜欢锻炼，极少生病。所以身体匀称有利于小学生的体质健康。

(二)身体匀称有利于小学生心理健康

小学生(尤其是小学高年级学生)处于心理上的"断乳期"，特别关注自身的形象，渴望自己变得更美，得到周围人的认可。身体匀称的小学生更容易形成积极健康的心理状态；反之，则容易使小学生产生各种心理问题，不利于他们的心理健康。

(三)身体匀称有利于小学生的心智发展

一般情况下身体匀称的小学生思维敏捷，大脑皮质沟回深，间隙宽，有利于他们心智的发展。这类学生一般比较聪明，灵活多变，心思细腻。而身体严重肥胖的小学生，大脑皮质沟回会变浅，间隙会变窄，从而影响他们智商的发育。[1]

(四)身体匀称有助于培养小学生的审美能力

身体匀称的小学生肌肉健硕，皮下脂肪适量，而小学生体重过重或身体比例不协调会给正在生长中的骨骼(尤其是下肢)造成过大的压力。比如，肥胖的小学生皮下堆积过多的脂肪，尤其是颈部、腹部、大腿等处，体型曲线遭到破坏，导致O型腿、外八腿较多，影响体形美，还会给人以"形体不协调，臃肿"等不良的形象。小学生处于审美观形成的黄金阶段，保持身体匀称有利于他们审美能力的发展。

二、脊柱发育良好

小孩刚出生时脊椎数量是32～33块，成人脊柱包括颈椎7块，胸椎12块，腰椎5块，骶骨1块(由5块骶椎合成)，尾骨1块(由3～4块尾椎合成)，借韧带、关节及椎间盘连接而成。脊柱上端承托颅骨，下联髋骨，中附肋骨，并作为胸廓、腹腔和盆腔的后壁。脊柱具有支持躯干、保护内脏、保护脊髓和进行运动的功能。脊柱内部自上而下形成一条纵行的脊管，内有脊髓。[2] 发育良好的脊柱有四个前后方

---

① 李清亚、王晓慧：《小学生健康方案》，131页，石家庄，河北科学技术出版社，2005。
② 郑红梅：《脊柱病变与内脏相关性疾病》，载《健康向导》，2021，27(3)。

向的弯曲，颈椎段凸向前，胸椎段凸向后，腰椎段凸向前，骶椎段凸向后，类似"S"形，被称为脊椎的生理弯曲，如图 4-1 所示。

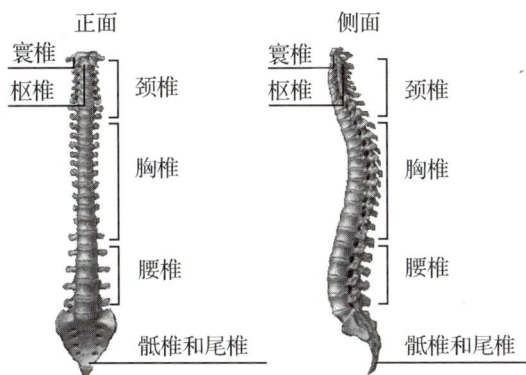

图 4-1　脊柱的生理图

常见的脊柱发育不良主要有脊柱损伤、脊柱骨病、脊柱弯曲、脊柱伤病继发的脊髓或神经根疾患，在小学生的生长发育过程中最常见的是脊柱弯曲。脊柱弯曲主要包括脊柱前凸、脊柱后凸、脊柱侧凸。

(1)脊柱前凸，指脊柱过度前凸性弯曲，多发生在腰椎部位(图 4-2)。

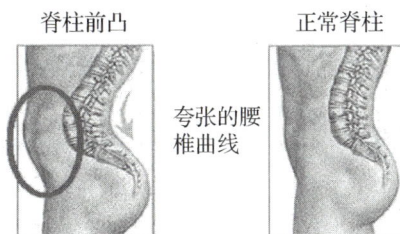

图 4-2　脊柱前凸

(2)脊柱后凸，指脊柱过度后凸，多发生于胸段脊柱(图 4-3)。

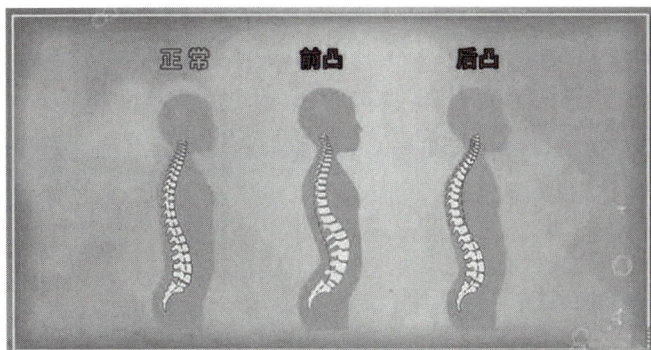

图 4-3　脊柱后凸

（3）脊柱侧凸/弯，指脊柱离开正中线向两侧偏曲，是脊柱的一种三维畸形，包括冠状位、矢状位、轴状位的序列异常，根据发生部位不同可分为胸部侧弯、腰部侧弯、胸腰联合部侧弯（图4-4）。

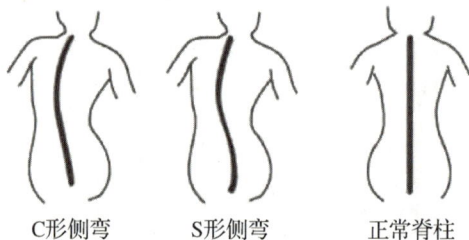

C形侧弯　　　　S形侧弯　　　　正常脊柱

图4-4　脊柱侧弯

小学阶段，由于学生的骨骼还没有完全骨化，含水多，含钙少，有韧性，易弯曲，易变形，所以小学阶段是脊柱变形的高发期。引起小学生脊柱变形的因素有很多，除小学生自身的年龄因素外，遗传素质、生活环境，以及学习和生活习惯都可能引起小学生的脊柱变形。小学生正常的脊柱发育，不仅是身体生长发育良好的要求，也是小学生健康教育的主要内容。小学生脊柱发育良好的功能主要表现为以下几个方面。

（一）脊柱的缓冲震荡功能

脊柱的S形弯曲和椎间盘的柔软结构，加上足弓的弹性，共同构成了一个良好的人体缓冲系统。发育良好的脊柱可以使从下肢传来的震荡力明显减弱，从而保护心、脑、肺和腹内脏器免受损伤。

（二）脊柱的保护功能

脊柱内有椎管，脊髓在椎管内行走，所以脊柱具有保护脊髓的功能。另外，胸椎、肋骨和胸骨组成胸廓，以容纳并保护胸腔内的脏器，保证心肺功能的正常运转。最后，腰椎与前方的腹壁构成腹腔，可以容纳和悬挂腹腔内的脏器并对其具有保护功能。

（三）脊柱的运动功能

脊柱有前屈、后伸、左右侧弯和旋转等运动功能。颈椎的前伸、后伸、旋转和侧弯运动的范围，都较脊柱其他部分灵活。胸椎的运动因有胸廓的存在而明显受限，下胸椎的运动范围较上胸椎大些。腰椎的前屈虽只有40度，但实际做运动时，腰椎是连带胸椎段一起前屈的，小学生弯腰可达160度。

三、视力健康

不同的年龄阶段，视力发展具有不同的特点，保护视力的措施也不同。在我国，视力的测量与判定主要使用标准对数视力表。标准对数视力表根据测量距离和测量功能分为近视力表和远视力表。近视力表测量距离为25厘米，测的是近视力；远视力表的测量距离为 5 米，测的是远视力，大家最熟悉也最常用的是远视力表，如图 4-5。

用视力表测远视力时，视力表与被检查者的距离须为 5 米，如室内距离不够 5 米应在 2.5 米处放置平面镜反射视力表。进行检测时先遮盖一眼，单眼自上而下辨认"E"字缺口方向，直到不能辨认为止，记录下来即可。正常成年人的视力范围在 0.8 以上，未成年人的视力标准为：1～2 岁为 0.2～0.3，3～4 岁为 0.6～0.8，4～6 岁为 0.8～1.0，6 岁以上为 0.8～1.0，所以小学生的正常视力应在 0.8 及以上。若被测者 0.1 也看不到，要向前移动直到能看到 0.1 为止，其视力则是"0.1×距离/5＝视力"。[1]

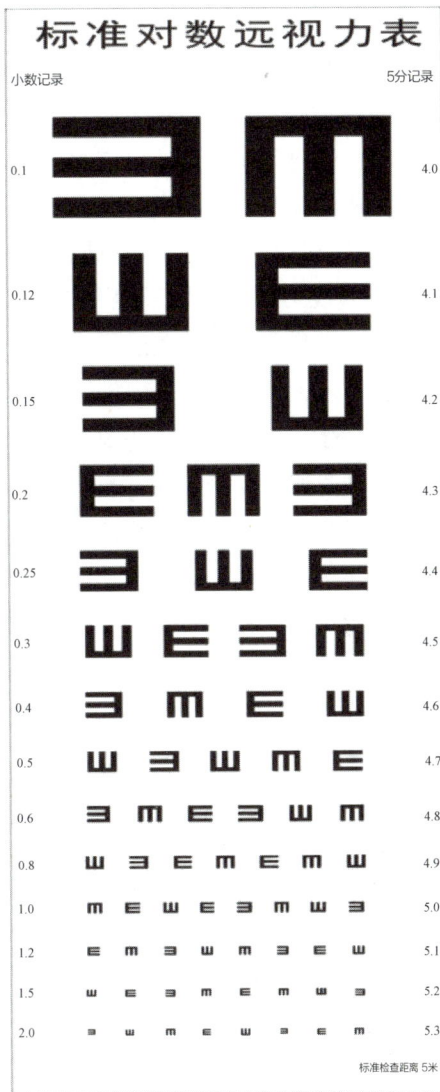

图 4-5　远视力表

(一)视力健康是小学生学习和日常生活的视觉保障

眼睛是获取信息的重要器官，人的知识记忆大都是通过眼睛获得的。一旦失去了视力，人的世界就会变得一片黑暗，所以小学生要养成良好的用眼习惯以保持视力健康。相对视力健康而言，小学生常见的眼部疾病有弱视、斜视、散光、近视等，其中最常见的问题是近视。

视力健康是小学生学习和日常生活的视觉保障。小学生一旦近视不仅会给他们的生活、学习带来诸多不变，而且随着近视度数的加深还有可能带来一系列的并发症。例如，小学生近视后，坐在教室比较靠后一点的位置，就会看不清黑板上的字迹，上课注意力难以集中，影响学习效果。再如，小学生近视后，一些体育活动就会受到限制，易挫伤小学生体育锻炼的积极性，处于成长中的身体得不到好的锻炼，会影响身体的发育。所以，小学生一定要爱护自己的眼睛，保持视力健康。

(二)视力健康有助于小学生强身健体

视力健康是小学生身体健康的表现之一。一般情况下，视力健康的小学生都喜

---

① 中国医学装备协会眼科专业委员会：《儿童青少年近视眼检测与防控的应用标准》，载《中华眼科医学杂志》，2018(6)。

欢锻炼，适当的体育锻炼既有助于小学生强身健体，也有助于他们缓解眼睛疲劳。例如，乒乓球运动，在打球的过程中，球来往起伏不定，时近时远，时高时低，眼睛很自然地跟踪球的运动。此时，眼睫状肌和眼球外肌交替不断地收缩和舒张，大大促进了眼球组织血液的供应和代谢，使眼睛的疲惫状态在锻炼中得到缓解。另外，在学生视力不良的表现中最普遍的是近视，一旦形成近视，特别是高度近视容易引发玻璃体混浊、视网膜出血或脱落而致盲，会严重影响小学生的身体健康。

(三)视力健康有助于提升小学生的美感

小学阶段是小学生美感形成的重要时期，他们的美感包括小学生的自身美和小学生的审美两个方面。视力健康的小学生五官发育比较和谐美观，极少出现斜视现象。小学生一旦出现视力不良现象，如近视，随着视力的下降，眼球会发生变形、凸出，而且眼睛黯淡无神。配戴眼镜将会增加鼻梁负担，导致鼻梁变形等，不利于小学生自身美的发展。从某种程度上来说，小学生美感的培养是有意识的教育和无意识的渗透相互作用的结果。视力健康有助于小学生美感的提升，所以教师应有意识地培养小学生科学用眼的习惯，使之拥有一双健康的眼睛。

(四)视力健康为小学生的人生规划提供更广的平台

随着社会的发展，很多专业和工作对视力有严格要求。视力不良的考生高考志愿不能填报某些对视力有严格要求的专业。在我国，近视患者报考受限的专业高达48个，视力低于1.2的，不能报考飞行技术、航海技术、刑事科学技术等专业；镜片度数大于400度的，不能录取到海洋技术、生物医学工程、服装设计等专业；镜片度数大于800度的，不能录取到地质矿类、水利类、化工与制药类等专业。而视力健康的学生完全不存在这些顾虑，在未来的发展与成长中有更大的发展空间和选择机会。[①]

四、心理健康

心理健康是小学生在成长过程中生长发育良好的重要表现之一，是素质教育的重要构成部分，是影响小学生素质全面发展的关键。心理健康对小学生日常的学习和生活产生重要的影响，如人际关系、个人情感、生活学习等都与心理健康有密切的联系。另外，小学生的心理健康还有助于自我意识、语言能力、个性和认知能力的发展。

(一)心理健康有助于小学生自我意识的发展

自我意识是一个人对自己的意识，如自我知觉、自我评价、自我监督等。小学生自我意识的发展与其心理健康水平有密切的联系。小学生正处于成长过渡期，其独立意识和自我意识日益增强，容易产生敏感、叛逆、嫉妒、失落、自卑、孤独等不健康的心理。例如，有些小学生性格孤僻，不愿意且拒绝与人交往，心理学上把这种状态称为闭锁心理，把由此产生的孤独寂寞的情感体验称为孤独感。与之相比，

---

① 李小伟：《2010学生体质监测结果发布——学生体质健康状况的喜与忧》，载《中国学校教育》，2011(10)。

心理健康的小学生人际关系一般比较和谐，具体表现为：一是心理健康的小学生善于与人交往，既有稳定而广泛的人际关系，又有知己朋友；二是在人际交往中他们能够客观地评价别人，更容易做到取人之长补己之短；三是心理健康的小学生态度一般比较积极，能够主动地适应和改造环境。

(二)心理健康有助于提高小学生的口头语言表达能力

语言表达能力与学生的心理健康水平有紧密的联系。一般情况下，心理健康的学生的自信程度远超过心理不健康的学生。心理健康的学生愿意通过语言表达自己的情绪情感，愿意通过语言表达来增进同学之间的友谊，愿意通过语言表达来传递自己的思想……而心理不健康的学生一般不愿意甚至拒绝用语言来表达或宣泄自己的情感。这类学生的语言表达一般不够流畅，与之沟通交流中多会出现重复、卡壳、脸红等现象。久而久之，他们的口头语言表达能力将会落后于同龄人，甚至变得自卑、多疑，不敢在公众场合讲话。

另外，我们还可以通过小学生的口头语言表达来了解他们的心理状态，如语言急促，通常为焦躁、不安、掩饰；语言适中，通常为淡定从容，自信满满；语言缓慢，则表达了内心的犹豫不安、反应迟钝等。

(三)心理健康有助于小学生个性的发展

随着物质生活水平的提高和现代教育的发展，小学生的思想越来越复杂，尤其受电子游戏、不良社会舆论的影响，部分小学生在学习、生活、人际交往和自我保护等方面可能会出现难以处理的矛盾，进而产生一些心理问题。小学生日益突出的心理问题影响了他们的健康成长，在个性发展方面主要表现为敏感、自卑、孤独、冷漠和焦虑。例如，小学生的焦虑主要表现在考试上。面对考试，中年级的学生情绪紧张，高年级的学生则对分数的高低比较担忧。因此，教师要照顾学生的心理承受能力，作业数量、难度要遵循小学生身心发展规律。

与之相比，心理健康的小学生在个性发展方面的表现主要为，有正确的生活态度、坚强的意志、积极的情绪和健全的心智。例如，心理健康的小学生在遇到困难与挫折时，往往会选择迎难而上，积极进取，直到克服困难为止。这类小学生对自己的行为有明确的目标，自控力较强，能够自觉抵制不良诱惑，做事有个性，有毅力，勇敢，果断，抗挫能力强，能坚持不懈地把事情做好。

(四)心理健康有助于小学生认知能力的发展

认知能力是指人脑加工、存储和提取信息的能力。人们认识客观世界，获得各种各样的知识，主要依赖于认知能力。[①] 小学生的认知能力主要包括感知觉、记忆、思维、想象等方面。

心理健康有助于小学生认知能力的发展。心理健康的小学生思维更加敏捷，求知欲强，兴趣广泛，爱动脑筋，敢于大胆尝试与挑战新事物，勇于提出自己的见解。

---

① 卢乐山、林崇德：《中国学前教育百科全书：心理发展卷》，121页，沈阳，沈阳出版社，1995。

记忆是一种重要的心理现象。一般情况下，心理健康的小学生能更准确地认识自己，形成对自己的正确认知，选择适合自己的记忆方法。记忆的方法多种多样，教师应该鼓励学生选择适合自己的记忆方法，掌握记忆规律，提高记忆效果。总之，记忆只有符合小学生的心理特点和记忆规律，才能有助于小学生认知能力的发展。

第四节　促进小学生良好生长发育的措施

小学阶段是人生发展的关键时期，良好的生长发育是小学生健康发展的必要条件，促进小学生良好生长发育需要社会、家庭、学校和小学生自身的共同努力。

一、社会方面

"少年强，则国强。"小学生是国家的未来，小学生良好的生长发育需要国家和整个社会的共同关注，并在政策法规、经费投入、舆论宣传等方面提供广泛支持。

（一）为小学生良好的生长发育提供政策保障

1. 完善小学生健康生长发育的政策法规

目前，小学生健康生长发育的相关政策和法规相对薄弱，需要国家加强相关政策和法规建设，以此来保障小学生健康生长发育的权利，并帮助小学生树立自我保护的法律意识，增强自我保护的能力，促进小学生健康地生长发育。近年来，校园安全事故屡屡发生，对学生的身心健康产生了不良影响。尤其是小学生，其自我保护能力较差，身心健康容易受到威胁。所以，国家应该进一步完善小学生校园安全立法，为小学生良好的生长发育提供安全保障。

2. 形成小学生生长发育状况监测和评估的长效机制

国家和学校应当定期为学生提供生长发育检测，并及时发布小学生生长发育的信息，为及时改善小学生生长发育条件提供科学依据。比如，近年来，尽管小学生营养不良的患病率逐年下降，但肥胖，钙、铁、锌、硒等维生素缺乏症却居高不下，这就需要建立小学生生长发育状况监测和评估的长效机制，以便及时发现问题，最大限度地促进小学生健康地生长发育。

3. 完善小学生加餐管理制度

小学阶段是小学生身体发育的关键期，此阶段的学生活泼好动，消化吸收速度较快，较成人更容易产生饥饿感。所以，为了满足小学生营养均衡和身体健康成长的需要，国家应进一步完善加餐管理制度。

目前学生膳食中蛋白质、钙、维生素 A（胡萝卜素）、维生素 B_2 等均供给不足，课间加餐应本着缺什么补什么的原则来进行。经有关试点单位提供的数据证实，每个小学生一次加 50 克糕点和 150 克鲜奶为宜。这些食物可提供 210 千卡的热量、8

克蛋白质，分别占小学生热能需要量的 9.5%～10.5%，蛋白质需要量的 11.4%～13.3%，这样的比例既补充了早餐的不足，又不影响午餐。另外，150 克鲜奶还可供给钙 180 毫克，维生素 A 150 国际单位，核黄素 230 微克等，对学生的生长发育有很大好处。[①]

4. 规范社区体育设施、设备管理

目前，由于受经费限制，多数社区体育设施和器材不完善。例如，许多社区不具备符合标准的体育锻炼场地，健身器械、篮球架高度不符合小学生的生理特点。另外，社区体育设备的维护和管理不到位。大部分社区的体育设备没有专人管理，器材破损、零部件缺失后不能及时维修，造成体育设施长期闲置。社区可以通过适当增加对体育设备的投资，来改进体育设备不健全、管理滞后的现状。

(二)加大社会宣传力度

1. 提高社会关于小学生健康生长发育的认识

提高社会关于小学生健康生长发育的认识，应该做到以下几点：一是贯彻落实《"健康中国 2030"规划纲要》中提高全民身体素质的要求，并重点落实对小学生健康生长发育的要求，如通过体育锻炼的方式促进小学生健康地生长发育；二是不仅要关注小学生身体的生长发育，还必须认识其心理健康发育的重要性；三是提高全体社会成员对小学生健康生长发育的重视程度，并进行经常性与集中式的宣传教育来弥补社会成员对小学生健康生长发育认识的短板。

2. 普及优生优育的健康知识

遗传是影响小学生健康生长发育的重要因素之一。例如，个体的身高 70% 的特征是由遗传决定的，30% 的生长发育取决于后天环境。[②] 为了小学生健康地生长发育，一定要提高新生儿的质量，降低先天遗传病的发病率。为此，社会要加大"优生优育"的宣传力度，如鼓励婚检，做好孕前准备，定期产检等，采取一系列有利于提高新生儿质量的措施。

3. 拓宽社会宣传的渠道

社会方面要重视小学生的健康生长发育，通过开展活动、社交媒体宣传等手段，普及小学生健康成长的必要性。例如，定期开展有关小学生健康成长的知识讲座；定期开展小学生异常生长发育的反面案例，引起社会各界对小学生健康生长发育的重视。

(三)督促家长科学养育

改革开放以来，国民经济飞速发展，人们的经济水平不断提高。精神方面，如果孩子有哪一科成绩不理想，家长就会想方设法提高孩子的成绩。诚然，此做法可

---

① 杨艳琼：《营养改善计划对义务教育学生营养及健康状况影响的效果评估》，硕士学位论文，新疆医科大学，2017。

② 吴林龙：《学生思想政治教育对象研究》，博士学位论文，东北师范大学，2015。

能会使孩子的成绩得到一定提高，但过多的压力和作业负担会导致孩子精神压力过大。物质方面，随着生活水平的提高，大部分家长会在饮食上满足孩子，尤其对于挑食的孩子来说，喜欢吃的东西天天吃，不喜欢吃的东西一眼也不看。长此以往，虽然能够满足味觉的刺激，但也会导致孩子营养不良。

因此，首先，社会要加强对家长健康育儿方面知识的培训，使之形成科学的育儿观。例如，小学生的父母每年要接受一定课时的健康育儿的必修课。其次，社会要加大科学育儿理念的宣传力度，鼓励家长不断学习健康教育的理论知识，为自己，更为国家宣传科学育儿知识，如订阅关于健康育儿的报刊，通过网络学习获取科学养育的知识。最后，社会和家庭要形成教育合力，共同促进小学生健康成长。

二、家庭方面

家庭是小学生良好生长发育的主要影响因素，它不仅可以提供小学生生长发育所需的先天的遗传条件和后天的物质条件，也可以提供他们生长发育的家庭氛围。小学阶段的家长应该注重家庭中孩子生长发育的合理的营养膳食，并营造和谐的家庭氛围。

(一)家长要注重小学生健康生长发育所需的合理营养

中国营养学会《中国居民膳食指南(2022)》修订专家委员会有关专家认为，学龄儿童是指从 6 岁到不满 18 岁的未成年人。他们处于学习阶段，生长发育迅速，对能量和营养素的需要相对高于成年人。均衡的营养是儿童智力和体格正常发育，乃至一生健康的基础。这一时期也是饮食习惯和生活方式形成的关键时期，家庭、学校和社会要积极开展饮食教育。学龄儿童膳食指南在一般人群膳食指南的基础上，补充以下信息。

1. 了解食物，学习烹饪，提高营养科学素养

儿童期是学习营养健康知识、养成健康生活方式、提高营养健康素养的关键时期。他们不仅要认识食物，参与食物的选择和烹饪，养成健康的饮食习惯，还要积极学习营养健康知识，传承我国优秀饮食文化和礼仪，提高营养健康素养。家庭、学校和社会要共同努力，对儿童开展饮食教育。家长要将营养健康知识融入儿童的日常生活；学校可以开设符合儿童特点的营养与健康教育相关课程，营造校园营养环境。

2. 三餐合理，规律进餐，培养良好的饮食习惯

儿童应做到一日三餐，包括适量的谷薯类、蔬菜、水果、禽畜鱼蛋、豆类坚果，以及充足的奶制品。两餐间隔 4～6 小时，三餐定时定量。早餐提供的能量应占全天总能量的 25%～30%、午餐占 30%～40%、晚餐占 30%～35%。要每天吃早餐，保证早餐的营养充足，早餐应包括谷薯类、禽畜肉蛋类、奶类或豆类及其制品和新鲜蔬菜水果等食物。三餐不能用糕点、甜食或零食代替。做到清淡饮食，少吃含高

盐、高糖和高脂肪的快餐。

3. 合理选择零食，禁止饮酒，多饮水，少喝含糖饮料

零食是指一日三餐以外吃的所有食物和饮料，不包括水。儿童可选择卫生、营养丰富的食物作为零食，如水果、奶制品、大豆及其制品或坚果。油炸、高盐或高糖的食品不宜做零食。要保障充足饮水，每天饮水 800～1400 毫升，首选白开水，不喝或少喝含糖饮料，更不能饮酒。

4. 不偏食挑食，不暴饮暴食，保持适宜体重增长

儿童应做到不偏食挑食，不暴饮暴食，正确认识自己的体形，保证适宜的体重增长。营养不良的儿童，要在吃饱的基础上，增加鱼禽蛋肉或豆制品等富含优质蛋白质食物的摄入。超重、肥胖会损害儿童的体格和心理健康，要通过合理膳食和积极的身体活动预防超重、肥胖。对于已经超重、肥胖的儿童，应在保证体重合理增长的基础上，控制总能量摄入，逐步增加运动频率和运动强度。

5. 增加户外活动时间，保证每天活动 60 分钟

有规律的运动、充足的睡眠、减少静坐时间可促进儿童生长发育，预防超重、肥胖的发生，并能提高他们的学习效率。儿童要增加户外活动时间，做到每天累计至少 60 分钟中等强度以上的身体活动，其中每周至少 3 次高强度的身体活动（包括抗阻力运动和骨质增强型运动）；视屏时间每天不超过 2 小时，越少越好。[①]

(二)为小学生营造和谐的家庭氛围

幸福和谐的家庭是小学生健康成长的重要条件，问题家庭会对孩子的生长发育产生不良影响。

1. 和谐的家庭氛围离不开家庭的和睦

和谐的家庭氛围对孩子的健康成长具有至关重要的作用。如果一个家庭的氛围是相亲相爱、理解互助的，孩子潜移默化地受到熏陶，就会形成积极、乐观、活泼开朗的性格。在营造和谐家庭氛围中，家长之间要相互尊重，避免争吵，让孩子感受到家庭的温暖。小学生长期生活在和睦的家庭环境中有助于他们的健康成长。

2. 和谐的家庭氛围离不开父母对孩子的赏识

在日常的教育中，有些家长总是用过高的标准来要求孩子，过于放大孩子的缺点，常常责备他们。殊不知家长这时的责备、不理解、蔑视容易挫伤孩子的自尊心。因此，家长不要吝惜对孩子的积极评价，同时对孩子的错误行为应及时批评指正，为孩子营造一个健康、和谐、融洽的家庭环境。

3. 和谐的家庭氛围离不开父母对孩子的感恩教育

父母既是孩子的第一任教师，也是孩子感恩教育中的首席教师。家长作为孩子

---

① 马冠生：《学龄儿童膳食指南核心信息》，https://www.cnsoc.org/knowledge/82170120200.html（访问日期 2021 年 5 月）。

最初的教育者，要善于抓住日常生活中的小事对孩子进行积极的正面引导，培养孩子的感恩意识，如在生活中要教导孩子大声地说谢谢，经常鼓励孩子孝敬长辈，引导孩子关心大人、理解他人。另外，家长对孩子做出的感恩行为，要给予及时的肯定与赞扬，让孩子感受到感恩的快乐。

三、学校方面

学校是除家庭以外学生活动的主要场所，教师是帮助小学生良好生长发育的主导力量。一方面，学校可以通过提高体育课、健康教育课等相关课程的质量或加强此类课程与小学生良好生长发育的紧密联系，更好地促进小学生生长发育；另一方面，学校可以更好地发挥健康教育教师的作用，有针对性地促进小学生良好地生长发育。

(一)充分发挥体育课的健康教育作用

体育锻炼不仅可以体现自由开放的精神，成为同学之间和睦相处的有效途径，起到净化心灵的作用，还可以促进小学生良好地生长发育。因此，要鼓励小学生多进行体育锻炼。

1. 通过一般性运动技能训练促进小学生良好地生长发育

相比于专业性较强的运动技能，小学生更需要发展一般性运动技能。教师不要过早地要求学生进行运动量大、专业化的练习和严酷的训练，以及参与激烈的竞争等，这样会增加孩子的心理负担。教师要根据小学生生长发育的特点，教给他们一些常见运动项目的知识和技能，指导他们正确练习。比如，锻炼前应做哪些准备活动，运动后应做哪些调整活动；又比如，跑步的起跑、加速跑、途中跑、弯道跑、终点冲刺等；打篮球的传接球、带球突破、投篮、防守等。

2. 通过强化制度化的体育锻炼，促进小学生良好地生长发育

小学生做事情往往缺乏自觉性和毅力，兴趣容易转移，如果教师放松对他们的督促，他们在体育锻炼上就可能"三天打鱼，两天晒网"，这样自然会影响体育锻炼的效果。因此，教师要抓好课堂常规教育，如整队快、静、齐，跑步要轻松自然，队列整齐，精神饱满。为促进小学生良好地生长发育，教师还要帮助小学生制订锻炼身体的计划，明确锻炼的目标和内容，规定锻炼的次数和时间，如规定每天早上6点起床做操，每天下午放学后打乒乓球等。在制订计划时要从小学生的实际出发，合理安排，循序渐进。运动量要由小到大，逐渐增加；动作由简单到复杂，由易到难，使小学生机体有逐渐适应的过程。

(二)健康教育教师应加强有关小学生良好生长发育知识与技能的学习

目前，尽管有些大学已开设了健康教育课程，充实了小学健康教育教师队伍，从数量上缓解了健康教育教师急缺的现状，但是小学健康教育教师在有关小学生生长发育的专业知识和技能方面还有待进一步提升。

1. 理论与实践相结合，促进小学生良好地生长发育

健康教育教师在大学里接受了专业训练，为教育小学生良好地生长发育奠定了一定的理论基础，但是在实践方面他们还有所欠缺。因此，学校一定要加强对健康教育教师的职前和职后培训，切实为健康教育教师提供理论与实践相结合的机会。例如，健康教育教师可以寻求校医院或者家长的帮助，掌握小学生生长发育情况，为生长发育不良的学生从饮食、锻炼、作息、生活习惯等方面制订切实可行的改进计划，更好地促进学生生长发育。

2. 定期对健康教育教师进行专业考核

学校要定期对健康教育教师进行专业考核，目的在于促进教师终身学习，为小学生健康的生长发育奠定坚实的理论基础。另外，还要定期考核教师对小学生生长发育状况的掌握程度，尤其对班级中生长发育不良的学生，教师必须全面掌握其生长发育的动态信息并能跟踪矫正。

四、学生自身方面

小学生良好地生长发育不仅需要社会、学校、家庭等外界因素为其创设良好的成长环境，还需要小学生自身的意志努力。对于小学生来说，他们既要认识到良好生长发育的重要性，又要自觉抵制不良的行为和生活方式。

(一)主动掌握有关良好生长发育的常识性知识

小学生要主动学习健康教育课程，掌握如何才能健康成长的知识与技能，如知道偏食、挑食的危害，零食要适度等常识。日常生活中要践行良好的生长发育行为，适当进行体育锻炼，抵制洋快餐和油炸食品等。此外，还要保持健康、规律的饮食习惯。

(二)主动远离碳酸饮料

现在许多小学生都喜欢喝碳酸饮料，而偏爱碳酸饮料的小学生中约6成因缺钙影响了正常的生长发育。特别是可乐型碳酸饮料，磷含量过高，过量饮用会导致体内钙磷比例失调，造成发育迟缓。另外，磷酸会阻碍铁的吸收，爱喝碳酸饮料的小学生容易发生缺铁性贫血。

(三)保持健康的饮食习惯

小学生健康的饮食习惯有利于他们良好地生长发育，养成健康的饮食习惯要做到以下几点。

第一，进餐要定时、定量。小学生进餐要适量，不暴饮暴食，做到早、中、晚餐的时间科学安排，否则会影响小学生的消化功能，造成生长发育不良。

第二，不偏食，不挑食。小学生生长发育所需要的各种营养物质均较成人多，因此要注意膳食多样化，充足且平衡合理。一日三餐营养均衡，多吃乳类、豆制品，保持钙的供应。若长期偏爱某种食物，容易缺乏必要的营养素。长期偏食的小学生

体内缺少某些营养成分，这会对其生长发育带来危害。例如，缺少维生素 A 会得夜盲症，缺少维生素 C 易得坏血病，缺少维生素 D 会得软骨病等。

第三，注意饮食卫生。饮食卫生，要做到饭前便后洗手，瓜果洗干净再吃。不吃不卫生的食品，少吃油炸、烟熏、烧烤的食品。

第四，吃饭细嚼慢咽。细嚼慢咽可以减轻胃的负担，还有利于颌骨的发育，增加牙的抵抗力。相反，狼吞虎咽容易导致进食过量，加重胃的负担，引起消化不良、胃痛等。

第五，饭前饭后不做剧烈运动。饭前剧烈运动会影响食欲，使饭量减少；饭后应有 0.5～1 小时的休息时间，保证血液能够更多地流向胃肠道，以有利于消化吸收。

第六，不要边走边玩边吃。边走边玩边吃是小学生日常生活中的不良习惯。小学生边走边玩边吃一般基于两方面的原因：一是父母认为孩子正在长身体，只要孩子不拒绝，多多益善；二是孩子天性嘴馋，又贪玩，既想玩，又想吃。这一不良习惯不利于小学生生长发育，因此小学生要提高认知，改正不良习惯，从而使自己健康地生长发育。

思考题

1. 简述小学生生长发育的特点。
2. 简述营养对小学生生长发育的作用。
3. 简述小学生良好生长发育的表现。
4. 根据儿童生长发育的特点，谈谈如何科学促进小学生生长发育。
5. 结合实际，设计一个预防近视的教育活动。

第五章　小学生常见病和传染病与健康教育

本章导读 ▶

小学生是常见病和传染病的易发群体，常见病和传染病给小学生的身心造成直接危害，是小学生健康教育研究的主要内容之一。通过本章我们主要学习和了解小学生常见病，如近视、龋齿、贫血、哮喘、肥胖、腹泻与便秘，以及在小学生群体中容易发生的麻疹、结核病、水痘、腮腺炎等传染病，熟悉这些疾病的发病原因、对小学生身心产生的危害，以及应当采取的预防措施。

第一节　小学生常见病与健康教育

　　小学生常见病是指小学生在生长发育过程中极易引发的疾病。探讨小学生常见病及其防治措施，对小学生的健康成长具有重要的现实意义。

一、小学生常见病概述

　　小学生常见病主要包括近视、龋齿、贫血、哮喘、肥胖、腹泻与便秘，本书主要讨论这些常见病的表现、发病机理、危害及防治措施，以加深对这些常见病的认识。

(一)近视的表现及危害

　　近视本质就是眼球前后轴加长，眼角膜变凸(瞳孔的角膜外凸)，外界光线不能聚焦在眼底视网膜上，详见图 5-1。

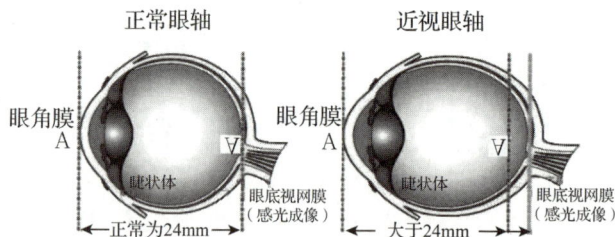

图 5-1　正常眼球与近视眼球对比示意图

　　由图 5-1 可以看出，一旦近视，便会造成眼球凸出，即眼轴变长，就是看远处的东西时眼轴就会变长。近视眼的形成就是睫状肌痉挛。睫状肌是位于眼睛内部呈圆环状的平滑肌，作用是改变晶体的形状，以向近距离或远距离的东西对焦。当我们要把远距离的东西对焦时，睫状肌便会自然放松，把晶体定位的韧带拉紧，这样晶体就会变得扁平和纤薄些。降低晶体的对焦能力，有助于我们观看远距离的物体。睫状肌的作用在于调节焦距，若是看近处的东西，睫状肌就会收缩。如果持续看近物久了就会造成睫状肌痉挛，导致近视加重。

　　小学生的眼部发育尚未成熟，如果养成不科学的用眼习惯，如写作业时姿势不规范，过度用眼等，就极易诱发近视。目前近视在小学生群体中已经成为普遍现象，而且近视率呈现低龄化的趋势，越来越多的小学生成为近视的"主力军"，这对他们未来的人生发展产生了诸多不利影响，小学生近视是一个亟须解决的现实问题。

1. 小学生近视的早期表现

　　一般来说，小学生的近视大多属于早期近视，甚至是假性近视，它们会有早期的表现症状，及时发现并采取有效合理的预防和矫正措施，可以很好地降低小学生近视的发生率。

小学生近视的早期症状主要有以下几个方面。一是喜欢眯眼看东西。长期眯眼会导致眼部肌肉疲劳，近视程度加深。二是看东西过近。看东西离得很近，看电视会不自觉地往前走，往往表示孩子视力变差。三是经常揉眼睛。近视的孩子因看东西模糊，眼睛疲劳，经常揉眼睛，暗示孩子的视力可能变差。四是频繁眨眼。由于近视的孩子会经常揉眼睛，容易造成慢性结膜炎及角膜损伤，感觉眼睛不舒服，所以孩子会频繁眨眼睛。五是经常歪头或斜眼看东西。近视的孩子喜欢歪头或者斜眼看东西，因为这样可以减少散射光，从而看得清楚一些。六是经常皱眉。皱眉可以造成眼睑及眼外肌的变化，改变眼球形态，从而看得清楚一些。七是经常拉扯眼角。这样能减少光线的散射，并压平角膜，改变屈光力，让轻度近视视力暂时提高。但长期拉扯眼角，会造成散光。

2. 小学生近视的危害

"近视"不是常见的"琐事"。它不仅损害小学生的个人健康，而且对社会发展产生负面影响。近视作为小学生群体中最常见的疾病，多数家长已经选择坦然接受，其实越是小毛病越会导致大问题，而不是说患了近视戴上眼镜就可以了。近视不仅会影响身体其他机能，还会产生其他身体疾病。近视对小学生的影响主要包括以下几个方面。

第一，对小学生心理的影响。儿童对外界充满好奇，渴望探究、参与，但有些活动近视的儿童不能参与或参与性不强，这些可能会让儿童产生不甘、烦躁、嫉妒、自卑等不良心理。

第二，对小学生生活和学习的影响。近视儿童的视线不清，给他们的日常生活和学习带来许多不便和困难。如果不戴眼镜，将看不清楚黑板，这会影响小学生的学习效果。看不清远处的事物，这可能出现安全问题甚至危险。

第三，对升学、参军和就业的影响。根据教育部《普通高等学校招生体检工作指导意见》，飞行技术、航海技术、消防工程、刑事科学技术、侦察、海洋船舶驾驶等专业都对视力有明确要求。如果在低中度近视阶段不注意用眼习惯，任其发展就有可能形成高度近视。高度近视容易导致某些眼病的发生，如玻璃体浑浊、视网膜脱离、黄斑出血、青光眼、白内障等，这些均是目前导致失明的主要眼病，严重危害患者的身心健康。

(二)龋齿的表现及危害

1. 小学生龋齿的表现

龋齿是常见口腔疾病，也是人类最普遍的疾病之一。世界卫生组织将龋齿、肿瘤和心血管疾病并列为人类三大重点防治疾病。龋齿是小学生最容易发生的口腔疾病。由于小学生爱吃甜食，且多数不注重口腔卫生，没有良好的口腔清洁习惯，所以龋齿在小学生中容易发生。

龋齿俗称虫牙、蛀牙，是细菌性疾病，可以继发牙髓炎和根尖周炎，甚至能引起牙槽骨和颌骨炎症。如果不及时治疗，病变继续发展，形成龋洞，终至牙冠完全破坏消失，最终结果是牙齿丧失。临床上可见龋齿有色、形、质的变化，而以质变为主，色、形变化是质变的结果。临床上常根据龋坏的程度分为浅龋、中龋、深龋三个阶段。第一个阶段为浅龋，第二个阶段为中龋，第三个阶段为深龋。

2. 小学生龋齿的危害

龋齿一旦发生不仅影响小学生日常饮食，也会造成不同程度的生理疼痛，严重的会影响小学生的生活与学习。

首先，对小学生生长发育有影响。对于有龋齿的小学生来说，他们咀嚼食物时不敢用力，从而导致咀嚼功能弱化，进而削弱胃肠消化吸收功能。尤其是咀嚼坚硬的食物时，他们不能很好地嚼碎食物。比如，有的小学生由于龋齿而不愿意吃水果和蔬菜，长此以往，会形成偏食，造成营养不良，阻碍其生长发育。

其次，引发其他疾病。龋齿可能成为一种阻碍儿童健康成长的慢性疾病。乳牙牙髓、根尖周炎症可引起牙槽脓肿或蜂窝组织炎、面部肿胀、体温升高甚至急性败血症。慢性根尖周炎往往成为某些全身性疾病的根源，如肾小球肾炎、血小板减少性紫癜和风湿病。此外，龋齿可能会导致面部不对称发展。由于牙疼导致单边咀嚼习惯，而经常一侧咀嚼，会导致小学生颌骨发育不良，面部发育不对称。

再次，恒齿位置不正和发育不良。龋齿导致乳牙早失，相邻的牙齿会向间隙位移，或因为龋齿造成咀嚼功能降低，从而影响颌骨和牙弓正常发育，导致上下的咬合出现问题，引起恒牙错位。如果牙龈疾病不及时治疗，会发展成牙髓、根尖周病变，在牙龈上出现瘘管，长期溢脓，这会影响儿童的身心健康。

最后，继发其他牙齿疾病。龋齿可发展成牙髓炎、根尖炎、牙源性囊肿或间隙感染等。

(三)贫血的表现及危害

1. 小学生贫血的表现

贫血是指人体外周血红细胞容量减少，低于正常范围下限的一种常见的临床症状。由于红细胞容量测定较复杂，临床上常以血红蛋白(Hb)浓度来代替。基于不同的临床特点，贫血有不同的分类。按贫血进展速度分急性贫血、慢性贫血；按红细胞形态分大细胞性贫血、正常细胞性贫血和小细胞低色素性贫血；按血红蛋白浓度分轻度贫血、中度贫血、重度贫血和极重度贫血；按骨髓红系增生情况分增生性贫血(如溶血性贫血、缺铁性贫血、巨幼细胞贫血等)和增生低下性贫血(如再生障碍性贫血)。

血液携氧能力下降的程度、血容量下降的程度、发生贫血的速度和血液循环、呼吸等系统的代偿及耐受能力均会影响贫血的临床表现。贫血最早出现的症状有头晕、乏力、困倦；而最常见、最突出的体征是面色苍白。症状的轻重取决于贫血的速度、贫血的程度和机体的代偿能力。由于有些小学生在日常饮食中存在挑食、摄入不足等情况，所以容易引发贫血。

2. 小学生贫血的危害

贫血是小学生的常见疾病，其症状在早期阶段表现得并不严重且发展过程缓慢，因而很容易被忽略，但随着贫血程度的增加，它会严重危害人体的健康。贫血的危害主要包括以下几方面。

第一，面色苍白或萎黄，口唇、眼结膜及指甲床色淡，头发干枯，精神萎靡，容易疲倦。

第二，肝脾肿大，心跳加快，心脏扩大，严重时可出现心力衰竭。

第三，消化功能减退，食欲不振，吸收较差，常腹泻。

第四，注意力不集中，稍一活动会出现气喘乏力现象。

第五，贫血后期可出现面部、下肢浮肿。

(四)哮喘的表现及危害

1. 哮喘及其表现

哮喘又名支气管哮喘，支气管哮喘是由多种细胞(如嗜酸性粒细胞、肥大细胞、T淋巴细胞、中性粒细胞、气道上皮细胞等)和细胞组分参与的以气道慢性炎症为特征的异质性疾病，这种慢性炎症与气道高反应性相关，通常出现广泛而多变的可逆性呼气气流受限，导致反复发作的喘息、气促、胸闷和(或)咳嗽等症状，强度随时间变化而变化，多在夜间和(或)清晨发作、加剧，多数患者可自行缓解或经治疗缓解。支气管哮喘如果诊治不及时，随病程的延长可产生气道不可逆性缩窄和气道重塑。

哮喘发作时伴有哮鸣音的呼气性呼吸困难或发作性咳嗽、胸闷。严重者被迫采取端坐位呼吸，干咳或咳出大量白色泡沫痰，甚至出现发绀等，有时咳嗽是唯一的症状(咳嗽变异型哮喘)。有的青少年患者则以运动时出现胸闷、咳嗽及呼吸困难为唯一的临床表现(运动性哮喘)。哮喘症状可在数分钟内发作，历经数小时至数天，用支气管舒张剂缓解或自行缓解。某些患者在缓解数小时后可再次发作。哮喘典型的临床表现为呼气性呼吸困难，呼气明显延长与费力，严重时病人端坐位，两手前撑，两肩耸起，大汗淋漓，表情痛苦，明显发绀，可有二氧化碳潴留，出现奇脉。[1]

2. 哮喘的危害

作为一种慢性支气管疾病，哮喘病患者的气管由于炎症而肿胀并且呼吸道变得狭窄，引起呼吸困难。由于缺氧，一些患者可能会出现诸如烦躁不安、出汗、精神萎靡、脸色苍白等症状，严重的会有危及生命的风险，严重危害人们的身心健康，

---

[1] 任莉莉、王秀萍、王耕晨等：《护士继续教育手册》，405页，郑州，河南科学技术出版社，1999。

削弱他们的工作能力，降低他们的生活质量。哮喘容易导致的并发症有猝死、下呼吸道和肺部炎症、水电解质和酸碱失衡、气胸和纵隔气肿、呼吸衰竭和呼吸骤停、多器官功能障碍和器官衰竭，支气管哮喘可引起支气管肺炎等。

对于小学生来说，他们可能会出现高热、缺氧、呼吸困难、急性呼吸衰竭等症状。如果治疗不合理，不及时，会引起肺不张、肺气肿、脓胸、脓气胸、肺脓肿、心包炎、败血症等并发症，危及生命。

（五）肥胖的表现及危害

1. 肥胖及其表现

肥胖是指一定程度的明显超重与脂肪层过厚，是体内脂肪，尤其是甘油三酯积聚过多而导致的一种状态。食物摄入过多或机体代谢改变，容易导致体内脂肪积聚过多造成体重过度增长，并引起人体病理、生理改变或潜伏。

肥胖分为单纯性肥胖、病理性肥胖和特殊性肥胖。其中，单纯性肥胖又分为体质性肥胖和获得性肥胖。体质性肥胖是由于体内物质代谢较慢，物质合成的速度大于分解的速度而引起的肥胖，表现为脂肪细胞大而多，遍布全身；获得性肥胖是由饮食过量引起的肥胖。病理性肥胖，主要是指由某种疾病引起的肥胖。病理性肥胖包括的范围较广，但主要是指由某种疾病引起的肥胖，如柯兴氏综合征、甲状腺机能减退性肥胖、肝炎后肥胖等。单纯性肥胖出现较严重的并发症，就成为病理性肥胖。特殊性肥胖包括母性肥胖和绝经后肥胖两种。前者是由于女性在妊娠期间引起了暂时性下丘脑功能失调，加之怀孕期和哺乳期营养过剩，活动量减少，脂肪代谢紊乱，体重往往急剧上升。绝经后肥胖是由于卵巢功能衰退，雌激素对脑垂体抑制减退，出现继发性下丘脑和垂体功能及自主神经功能紊乱，使糖和脂肪代谢失常，食欲亢进，进食增加而肥胖。

顾名思义，肥胖症的主要表现就是肥胖，其他常见的表现包括呼吸功能障碍，常表现为气促、多汗、腹胀、头昏头疼等；激素代谢紊乱，此外还会引起糖尿病；消化系统症状，表现为食欲增强，但容易出现便秘、腹胀；心血管症状，容易导致高血压，出现头昏、头疼等症状；全身脂肪堆积，男性脂肪主要堆积在腹部。

2. 肥胖的危害

肥胖的危害主要表现为以下几方面。第一，呼吸系统疾病。肥胖儿童容易患呼吸系统疾病，如呼吸道感染和肺炎。重度肥胖的小学生由于胸部、腹部和咽部脂肪增多阻碍正常呼吸并且容易缺氧，甚至可能发生呼吸衰竭而死亡。

第二，心肺功能降低。肥胖儿童的身体素质普遍较差，心肺功能减弱。在同一年龄和身高状态下，肥胖儿童的体重比正常儿童的体重重，这会增加心脏和肺的负担，增加心肺系统的压力。肥胖程度越严重，心脏和肺部的压力越大，心脏和肺部长期超负荷工作会不可避免地导致功能减弱。由肥胖引起的心肺功能的减弱最初是可逆的，当控制肥胖时，心肺功能就能恢复正常。如果肥胖持续存在，就会发生器官的突然病变。例如，心室肥大，就不会恢复正常了。

第三，高血压、高血脂。肥胖儿童大多数血压偏高，而且越胖血压越高。此外肥胖儿童血液中胆固醇、甘油三酯的浓度比较高。这种状况长期下去肥胖儿童很容易出现高血压，易患冠心病。

第四，血糖升高。肥胖儿童血糖比正常儿童高，糖耐量实验也出现异常改变，这些都为将来患糖尿病埋下了危险的种子。

第五，肥胖对儿童心理的影响。肥胖对儿童心理的影响要比身体上的影响更大、更持久。肥胖会影响儿童的个性、性情和性格，甚至影响未来的学习、就业和生活。

肥胖继续发展下去会影响孩子的一生。如果肥胖的状况持续到成年，个体容易患胆结石、骨关节病、皮肤病、静脉曲张、痛风、癌症等疾病。所以不能忽视小学生的肥胖，应当提前预防肥胖。当孩子已经出现肥胖时，家长要及时带孩子去医院检查，控制饮食。

(六)腹泻与便秘的表现及危害

1. 腹泻与便秘的表现

腹泻是一种常见症状，俗称"拉肚子"，是指排便次数明显超过平日习惯的频率，粪质稀薄，水分增加，每日排便量超过 200 克，或含未消化的食物或脓血、黏液。腹泻常伴有排便急迫感、肛门不适、失禁等症状。临床上按病程长短，将腹泻分为急性腹泻和慢性腹泻两类。急性腹泻发病急剧，病程在 2～3 周之内，大多系感染引起。慢性腹泻指病程在两个月以上或间歇期在 2～4 周内的复发性腹泻，发病原因更为复杂，可为感染性或非感染性因素所致。

便秘的主要表现是排便次数减少和排便困难，许多患者的排便次数每周少于 3 次，严重者长达 2～4 周才排便一次。有的患者可突出地表现为排便困难，排便时间可长达 30 分钟以上，或每日排便多次，但排出困难，粪便硬结如羊粪状，且数量很少。此外，有腹胀、食欲缺乏，以及服用泻药不当引起排便前腹痛等症状。体检时左下腹存有粪的肠袢，肛诊有粪块。

无论是腹泻还是便秘，都是肠道疾病，无论哪一种都会对小学生造成很大伤害，合理饮食与日常必不可少的锻炼可以有效缓解此类疾病。

2. 腹泻的危害

儿童腹泻是一种常见的疾病，可在春、夏、秋、冬季发病。季节交替变化时，是疾病的高发期。腹泻对小学生的危害非常大，腹泻对小学生的危害主要有以下两种。

第一，腹泻可导致患儿营养不良。在正常情况下，持续性腹泻或慢性腹泻可导致小学生营养不良，进一步降低其抵抗力。抵抗力下降就容易导致一些感染的发生，如鹅口疮、支气管肺炎等，所以应及时治疗腹泻。

第二，腹泻可导致患儿贫血。小学生腹泻通常会不思饮食，随着时间的推移，会导致贫血。一般来说，豆类、韭菜等食物容易引起小学生腹泻。在日常饮食中要特别注意小学生的饭菜，最好不要吃不易消化的食物。如果腹泻严重的话，容易发生肠炎。一旦发生肠道炎症，腹泻的情况就会变得更加严重并形成恶性循环，此时，必须去看医生并进行药物治疗。腹泻也会导致小学生食欲减退，体重减轻。

3. 便秘的危害

便秘的危害主要有以下几方面。第一，影响食欲。食物残留在体内，胃肠道的蠕动减慢，即使在饥饿的时候，儿童的肚子也会鼓鼓的，并且不愿意吃东西，从而影响儿童正常的生长发育。第二，导致肛裂。如果儿童便秘，排出的粪便非常干，硬又粗，甚至会出血。这是因为如果硬化的粪便被强行排出，肛门就会被撑破。儿童排便出血肯定会有痛感，这种疼痛会增加儿童对排便的恐惧感。第三，影响智力。日本学者饭野节夫在《儿童饮食与健脑》中指出，儿童便秘会变得"呆头呆脑"。他的研究发现，年龄在2～6岁的长期便秘者，注意力不集中，缺乏耐心，贪睡，爱哭泣，对外界变化反应迟钝，不喜欢说话，也不喜欢交朋友。第四，免疫力下降。如果粪便长时间不能排出体外，大量的毒素会在体内积聚，并且96％的毒素被肠道反复吸收，通过肠道壁进入血液，破坏正常的免疫系统。

二、小学生常见病的影响因素

(一)不良的营养状况

营养不良是指实际上的缺乏营养，因为能量不足，所以不能维持身体正常的新陈代谢。营养不良使小学生的防御功能降低，容易引发感染，也会提高死亡率。所以保证足够的营养供应是促进儿童健康的关键。

营养不良的危害，主要表现在生理免疫方面。免疫是机体的一种防御性反应，是机体识别抗原和排除异物以维护机体的生理平衡及环境稳定的一种功能，免疫的作用包括防御传染、自身稳定和免疫监视三个方面。人体的免疫系统包括免疫器官、免疫细胞和免疫分子等。营养不良会导致蛋白质和热量分量不理想，进而会导致细胞免疫、抗体反应、黏膜免疫、补体系统、中性粒细胞和巨噬细胞的杀菌活性等免疫功能降低，也会使非特异性免疫降低，屏障功能受到干扰，补体功能和干扰素产生障碍。

(二)电子产品的广泛应用

电子产品种类丰富，主要包括电视、电脑、手机、平板电脑等。电子产品的广泛使用，给人们的生活带来了极大的便利，但也产生了很大的消极影响。尤其是对于小学生来说，由于其自身的特点及其家庭环境的影响，这种消极影响可能会更大。

小学生由于其生理和心理发展的特殊性，一方面可以更容易接受电子产品，比如，他们广泛的兴趣、丰富的想象力，使他们更容易对电子产品感兴趣，并且乐此不疲；另一方面，也容易形成攀比和盲目跟风的现象，这种现象不仅使小学生对电子产品过度依赖，而且不利于他们身心健康发展。

小学生在家庭中的地位、家长的管理教育和家长对电子产品的认识都会影响孩子对电子产品的使用情况。第一，小学生在家庭中的地位。在大多数家庭中，孩子是整个家庭的中心，为了让他们充分利用电子资源学习，父母往往尽量满足孩子的要求，购买一些电子产品，以此来满足孩子的欲求。但是儿童对电子产品的领悟力很高，在使用电子产品时基本上可以做到"无师自通"，而许多家长则误认为这是孩子聪明并善于接受新事物的表现。但实际情况是，孩子越来越沉迷于电子产品。

第二，家长对孩子的管理教育。家长对孩子沉迷于电子产品不加约束，甚至为了不让孩子哭闹主动给孩子看手机、平板电脑等电子产品，这就使孩子养成了过分依赖电子产品的不良习惯。

第三，家长对电子产品的认识。有的家长认为电子产品的应用可以扩大孩子的知识面，有助于学习，而忽略电子产品对孩子视力和正常生活的消极影响。所以，在生活中，一些家长很少制止孩子对电子产品的使用。

(三)小学生缺乏正确的用眼知识

眼睛是人们感受五彩缤纷世界的直接器官，小学生处于生长发育的关键时期，科学用眼护眼非常重要。小学阶段被称为儿童视觉发育的"关键阶段""敏感阶段""最佳阶段"。视力不好对儿童的生活和学习质量有很大影响，学生看不清楚，容易导致上课注意力不集中，甚至会出现眼部疲劳，进而影响学习效果。因此，小学生从小就应当了解正确的用眼护眼知识，有效降低近视的发病率。

(四)环境污染

环境对小学生的健康有很大影响。随着社会经济的发展，环境污染问题越来越严重，环境中的各种有害因素对小学生的身体产生了很大的危害，成为小学生常见病的重要影响因素。研究证明，环境中砷、铅、氟污染对小学生的健康产生了极大危害。研究者通过对砷、铅、氟环境污染区五所小学 1067 名 10～12 岁的小学生进行生长发育、机能和健康状况调查，对 301 名学生测定尿中砷、铅、氟含量及阳性体征，并进行健康效应分级、综合健康指数评定，同时设对照组。结果说明环境污染对小学生健康已产生明显影响。污染区小学生青春突增期推迟，形成青春发育期晚熟类型。污染区 12 岁组男生、10 岁组女生比对照区同龄儿童身长平均低 5.04～6.59 厘米，体重平均低 2.77～7.06 千克，两组差异显著。[1]

(五)小学生的不良饮食习惯

小学生的不良饮食习惯容易导致口腔疾病。2007 年，世界卫生组织认为口腔疾病已经成为一个严重的公共卫生问题。我国儿童龋齿发病率一直处于高位。研究者对山东省某小学接受检查的 1126 名小学生调查发现，小学生乳牙患龋率为 46.80%，龋均为 1.46(SD＝±2.111)，乳牙龋失补牙数为 1643 颗，乳牙龋齿充填牙数仅 67 颗，

---

[1]　任修勤：《环境砷、铅、氟污染对小学生健康的影响》，载《环境与健康杂志》，1991，8(5)。

乳牙充填率为 4.08%。恒牙患龋率为 12.61%，恒牙龋均为 0.21(SD＝±0.630)，恒牙龋失补牙数为 236 颗，龋充填牙数仅 7 颗，充填率为 2.97%。[①]

饮食习惯与牙齿健康息息相关，小学生缺乏有关口腔健康的知识，不良的饮食习惯以及卫生习惯，通常是龋齿高发的原因。最常见的致龋食物是蔗糖，其次是葡萄糖、淀粉等。如果经常食用过多的糖果或喝太多的碳酸饮料，无法及时清洁口腔，可能会使牙面脱矿并导致龋齿或牙齿敏感。吃糖或喝碳酸饮料的次数越多，牙齿受损的风险就越大。

三、小学生常见病的预防

为避免小学生常见病的发生，应当动员各方面力量，采取积极有效的措施，确保小学生健康发展。

(一)加强体育锻炼

1. 体育锻炼的重要性

科学、合理的体育锻炼，不仅能够增强小学生的身体素质，而且还可以有效地预防小学生常见病的发生。关于体育锻炼对预防常见病的作用，我们可以从微观和宏观两个角度来理解。

微观角度，即从内部身体的角度来看。首先，运动可以改善新陈代谢，增加组织细胞摄取和使用糖的能力，并增加肝糖原和肌糖原储存。运动还可以提高身体调节葡萄糖代谢的能力。其次，体育锻炼对骨骼、肌肉、关节和韧带都有很好的效果。经常运动可以维持正常的肌肉张力，通过肌肉活动刺激骨骼组织，促进骨骼中钙的储存，并预防骨质疏松症。经常运动还可以降低休息和运动时的心率，大大减少心脏的工作时间，增强心脏的功能，保持冠状动脉血液顺畅流动，从而可以降低患心脏病的风险。身体活动可以增加血管壁的弹性并且导致大量毛细血管打开。最后，体育锻炼可以促使大脑清醒，提高学习效率。体育锻炼可以增加大脑的血液供应，改善大脑中的糖和氧气供应，促进脑细胞新陈代谢，改善大脑皮层的活动。

宏观角度，即体育锻炼可以全面提升身体的整体素质，起到预防常见病的作用，主要表现为：体育锻炼特别有利于调节骨关节和预防关节炎等疾病，更好地预防心血管疾病、呼吸系统疾病、消化系统疾病、中枢神经系统疾病和癌症，而且对亚健康有很好的预防和治疗作用。

2. 加强体育锻炼的措施

小学生的体育锻炼要适合其年龄特点，突出趣味性和游戏性。首先，体育锻炼需要考虑小学生的年龄特征。小学生的年龄范围很广，既包括一年级的低龄小学生，也包括六年级的高年级小学生。针对不同年龄段小学生的身心发展特点，应当选择

---

① 公文：《我国小学校口腔健康教育课程教学内容和教学方法研究》，硕士学位论文，第四军医大学，2013。

不同的体育教学内容和教学方式。一年级的小学生，一般只适合进行一些简单的体育锻炼，如原地跳跃等，而六年级的小学生，就可以进行一些较为复杂的体育锻炼。[①] 其次，要了解小学生进行体育锻炼的需求，并引起他们进行体育锻炼的兴趣，通过沟通，确定小学生感兴趣的体育项目，以及在体育锻炼中可添加的游戏和体育项目。最后，增强体育锻炼的趣味性。趣味性是激发小学生积极进行体育锻炼的重要因素之一，体育教学中应当注重诸如趣味性游戏类的锻炼内容。例如，设计趣味性运动会，以游戏的方式引导小学生参与体育锻炼。

(二)形成良好的用眼习惯

良好的用眼习惯不仅可以防止小学生近视，而且也可以避免其他疾病的发生。小学生要养成良好的用眼习惯，首先，应了解用眼卫生的基本做法，诸如读书写字姿势正确，要做到眼睛离书本一尺远，手离笔尖一寸远，胸离桌沿一拳远；坚持做好眼保健操，或者经常向远处眺望；不要在强光或弱光下看书；不要在车上或走路时看书；不要躺在床上看书；看电视时，眼睛与电视的距离应在电视画面对角线的 5 倍以上。其次，注意课间时要休息，定期检查视力，每天做眼保健操。最后，积极参加体育锻炼，增强身体素质。运动可以锻炼身体，也可以锻炼眼睛，像乒乓球、羽毛球等球类运动可以在一定程度上改善人们的视力。

(三)养成良好的口腔卫生习惯

小学生口腔极易出现各种疾病，这些疾病很多是由小学生不良的口腔卫生习惯引起的，培养小学生良好的口腔卫生习惯对预防疾病具有重要意义。

首先，坚持每天早晚刷牙，这是最基本的口腔清洁习惯。食物残留以及细菌等都可以通过刷牙的方式清洁干净。刷牙要讲究方法，正确的刷牙方法应是刷上排牙齿要从上往下刷，刷下排牙齿则从下往上刷，咀嚼面则来回横着刷。另外，选择适合小学生年龄特点的牙膏。小学生牙膏不应该与成人牙膏混用。在小学初期要使用专业的儿童牙膏，而且要针对不同的牙齿问题选择适合自己的牙膏。其次，定期看牙医，做到一年要至少看两次牙医，及时发现问题并解决问题。再次，少吃含糖量高的食物。糖分高的食物不仅对人体健康有害，也会危害口腔健康。最后，养成饭后喝水的好习惯，饭后喝水不仅能清洁口腔，还能稀释血液，但切忌饮水太多，饮水太多容易冲淡消化液。

(四)普及科学的饮食知识

普及科学的饮食知识，使小学生养成良好的饮食习惯，这样可以从根源上避免疾病的发生，促进小学生健康成长。

普及科学的饮食知识，首先，教师要掌握科学的饮食知识，并把这些知识传授给学生，而且教师在日常的教学与生活中要做到身体力行，为学生树立良好的榜样。

---

① 王叶琼、宋鑫平：《体育锻炼对儿童执行功能的影响及其机制研究述评》，载《当代体育科技》，2018，8(28)。

其次，家长在小学生的日常生活中扮演了十分重要的角色，家长的督促与示范会起到关键作用，所以家长要了解相关知识，并在小学生日常生活中发挥督促作用。最后，学校要加强宣传力度。小学生在校时间较长，学校要在校园内设立科学饮食知识宣传栏、海报等，使小学生在校能够充分学习科学的饮食知识，从而自觉养成科学饮食的习惯。

（五）治理环境污染

环境污染是小学生患常见病的关键因素。小学生身心处于发展的关键阶段，对环境的要求和依赖性较高，因此提高小学生的健康水平，预防疾病的发生，必须加强环境污染的治理。

治理环境污染是一个社会性的系统工程，需要我们每一个人积极参与其中，从我做起。首先，外出尽量不使用私家车，应主动乘坐公共交通工具，或采取步行、跑步等更健康的方式，从而减轻汽车尾气排放造成的环境污染。其次，外出就餐尽量携带自己的餐具，减少使用一次性餐具。最后，注意校园的绿化美化，多种植花草树木，不乱砍滥伐树木。另外，在小学生中广泛开展节约用纸活动，也是治理环境的有效措施。

第二节　小学生传染病与健康教育

小学生除了要面对常见病的威胁，还要面对传染病的威胁。传染病由于具有传染性，对小学生群体来说更加危险。本书主要讨论流感、麻疹、结核病、水痘、腮腺炎这几种传染病，以加深小学生对此类传染病的认识，并采取合理有效的预防措施，促进小学生健康成长。

一、小学生传染病概述

小学生由于体质较弱，免疫力较差，是传染病的易发、易感人群，传染病的发生，会对小学生的身心乃至生命造成极大危害。常见的小学生传染病有流感、麻疹、结核病、水痘和腮腺炎。

（一）流感的表现及危害

1. 流感及其表现

流感是流行性感冒的简称，是由流感病毒引起的急性呼吸道感染，也是一种传染性强、传播速度快的疾病，主要通过空气中的飞沫、人与人之间的接触或与被污染物品的接触传播。流感的典型临床症状是急起高热、全身疼痛、显著乏力和轻度呼吸道症状。一般秋冬季节是流感的高发期。流感病毒可分为甲（A）、乙（B）、丙（C）三种类型。甲型病毒经常发生抗原变异，传染性大，传播迅速，极易大范围流行。甲型 H1N1 是甲型的一种，该病具有自限性，但婴幼儿、老年人和存在心肺基础疾病的患者容易并发肺炎等。

流感对于健康成人来说较容易治愈，但是对于婴幼儿、年老体弱者等抵抗力差的患者而言，危害不容小觑，严重时可能导致死亡。这是由于抵抗力差的患者在感染流感后可能引起并发症，而并发症是引起患者死亡的关键因素。

2. 流感的危害

流感通常会出现五大并发症。一是肺炎，包括病毒性肺炎、细菌性肺炎、合并其他病原菌感染所致的肺炎等。二是心脏损害，包括心肌炎、心包炎等，病情严重者可能出现心力衰竭。三是神经系统损伤，包括脑脊髓炎、横断性脊髓炎、脑炎、脑膜炎、局灶性神经功能紊乱等，可能发生的症状有头痛、意识障碍、感觉减退、肢体瘫痪等。四是胃肠道症状。胃肠型流感会伴有呕吐、腹泻等消化道症状。五是肌肉溶解。横纹肌溶解为主要表现的肌炎型，仅见于儿童。一旦出现以上并发症，患者需要根据实际情况进行及时处理，以防导致更严重的后果。

(二)麻疹的表现及危害

1. 麻疹及其表现

麻疹是儿童中最常见的急性呼吸道传染病之一，其传染性很强，在人口密集而未普种疫苗的地区易流行，2～3 年一次大流行。麻疹病毒属副黏病毒，通过飞沫传播。临床上以发热、上呼吸道炎症、眼结膜炎及皮肤出现红色斑丘疹和颊黏膜上有麻疹黏膜斑，疹退后遗留色素沉着伴糠麸样脱屑为特征，常并发呼吸道疾病，如中耳炎、喉－气管炎、肺炎等，麻疹脑炎、亚急性硬化性全脑炎等严重并发症。目前尚无特效药物治疗，我国自 1965 年开始普种麻疹减毒活疫苗后发病率显著下降。

麻疹在小学生群体中极易传染，甚至有可能引发合并肺炎、心肌炎。麻疹是一种已知的传染病，避免患上这种疾病的最佳方法是提前接种疫苗。儿童和成人都可能感染麻疹，如果不及时治疗，麻疹会危及患者的生命。即使愈合，皮肤也会留下痕迹。患者是唯一的感染源。在潜伏期后 2～3 天和皮疹后 5 天，患者具有感染性，病毒的液体通过打喷嚏、咳嗽、说话等直接传播到呼吸道中，并且还可以间接地传播，如通过日常用品、玩具等。

2. 麻疹的危害

麻疹的常见并发症包括肺炎、喉炎、中耳炎和脑炎，其中肺炎很常见。并发症是儿童死亡的主要原因，严重危害儿童的健康。在流行病学中，存在"基本感染计数"的概念之说，即感染传染病的人将疾病传播给没有外部干预且没有免疫力的人。其中，麻疹感染的数量是 18，而埃博拉是 2，艾滋病是 4，腮腺炎是 10。

(三)结核病的表现及危害

1. 结核病及其表现

结核病是由结核杆菌引起的慢性传染病。结核杆菌可能侵入人体全身各种器官，但主要侵犯肺脏，称肺结核病。结核病是青少年容易发生的一种慢性和缓发的传染病，潜伏期4~8周，其中80%发生在肺部，其他部位(颈淋巴、脑膜、腹膜、肠、皮肤、骨骼)也可继发感染。人与人之间的呼吸道传播是该病传染的主要方式。传染源是排菌的肺结核患者。除少数发病急促外，临床上多呈慢性过程，常有低热、乏力等全身症状和咳嗽、咯血等呼吸系统表现。

2. 结核病的危害

结核病是一种慢性传染病，是一种全身性疾病，身体的所有器官都可能患上结核病。肺结核病是最常见的类型。由于人体抵抗力的差异，细菌毒力的大小，以及发现肺结核后治疗的差异，肺结核可以表现出多种临床类型。由于结核病是一种慢性传染病，在开始时，患者症状不太明显，并且通常不会分散任何注意力，症状仅在疾病进展时出现。但是，如果人的抵抗力很差，就易感染结核病，而且症状非常明显，比如全身不适、发烧、疲倦、心烦意乱、食欲不振等。对于小学生来说，他们处于生长发育的关键阶段，身体的抵抗力差，容易受到结核病的传染，这会严重影响他们的生长发育，使他们不能正常地生活，更不能正常地学习。

(四)水痘的表现及危害

1. 水痘及其表现

水痘是由水痘-带状疱疹病毒初次感染引起的急性传染病，患病人群主要集中于婴幼儿群体，成人发病症状比儿童更严重，以发热及皮肤和黏膜成批出现周身性红色斑丘疹、疱疹、痂疹为特征，皮疹呈向心性分布，主要分布在胸、腹、背，四肢很少。水痘多发于冬春两季，其传染力强，水痘患者是唯一的传染源，自发病前1~2天直至皮疹干燥结痂期均有传染性，接触或飞沫吸入均可传染，易感儿童发病率可达95%以上。

2. 水痘的危害

水痘对儿童的危害非常明显。当水痘刚刚开始起作用时，儿童会出现感冒症状，并出现咳嗽和发烧等症状。水痘的发病时间以冬季最为常见，患者主要是儿童。在水痘发病后的第二天至第三天，一些体弱患者或患有免疫缺陷的患者经常出现中毒性肺炎。这类肺炎可引起咳嗽、胸痛、高烧、呼吸急促甚至咯血，可能导致死亡。病毒性脑炎是由水痘-带状疱疹病毒引起的，直接渗透到脑组织，通常发生在皮疹的高峰期，主要症状是头痛、发热、呕吐、失语、昏迷等。患者出现水痘必须尽快治疗，不要等到水痘恶化。当水痘病毒进入患者的血液系统时，患者的血液凝固功能降低，对患者的健康构成一定的威胁。

(五)腮腺炎的表现及危害

1. 腮腺炎及其表现

腮腺是涎腺中最大的腺体，位于两侧面颊近耳垂处，腮腺肿大以耳垂为中心，可以一侧或两侧。病因为感染性、免疫性、阻塞性及原因未明性炎症肿大等。最常见的腮腺炎是由感染引起的腮腺炎，多见于细菌性和病毒性。细菌性腮腺炎主要表现为发热，腮腺局部红、肿、热、痛，白细胞计数增多，病变进入化脓期，挤压腮腺可见脓液自导管口流出。病毒性腮腺炎，最常见为流行性腮腺炎，还可见其他病毒感染引起的腮腺炎。流行性腮腺炎是由腮腺病毒引起的呼吸道传染病，其特征为腮腺的非化脓性肿胀并可侵犯各种腺组织或神经系统及肝、肾、心、关节等几乎所有器官，病后可获持久免疫力。小学生中的急性传染病类型较多，多数可以治愈，并且病发后可以获持久免疫，但家长万万不可掉以轻心，一旦周围有孩子患传染病，一定要及时预防和隔离。

2. 腮腺炎的危害

腮腺炎，通常被称为"痄腮"，是由腮腺炎病毒引起的急性呼吸道传染病。感染腮腺炎后，患者的症状有倦怠、寒战、食欲不振、发热、头痛、一个腮腺或两个腮腺肿大，或面部肿胀。开口和咀嚼时有明显的疼痛感，吃酸味食物时疼痛感会增加。除了侵犯腮腺外，腮腺炎病毒也可引起神经系统、各种腺体组织和器官的渗透及严重的并发症，如脑膜炎、脑炎、睾丸炎、卵巢炎、胰腺炎、心肌炎和乳腺炎。特别警惕，儿童更易引发脑膜炎和脑炎，产生严重的后果。

二、小学生传染病的影响因素

影响小学生传染病发生的因素很多，有生理的、病理的、环境的，更有小学生自身的因素，本书仅就小学生自身的抵抗力进行简单说明。

抵抗力差是传染病在小学生群体中容易出现的主要原因。从医学角度来讲，所谓抵抗力是指在中枢神经系统的控制下，人体的各个系统分工合作，密切配合，保证了人体生命活动的正常进行。其中免疫系统是一个非常重要的组成部分。免疫系统的主要功能是防御外界病原微生物的侵入，从而防止各种疾病的发生。实际上，人体的这种防御能力就是抵抗力。

(一)小学生抵抗力差的原因

1. 不良的饮食习惯

小学生多数爱吃甜食，但是过量食用甜食不仅会使小学生变胖，还会让小学生体内白细胞的杀菌能力降低。据了解，人体摄入100克糖后，体内的白细胞杀菌能力会被削弱5小时以上。

2. 不合理的饮水习惯

经常喝水能保持呼吸道湿润，增强免疫力。小学生活动量大，身体需要大量的水分，同时让体内毒素排出。但是，小学生在日常生活中不重视饮水，甚至用各种饮料代替水，这是不合理的饮水习惯。

3. 学业压力

尽管国家一直致力于减轻小学生的学业负担，并且出台了诸多文件，采取了各种措施，如教育部印发的《义务教育学校管理标准》再次明确"家校配合保证每天小学生 10 小时、初中生 9 小时睡眠时间"，但是，由于各种原因，部分学生仍然处于较大的学业压力中，长期压力过大会使学生精神紧张从而减慢免疫系统的反应速度，降低小学生的抵抗力。

4. 滥用抗生素

有的小学生容易生病，孩子一生病家长就迫切地给孩子吃药打针，导致抗生素的滥用。研究显示，70% 的免疫力来自肠道，其中包括抗癌细胞，而滥用抗生素会破坏肠道的免疫力。

(二)小学生抵抗力低下的主要表现

(1)经常感到疲劳。小学生免疫系统发育还不成熟，体力容易透支，身体容易疲劳。

(2)容易引起腹泻。小学生如果抵抗力差，没有办法抵御病菌的侵入，最直接的影响是可能导致腹泻，即所谓"病从口入"。

(3)容易感染流行性感冒等流行疾病。小学生如果抵抗力差，则会经常感冒，容易感冒是小学生抵抗力差最直接的表现。

(4)容易过敏。研究表明，小学生多进行室外活动更有益于其健康成长，但是如果小学生抵抗力差，就容易过敏。

三、小学生传染病的预防

预防小学生传染病最有效的方法是提高其抵抗力，增强其免疫力。免疫力是人体自身的防御机制，是人体识别和消灭外来侵入的任何异物(病毒、细菌等)，处理衰老、损伤、死亡、变性的自身细胞以及识别与处理体内突变细胞和病毒感染细胞的能力。现代免疫学认为，增强免疫力是人体识别和排除"异己"的生理反应。人体内执行这一功能的是免疫系统，有多种方法可以增强免疫力，如饮食调理，多食用有益食品。增强小学生的免疫力，需要注意以下问题。

(一)饮用充足的白开水

水是生命之源。研究表明，白开水有助于促进人体的新陈代谢，是很好的催化剂，能使鼻腔和口腔内的黏膜保持湿润，多喝水还能让人感觉清新，充满活力。水很容易被人体吸收，易于增强身体各器官中的乳酸脱氢酶的活力，从而起到增强人体免疫力和抗病能力的作用。

(二)保证充足的高质量睡眠

高质量的睡眠有助于提高人体免疫力。高质量的睡眠可促进人体产生更多睡眠因子，睡眠因子可促进白细胞增多，同时增强肝脏的解毒能力，从而可以消灭侵入人体的细菌和病毒。高质量的睡眠，需要适宜的室内温度，而且要保证室内的平均温度随季节的变化而改变。另外，要营造良好的睡眠环境，房间要经常通风。

(三)适量食用提高免疫力的食物和饮品

(1)酸奶。酸奶对肠道不好、消化不良的人群效果非常明显,因为它的有益菌类能够让肠道免受伤害。

(2)麦类食物。燕麦和大麦就对抗氧化有很好的作用。因为它们中含有一种独特的纤维素,能够帮助人体提升免疫力。比如,在有伤口的情况下,吃些这类食物可以让伤口愈合得更快。

(3)大蒜。大蒜的成分里面有能够帮助对抗感染的物质,不管是对癌症或者其他疾病都有很好的功效,每天煮菜可适当加入一些,不仅入味而且能够促进身体健康。

(4)牛肉。牛肉是一种很好的获取锌的食材,能够帮助身体抵御更多的病毒和细菌。

(四)勤晒太阳

小学生处于生长发育的关键期,每天晒太阳有助于小学生对钙的吸收,提高身体免疫力,从而促进小学生良好地生长发育。

思考题

1. 简述小学生常见病和传染病的具体特征。

2. 简述小学生常见病及其危害。

3. 简述小学生常见传染病及其危害。

4. 如何有效预防小学生常见病的发生?

第六章　小学生积极心理品质与健康教育

本章导读 ▶

　　随着社会的转型和人们生活节奏的加快，有的小学生在学习和生活中会遇到一些心理困扰，出现或轻或重的心理问题，因此培养小学生的积极心理品质具有重要意义。通过学习本章，我们可以掌握积极心理品质，小学生积极心理品质的概念、意义和小学生积极心理品质的标准；掌握小学生积极心理品质的内容和特点；熟悉小学生常见的心理问题；了解小学生心理健康的影响因素，以及培养小学生积极心理品质的主要措施。

第一节 小学生积极心理品质概述

随着积极心理学的兴起，越来越多的教育者认识到，传统的心理健康教育是一种"病理式"的消极性教育，在这种教育理念下能接受心理健康教育的只是少部分学生。积极心理学弥补其不足，肯定人的积极价值，使学生获得积极的发展。[1] 因此，了解积极心理品质的含义和小学生心理健康的标准及意义有利于开展小学生健康教育，有利于培养小学生积极心理品质。

一、小学生积极心理品质的含义

(一)积极心理品质的含义

积极心理品质是积极心理学的研究内容之一。积极心理品质是指个体在先天潜能和环境交互影响下形成的相对稳定的正向心理特质，这些心理特质影响或决定着个体思想、情感和行为方式的积极取向，继而为个体拥有积极向上的人生奠定基础。积极心理品质是与消极心理品质相反、与积极行为有关的心理特质，是人类的高级潜能，需要不断练习才能具备。

(二)小学生积极心理品质的含义

结合对积极心理品质概念的理解，并根据小学生生理、心理发展特点，本书认为，小学生积极心理品质是指小学生个体在自身成长发展的过程中与后天教育环境相互影响的作用下，形成积极向上的态度，拥有正确的自我认知能力，能够勇敢坚强地面对挫折，对社会有较强的认同感等。它能够使小学生个体获得较强的自我效能感和主观幸福感。

积极心理健康教育者认为，人具有积极的自我成长的潜力，这种潜力有助于培养与开发小学生潜在的积极心理。例如，积极的心理和情感体验、积极的思维方式等积极心理品质有助于心理疾病的防治，培养积极的心理品质可以更好地预防心理疾病。[2] 所以小学生拥有积极心理品质，可以更幸福、快乐和乐观地学习与生活。

二、小学生积极心理品质的意义

(一)有利于为国家培养高素质人才

积极心理品质有利于培养高素质的人才。只有在心理健康教育中强调培养学生的积极心理品质，才能把人们的注意力转移到人的潜能、动机、能力、幸福、希望

---

① 苏文宁、马彩霞、许华尧：《学生积极心理品质的培养》，载《产业与科技论坛》，2012，11(1)。
② 张高产：《积极心理品质培养：心理教育的重要价值取向》，载《江苏教育学院学报(社会科学版)》，2006，22(2)。

等积极品质上来，才能关注这些品质的形成过程，进而促进个人、家庭与社会的良性发展[①]。

(二)有利于促进社会和谐

小学生心理健康教育可以优化社会心理环境，是社会主义精神文明建设的一项重要内容，也是社会主义精神文明建设的一种动力。积极心理品质的形成有助于小学生正确认识社会现实和自身，塑造良好的个性，促进健全人格的发展，提高道德水平。拥有积极心理品质的小学生热爱生活，积极主动，有创造力，长大后可以以科学的态度处理各项实际工作，为国家建设贡献自己的力量，实现自己的人生价值，从而有助于推动社会经济和文化的发展。

(三)有利于促进校园安全

随着社会竞争越来越激烈，教师、父母对小学生学习的要求越来越高，有些小学生出现了学习、情绪情感和自我意识等方面的心理问题。拥有积极心理品质的小学生，在遇到内心冲突、人际冲突等问题时，会主动调整好自己的情绪，以乐观的心态面对问题。因此，大力加强心理健康教育，有利于创建安全校园，有助于维护校园正常的教学秩序。

(四)有利于促进学生全面发展

学校教育的主要目标是培养全面发展的人，而人的发展既包括人的体力和智力的充分发展，又包括人在德智体美劳各方面的和谐发展，是身体与心理的协调发展。良好的心理素质是小学生全面发展的基础，是保持身体健康的前提条件，是有效学习科学文化知识的保证。积极心理健康教育有助于学生克服消极心理，形成积极心理品质。因此，培养学生积极的心理品质，有利于促进学生的全面发展，其意义重大且影响深远。

三、小学生积极心理品质的标准

小学生心理健康标准是度量其积极心理品质的重要依据。根据世界心理卫生协会提出的心理健康标准，并结合小学生心理健康发展的特点，本书认为小学生的心理健康标准主要有以下六个方面，即智力发展水平、情绪稳定性、学习适应性、自我认知的客观化程度、社会适应性和行为习惯。

(一)智力发展水平

智力是人的观察力、注意力、记忆力、想象力和思维力等认知能力的综合，小学生处于智力发展的关键时期，智力发展正常，是小学生完成学习任务的重要心理条件，是小学生心理健康的重要标准。衡量小学生的智力，关键在于看小学生能否正常发挥出效能，主要标准为：有强烈的求知欲，乐于学习；对新问题、新事物有

---

① 张高产：《积极心理品质培养：心理教育的重要价值取向》，载《江苏教育学院学报(社会科学版)》，2006，22(2)。

浓厚的兴趣和探索精神，表现出能动性；智力各因素在活动中能有机结合，积极协调，正常发挥作用。

(二)情绪稳定性

心理健康的小学生，一般心境良好，愉快、乐观、开朗等积极情绪状态占主导，但同时又能随事物的变化而产生合理的情绪变化。小学生情绪健康的内容主要有：积极情绪多于消极情绪，保持乐观、积极向上的心态；情绪反应适度，有适当的引发原因，反应强度与引发情绪相符；能有效地调节和控制情绪的质、量、度，能在适当的时间、场合恰如其分地表达情绪，既能克制约束，又能适度宣泄，不过分压抑。

(三)学习适应性

心理健康的小学生通常喜欢上学，对学习内容往往持有浓厚的兴趣，乐于克服学习上遇到的困难，学习效率高。心理健康的小学生珍惜和热爱生活，积极投身于学习活动中，他们会在学习中尽可能地发挥自己的个性和聪明才智，并从学习的成果中获得满足和激励，把学习看作乐趣而不是负担。他们能把学习过程中积累的各种有用的信息、知识和技能存储起来，便于随时提取使用，以解决遇到的新问题和困难，使自己的行为更有效率，学习更有成效。

(四)自我认知的客观化程度

心理健康的小学生能顺利地从以自我为中心向去自我中心阶段转变。自我认知的客观化程度是人对自身环境以及与周围事物关系的认识，个人总是在与现实环境、与他人的相互关系中，在自己的实践活动中认识自己的。只有树立正确的自我观念，才能形成健全统一的个性。其一致的标准为：对自己的认识比较接近现实，不产生自我同一性混乱；能愉快地接受自己，对自己的生活、学习现状和未来有一定程度的满足感和发展感；以积极的人生观作为自我认知的核心，做到认知与行为相统一。

(五)社会适应性

心理健康的小学生往往具有独立生活的能力，而不是以自我为中心，把自己孤立起来，与周围的人群格格不入。这种适应能力的标准是：能与集体保持良好的接触和同步关系，自己的需要和愿望与社会的要求、集体的利益发生矛盾时，能迅速自我调节，谋求与社会协调一致，明确自己所处的位置；学会解决生活中遇到的各种问题，学会排解心理困扰、减轻心理压力的方法；学会学习，掌握学习的方式与策略，能够优化和调节自己的学习过程，能够调控自己的学习心理状态，开发潜能，达到良好的学习状态。

(六)行为习惯

行为习惯是人们在日常生活中经常性地、自觉地表现出来的行为方式的总和，即这种行为有很强的潜意识作用，人们在行动时会很自然地选择这种行为。我们所说的行为习惯是学生在日常生活中各方面的习惯，心理健康的小学生一般有良好的行为习惯，这种行为习惯的标准是：对外部刺激的行为反应适中，不过度敏感，也不迟钝，行为表现同年龄特征相吻合。

知识链接

心理健康标准

1. 世界卫生组织（WHO）的标准

心理健康的人，人格是完整的；自我感觉是良好的；情绪是稳定的，且积极情绪多于消极情绪；有较好的自控能力，能保持心理平衡；能自尊、自爱和自信，有自知之明；

一个人在自己所处的环境中，有充分的安全感，且能保持正常的人际关系，能受到他人的欢迎和信任；

心理健康的人，对未来有明确的目标，并能切合实际不断进取，有理想和追求。

2. 马斯洛和米特尔曼（Mittelman）的标准

是否有充分的安全感；

是否对自己有充分的了解，并能恰当地评价自己的能力；

理想和目标是否切合实际；

能否与现实环境保持良好的接触；

能否保持人格的完整与和谐；

是否有从经验中学习的能力；

能否保持良好的人际关系；

是否具有适度的情绪表达与控制；

在不违背集体意志的前提下能否有限度地发挥个性；

在不违背社会道德规范的情况下，能否适当地满足个人的基本需要。[1]

第二节　小学生积极心理品质的内容和特点

一、积极心理品质的内容

积极心理品质包括极其丰富的内容。积极心理学者从不同的研究角度提出了不同的积极心理品质。比如，谢恩·罗普兹（Sane Lopez）等人总结出价值观、道德规

---

[1] 张庆久：《新时期大学生心理健康问题的成因分析及对策研究》，载《哈尔滨学院学报》，2004，25(2)。

范、自我效能、成就、自尊、调节、应对、移情、目标设置、自我概念等32项积极心理品质的内容；以塞利格曼(Seligman)为核心的"价值在行动"项目组最终确立了主观幸福感、乐观、快乐、自决、美德和力量六大维度。

在克里斯托弗(Christopher)、彼得森(Peterson)等人的领导下，研究者通过研读大量名人著作，归纳出了两百种人类拥有的美德，并在此基础上提出了包括智慧与知识、勇气、爱与人性、正义、节制、超越六种美德。研究小组还发现了与这六种美德相对应的24种力量：智慧与知识包括好奇心、爱学习、判断、灵活性或独创性、社会智力、观察；勇气包括英勇、坚韧性、正直；爱与人性包括仁慈、爱；正义包括公民的职责和权利、公平、领导能力；节制包括自控、审慎、谦卑；超越包括美的欣赏、感谢的心情、希望、灵性、宽恕、幽默、风趣。

国内研究团队根据中外大量实证研究，提出积极心理健康品质体系包括六大维度，并在以中国中小学生为被试的本土化研究中聚合为六大维度15种因素：知识和智慧维度(创造力、求知力、思维与洞察力)，情感维度(真诚、执着)，人际维度(爱、友善)，公民素质维度(领导力、合作力)，节制维度(宽容、谦虚、持重)，超越维度(心理触动、幽默风趣、信念与希望)。

二、小学生心理发展的特点

(一)小学生认知发展的特点

1. 感知觉发展的特点

第一，视觉、听觉和运动觉发展很快。在视觉方面，随着年龄的增长，个体视敏度和颜色视觉迅速发展，视觉在感知觉中逐渐占据主导地位，成为小学生获取信息最主要的来源；在听觉方面，在学校教学，特别是音乐、语文教学的影响下，小学生的听觉能力得到显著的发展，表现为他们辨别声调的能力和言语听觉能力随年龄的增长而迅速发展起来；在运动觉方面，小学生的运动觉比幼儿时期有较大发展，特别是手部运动觉有明显的发展，表现为他们能够进行书写、绘画及力所能及的手工劳动。反过来，这些活动又促进了他们手部运动觉的发展。

第二，感知的目的性逐渐增强。低年级小学生不能根据一定的目的有意识地控制他们的知觉互动，也不能很好地使他们的理解服从规定的任务和要求。在感知过程中，他们是无意识的和情绪化的。在教育教学的影响下，学生感知的目的性逐渐提高，感知过程逐步成为小学生自觉支配的过程。

第三，感知分析和综合能力不断提高。低年级小学生的感觉通常是整体的、笼统的和不准确的。他们对事物的观察相当粗略，缺乏精确的分析和比较，无法很好地区分事物的主要方面和特征以及事物不同部分之间的关系。随着知识的增长和心理发展水平的提高，他们逐渐学会分析和比较每个方面的最重要方面，尤其是在反复进行复杂的认知任务并通过两部分之间的联系使他们进行细致观察之后，意识逐渐朝着准确的方向发展。

第四，空间知觉和时间知觉有很大的发展，但还不完善。从空间知觉来看，空间知觉是指对物体形状、大小、相对平面位置及空间特性的感知。小学阶段是学生对几何图形认知的关键期，比如，关于"左右"概念的发展，小学生会经历三个阶段：6～7岁比较固化地辨认自己的左右方位；7～9岁初步掌握左右方位的相对性；9～12岁比较概括地、灵活地掌握左右概念。从时间知觉来看，进入小学以后，在教学和学校常规活动的影响下，小学生的时间感知能力很快发展起来。最先掌握的是"一节课"，其次是"日"和"周"。到三四年级以后才能理解"月"，并逐渐理解月与日的关系、日与小时的关系等。对于"纪元""世纪""时代"的理解只有到了高年级，抽象逻辑思维有了一定的发展才能逐步掌握。

2. 观察力发展的特点

第一，目的性。刚上学的学生的观察目的性较弱，他们通常不执行自己的观察任务，也无法很好地消除干扰。在观察活动中，他们通常以声音、形状、颜色等为特征，而且容易受个人兴趣和爱好的影响。

第二，顺序性。低年级小学生受无意识注意影响，观察没有顺序性，中高年级小学生的观察顺序有了很大的发展，通常可以从头到尾进行系统的观察，并且在表达之前可以将观察到的材料加工成观察结果，内容更加系统。

第三，准确性。低年级小学生观察的准确性很低。他们观察事物不仔细，不全面，只能识别个体属性，如物体的各个部分或颜色，而无法表达细节。中高年级小学生的观察精度明显提高，高年级小学生的观察效果略好于中年级小学生。

第四，深刻性。低年级小学生对所观察的事物不能从整体上做出概括，他们往往较注意事物表面的、明显的、无意义的特征，而看不到事物之间的联系。中年级小学生观察的深刻性有了较大的提高。随着抽象思维的发展，高年级小学生观察的深刻性有了显著的发展，表现为观察力中的分辨力、判断力和系统化能力有明显的提高。

3. 注意力发展的特点

第一，注意力不集中。小学生好奇心强，活泼好动，在老师讲课的过程中经常被外部刺激干扰，上课容易分心。例如，有些学生上课时看着窗外的风景发呆，与座位附近的同学窃窃私语，或者有些学生似乎在上课，但心里在琢磨别的事情，学习效果不好。由于学生在学习中分神和注意力不集中，因此很难专注于特定的学习对象，并且无法很好地感知和认识教材。

第二，无意注意占主导地位。随着年龄的增长和身体各种感官系统的不断完善，小学生的有意注意不断发展，但仍然以无意注意为主，注意力极不稳定，容易被新鲜事物吸引。例如，在课堂中教师生动有趣的语言、色彩亮丽的视频更能引起学生的注意，他们注意到的是学习过程本身，而不是知识方面。在一定程度上，中高年级小学生可以自觉组织和控制自己的注意力。但是在整个小学阶段，无意注意仍然发挥着重要作用。

第三，注意力的稳定性较差。研究表明，低年级小学生注意力集中的时间通常为 20 分钟，而高年级小学生则可以保持 30 分钟甚至 40 分钟的时间。低年级小学生往往可以轻松地专注于生动有趣的事物与活动，但面对一些抽象的公式、定义和单调的授课方式，就很容易分散注意力。随着年龄的增长，高年级小学生对抽象事物的持续关注也将相应增加。因此，教师在制定健康教育课程时应特别注意教学时间的分配。低年级小学生对自身注意力的控制相对较少，但将他们的注意力转移到有趣的事物上非常容易。因此，健康教育的内容应结合学生的实际生活，选择学生感兴趣的内容。同时，小学生注意力的稳定性和重点取决于他们对健康课程的理解。如果小学生对健康教育持积极态度，有着高度的责任感、坚强的意志和浓厚的兴趣，那么他们就很容易将其注意力集中在健康课程和活动上。

第四，注意分配能力较弱。小学生在听课时，注意分配能力较弱，眼睛、耳朵、手经常不能协调配合使用。例如，他们专注于听课，边听边记笔记时，大脑会自动屏蔽教师的部分话语，听课听不全面，笔记记不全面。这主要是因为他们不熟悉要记住的事情。随着年龄的增长，小学生的注意分配能力将逐渐发展。

4. 记忆力发展的特点

第一，有意记忆逐渐增强。低年级小学生无意记忆占主导地位，在许多情况下往往都是通过无意记忆掌握知识的，他们对感兴趣的事情就更容易理解与记忆。教师不仅要鼓励学生学习他们感兴趣的知识，还要引导学生学习、记忆他们不感兴趣的知识，增强对不感兴趣知识的有意记忆。

第二，意义记忆发展迅速。较学前儿童时期，小学生有目的记忆迅速发展，但低年级小学生不具备完全的有意义记忆的能力，因为他们缺乏知识和经验，很难找到发展自身语言材料的内部关系，不能用自己的话重复已经学到的材料，不知道意义记忆方法的含义。而中高年级多数小学生可以分析和综合概括先前积累的知识，通过简单的逻辑分析而获得有意义记忆的方法。

5. 想象力发展的特点

儿童在上小学前，通过游戏、绘画、音乐以及听故事等活动，已具有丰富的想象力，但这时的想象往往具有无意性、直观性、片段性和模仿性，有时与现实分不清或与现实脱离。上小学后，在教育的影响下，随年龄、知识经验的增长，小学生想象力的发展具有一些新的特点。

第一，有意想象增强。低年级小学生的想象仍然是基于无意识的想象，随着知识和经验的积累，到了中高年级，小学生有意想象的能力大大增强，能够初步控制自己的想象。

第二，想象更现实。学龄前儿童的想法通常与现实矛盾，相比于学龄前儿童，低年级小学生的想法更现实，但由于缺乏空间视角，事物的比例仍未得到很好的理解。中高年级小学生的想象更接近现实。

第三，创造想象加强。低年级小学生天马行空，再造想象占很大比重，创造和加工的要素并不多。随着经验的积累与丰富，认知能力的不断提高，大脑中创造的部分增加了，想象的内容更加细化，更加丰富，并且能在词的水平上进行生动的想象和形象的联想，具有了初步创造想象的能力。

6. 思维发展的特点

第一，从具体形象思维到抽象逻辑思维的过渡。低年级小学生思维的主要特征是直觉思维和对学习的单方面材料的外部分析，因此所揭示的事物通常以对物体的外部属性评估为特征。

第二，思维过程日趋完善。低年级小学生仅在直接感知下进行思维，很难摆脱某些事物进行分析和综合考虑。在进行比较时，往往表现出难以区分本质和非本质功能。随着知识的积累，高年级小学生已经能够进行抽象、分析和综合，增加了对物体表象和概念的比较，从开始比较特定的事物之间的异同到比较抽象事物之间的异同，从比较各个部分的异同逐渐发展到比较许多部分之间关系的异同。

(二)小学生人格发展的特点

1. 兴趣与动机发展的特点

第一，直接兴趣向间接兴趣转化。低年级小学生活动的目的性较差，他们的兴趣常常被某些生动的图像吸引和诱惑，从而产生好奇心，并在好奇心的驱使下参加学习活动。在这个阶段，他们大多是对学习过程本身产生兴趣，如教学中的游戏、教师讲的动人故事、教师和蔼可亲的态度等。到了中高年级，学生对学习的目的性有所认识且能主动关心，学习兴趣大多由自身的某些目的、需要引起，间接兴趣的主要特征开始显现。比如，虽然有些学生对某门功课或某种活动不感兴趣，但能在教师的帮助下认识到它的意义，从而积极参与，并取得成效。

第二，兴趣广度逐步扩大。随着学习活动的范围逐渐扩大，在参加教学活动的过程中，小学生的兴趣将从课堂学习到课外学习，从阅读童话到阅读文学作品，从玩玩具到参加科学、数学活动。尽管小学生的兴趣在稳步增长，但以理想为标志的中心兴趣尚未出现，多以满足好奇心为学习目的。在此期间，教师应注重培养学生的中心兴趣，并引导他们扩大对中心兴趣的范围，拓宽知识面，开阔视野。

第三，兴趣逐渐趋向稳定。低年级小学生的兴趣极其不稳定，对新鲜事物既可能很快地产生兴趣，也可能很快地失去兴趣。例如，他们可能一会儿喜欢看图书，一会儿又喜欢画画，一会儿做数学题，一会儿又做语文题；而中高年级的小学生保持学习兴趣的时间会稍长一些。小学生在兴趣从不稳定向逐渐稳定转化的过程中，特别需要教师给予持续的正向激励，需要教师采用适当的方式帮助他们完成从学习兴趣不够稳定到稳定的过渡。

2. 情绪情感发展的特点

第一，情感内容不断丰富。进入小学以后，小学生控制、调节自己情绪的能力逐渐发展起来。虽然小学生的情绪仍然具有很大的冲动性，不善于掩饰、控制自己的情绪，但他们的情绪已开始逐渐内化。高年级小学生已经开始意识到自己的情绪表现，以及随之可能产生的后果，情绪的稳定性和平衡性日益增强，冲动性和易变性逐渐消失。

第二，情绪内容不断扩展。学习是小学生在学校的主要活动，因而大量与学校生活、学习活动有关的事物构成了影响小学生情绪的重要因素。小学生是在学校、班级这样的集体中学习和生活的，所以他们在集体中的地位，与同学、老师之间的关系，以及学校、班集体对个人的要求和评价等，都会引起小学生复杂多样的情绪体验。

第三，情绪的深刻性不断增加。与学前儿童相比，小学生的情绪发展在内容上更加丰富多彩，情绪体验也更加深刻，各种情感也在不断地深化，其道德感、理智感、责任感也都逐步在发展。

3. 意志发展的特点

第一，自觉性。低年级的小学生缺乏自觉性，他们的行动常常要依靠外界的监督与督促。中高年级小学生的自觉性逐渐发展起来，他们能够执行老师的要求，并逐渐学会有意识地计划和检查他们的活动。总的来说，小学生按照某些原则执行任务的能力仍然相对较低。

第二，坚持性。小学生有一个坚持性发展的过程，他们在阅读、写作、计算等学习活动中逐渐受到训练，同时在老师和父母等外在力量的影响下得到发展。随着动机和意识的发展，这种坚持性逐渐成为他们学习活动中的重要意志品质。

第三，自我控制力。小学生的自我约束力与控制力较弱。从三年级开始，小学生的自我控制力明显提高，但在整个小学阶段，小学生的自我控制力发展水平仍然较弱。

4. 自我意识发展的特点

自我意识是指个体对自我的意识，包括自我评价、自我监督等。随着年龄的增长，小学生的自我意识从低水平发展到高水平。在整个小学阶段，小学生的自尊心已有所发展，但并不是直接的，它具有上升阶段和发展阶段。

第一，自我概念。自我概念是对自己在个人思想中的印象，包括对自身存在的理解，以及对个人身体、能力、个性、态度和思想的理解。它由一系列态度、信念和价值观组成。小学生的自我概念从特定外部特征的描述发展为相对抽象的心理术语的描述。例如，在回答"我是谁"的问题时，小学低年级学生通常指的是姓名、年龄、性别、家庭住址、身体特征和活动特征；小学高年级学生开始尝试根据自己的特征(如素质、人际关系和动机)来形容自己。

第二，自我评价。自我评价是自我意识发展的主要组成部分和主要标志。它是在分析和评论自己的行为与活动的基础上形成的。小学生自我评价的发展特点主要体现在以下方面：从对他人的顺应性评价到对独立意见的评价，自我评价的独立性随着年级的提高而提高；从更一般的评估到各个方面，或者评估行为各个方面的优缺点；小学生开始有评估内部质量的初步趋势。但是，直到小学高年级，他们才能进行抽象评估。在整个小学阶段，学生的自我评价处于从具体到抽象、从外在行为到内在世界的发展过程中。小学生的抽象综合评价能力及评价内心世界的能力正在迅速发展。

第三，自我体验。自我体验主要是自我意识在情感上的表现，开始发生于大约4岁的学龄前阶段，在小学阶段有很大的发展。自我体验的发展与自我意识的总体趋势是一致的。小学生的自我体验和自我评价的发展具有高度的一致性。自我体验的发展与自我意识和自我评价的发展密切相关。随着理性认识的提高，小学生的自我体验逐渐加深。自我体验的重要体现是自尊。自尊心强的小学生对自己的评价更加积极，而自尊心弱的小学生对自己的评价则更加消极。

第三节　小学生常见的心理问题

随着素质教育的深入开展，小学生心理健康问题越来越受到关注。小学生常见的心理问题包括学习心理问题、情绪问题、自我意识问题、人际关系问题。

一、学习心理问题

(一)学习动机不足

学习动机和学习兴趣是激发小学生学习的内在动力，学习动力不足的小学生，会逐渐对学习失去兴趣，甚至出现厌学行为，如上课走神，对某一学科或多数学科失去兴趣，对学习活动产生厌恶、抵触心理，甚至出现逃学、辍学行为。

(二)学习情绪消极

学习情绪是小学生学习时的内在体验。积极正面的学习体验可以激励小学生自觉投身于学习活动。反之，负面的学习体验会使小学生产生消极的情绪。例如，一些小学生在进行反复性学习活动时，会表现出痛苦、冷漠和无能为力的负面情绪，认为学习极度枯燥、单一、无趣。

(三)学习行为被动

小学生的学习行为往往分为纪律行为、学习过程行为和道德行为。不良纪律行为通常表现为马虎、拖延、迟到，甚至旷课。不良学习过程行为通常指小学生在学习过程中注意力不集中，嗜睡，应付功课，甚至放弃学习，学习需求低。不良道德行为通常表现为叛逆性和侵略性。

二、情绪问题

(一)情绪不稳定

面对家庭、学校和社会的压力，不同气质类型的学生会有不同的情绪反应。例如，胆汁质型的学生性子急，可以快速做出决定，但很难保持稳定的情绪。情绪跌宕起伏是他们正常的心理状态，通常表现为躁动不安、恐惧、无根据地哭泣等。

(二)逆反情绪

小学生的逆反情绪受多种因素的影响，并且受强烈逆反心理的影响，部分学生有时会表现出极端的行为，如叛逆好斗，惹是生非，不服从教师的管教，故意与教师唱反调，与教师对着干，做出与课堂无关的行为，迟到早退，甚至出现逃学、辍学的情况。

三、自我意识问题

(一)过度的自我中心意识

自我中心意识意味着个人生活是建立在自我之上的，主要的关注点在自我利益上，不能进行客观的思考。随着小学生自我意识的发展，个别小学生的个人主义和自私的问题比较突出。他们回避自己的责任和错误，认为自己没错，是其他人错，最终导致人际关系紧张和心理健康问题。

(二)过多的负面自我评估

小学生进行负面自我评估的原因在于他们自己的自卑感。在学校，有些学生很难获得老师的认可和鼓励，久而久之，失去了自信心，产生了自卑情绪。

四、人际关系问题

(一)同伴关系问题

同伴关系主要是指同龄人或心理发展水平相当的个体在交往过程中建立和发展起来的一种人际关系。同伴关系在小学生的发展和社会适应性方面起着重要作用。良好的同伴关系有利于小学生社会价值的获得、社会能力的培养、学业的顺利完成以及认知和人格的健康发展，而同伴关系不良则有可能导致学校适应困难、社会能力缺乏、心理行为出现偏差和障碍。

随着小学生的成长，他们的独立意识日益增强，但他们在成长过程中一定不能缺少同伴关系。小学生不仅努力获得老师的关注和理解，还希望与同学建立和谐的关系。但是如果缺乏老师的有效指导，在这一阶段小学生很容易与同伴产生矛盾或冲突，出现人际关系问题。这种同伴关系问题一般通过两种方式表现出来：一是矛盾，如嫉妒、不信任、竞争等；二是缺乏沟通技巧，如社交退缩、行为不检等。

(二)亲子关系问题

亲子关系是小学生社会联系中出现最早、持续时间最长的一种人际关系，也是人一生中最重要、最狭窄和最有影响力的人际关系。亲子关系不仅对小学生的社会交往和人际关系具有重要影响，而且对小学生的学业具有很大的影响。研究表明，亲子关系好的学生往往更愿意努力学习，学习成绩也较好；而亲子关系不良的学生会受到家庭因素的干扰，有的无法专心学习，精神不振，有的有逃学、早退等不良行为。学生的亲子关系常常表现出以下问题：父母和孩子之间的交流不频繁，父母和孩子之间不能相互了解和互相尊重，父母和孩子之间经常发生冲突。

(三)师生关系问题

与亲子关系和同伴关系不同，由于社会角色的规定，师生关系更多地体现为教育者与被教育者、领导者与被领导者之间的一种关系，并带有明显的教育性质。师生关系对小学生的学校适应、社会性行为、自我意识和学习成绩等均有显著的影响。而且，由于小学生的心理尚未完全成熟，处于心理可塑性阶段，很容易受到外部因素的影响，所以这些影响表现得更为明显。

第四节　小学生心理健康的影响因素

小学生心理健康问题的形成受到多种因素的综合影响，本书拟从社会、家庭、学校、教师和小学生自身五个方面对小学生心理健康问题加以分析。

一、社会因素

(一)社会政治、经济生活状况

社会政治、经济生活状况是决定一个人生活方式的基础。当前我国仍处在社会主义初级阶段，社会竞争、生活压力等使人们精神压力增大，消极情绪增多。成人的情绪会对小学生产生直接或间接的影响，导致有些小学生情绪不稳定，甚至焦虑，影响他们的身心健康发展。

(二)社会舆论的影响

随着人工智能时代的到来，信息传播的速度越来越快，小学生好奇心重，模仿性强，可塑性大，加上思想和心理不成熟，辨别是非的能力、自我约束力和控制力相对较弱，意志不坚定，极易被一些不良事物所吸引。

在社会影响方面，主要集中在现代网络媒体的渲染和冲击上。例如，部分学生沉迷于网络聊天、暴力游戏等，这不仅严重影响了其身心健康发展，同时也给其学习和家庭经济带来了负面影响。受社会负面舆论影响的学生，其人生观、价值观可能会发生偏离，甚至个别学生学习积极性不高，出现厌学、逃学、辍学、不愿意在课堂上与老师互动、过多依赖父母等现象。这显然不利于其身心健康发展。

二、家庭因素

(一)父母的教养方式

父母的教养方式是父母的教养观念、教养行为及父母对孩子的情感表现的一种综合方式。这种方式是相对稳定的，不随情境的改变而变化。它反映了亲子交往的实质。在心理学中，父母的教养方式被归纳为两个维度：接受—拒绝维度和控制—容许维度。根据这两个维度的不同组合，父母的教养方式可以分为四种类型：民主型、专制型、溺爱型、忽视型。

1. 民主型

民主型教养方式指孩子既得到尊重和保护，又受到良好的教育。家长对孩子充当指导者的角色，对孩子的行为更多的是分析与引导，既满足他们正当的需要，鼓励他们进行社会交往，培养他们良好的品德、积极的情感，又对他们不正当的要求、言行及时进行说服教育，并合理地应用奖励与惩罚的手段，帮助他们改正不正当的行为，使他们从父母的教育中获得知识，明白事理。

民主型教养方式的父母重视与孩子思想上的沟通、情感上的交流。这种教养方式可使儿童形成独立、协作、亲切等心理品质。调查发现，学业不良儿童的父母更多的是使用专制及放任的教养方式；而学业正常儿童的父母，特别是优秀学生的父母，更多的是使用民主型的教养方式。民主型教养不等于什么事情都要协商，有民主还要有集中，孩子由于知识经验、社会经验等方面的局限性，看问题不会深刻与全面，所以对有些重大问题要由家庭全体成员来讨论，父母可以事先统一口径，要求少数服从多数，让孩子沿着正确的轨道发展。

2. 专制型

专制型教养方式指孩子的意见、愿望和情感不易表达，正当需要得不到满足，常受到父母的呵斥和禁止，得不到应有的温暖和尊重，缺少社会交往的机会。专制型教养方式的父母要求孩子绝对地服从自己，对孩子的教育严厉、粗暴，信奉"棍棒之下出孝子"的信条，提出很高的行为标准，以"恨铁不成钢"为由，稍有不顺，就惩罚孩子。这种教养方式，让孩子感受不到家的温暖，内心压抑，不良情绪累积，容易形成抑郁、退缩、逃避、反抗和执拗的性格；会使孩子脾气暴躁，对人粗鲁无礼或胆小、羞怯和说谎等，缺乏自信心、自尊心，甚至有少部分学生会变得冷酷、残忍、有暴力倾向；自我调节能力和适应性都比较差，缺乏社会责任感。长此以往，他们将会与父母关系疏远，产生叛逆心理。

3. 溺爱型

溺爱型教养方式指孩子受到过分保护，不让孩子承担必要的责任，不让孩子经受身体或心理方面的锻炼，无原则地迁就，对孩子的不良行为不制止，不教育。溺爱型父母视孩子为掌上明珠，处处包办代替，过分照顾孩子的生活，不放手给孩子做一些力所能及的事情，不放心孩子在外面的交友和社会活动；对孩子充满了爱与期望，对孩子违反规则的行为采取忽视或接受的态度，很少发怒或训斥儿童。这种教养方式下成长起来的儿童表现得很不成熟，依赖父母，自理能力差，自私，任性，霸道，不合群，自以为是，同时缺乏自信、恒心、毅力和责任感，具有较强的冲动性和攻击性，对父母缺乏孝心。

4. 忽视型

忽视型教养方式表现为父母对孩子的成长漠不关心，既缺乏爱的情感和积极反应，又缺少行为方面的要求和控制。该类父母对孩子的行为与学习不感兴趣，也不关心孩子的学习，很少管孩子，出现了"小时候交给保姆，上学了交给老师，长大了交给社会"的现象。忽视型家长跟孩子在一起的时间很少，有时会对孩子流露出厌烦、不愿搭理的态度。这种极端的忽略也可以视为对孩子的一种虐待，是对孩子情感生活和物质生活的剥夺。在这种家庭环境下成长起来的儿童往往对事情没有责任心，行为放纵，对学校生活缺乏兴趣，学习成绩和自控能力差，具有较高的攻击性，感情冷漠，缺乏爱的能力和表达爱的能力，长大后会表现出较高的犯罪倾向。研究发现，行为越轨的儿童大多数与这类父母有关。儿童行为越轨大都是由于父母对孩子管教放松或过严或前后不一致、父母对孩子缺乏感情、对孩子的行为不予指导和约束、家庭缺乏亲密感等。实际上亲子间正常接触和交流是缓解儿童恐惧、焦虑和不安的精神良药，给孩子带来安全感、信赖感、温馨感，才能使孩子形成健康的心理。

(二)父母自身的综合素质

父母自身的综合素质包括其文化素质、心理素质和品德素质，这些素质不仅对小学生的心理健康有着显著的影响，而且直接影响其行为习惯。家长综合素质的高低、受教育水平的高低，决定了孩子做人起点的高低，也为孩子将来的学校生活和社会生活打下了不同的基础。家长的受教育水平高、道德素养高、心理素质好，大多数儿童就会从小拥有健康的心理，体能、智能、品德和行为等方面发展较好，否则他们会产生各种各样的心理问题，不利于其健康成长。[①]

三、学校因素

(一)对小学生心理健康教育的忽视

学校是小学生接受教育的主要环境，在维护小学生的心理健康方面发挥着主导作用。当前国内的学校教育对学生的心理健康教育不够重视。尽管随着素质教育工作的不断深入，很多学校陆续开展了健康教育课程，但是实际效果并不显著。究其原因，主要是学校重视学生文化知识的学习，而容易忽视其精神状态以及心理健康状态。

---

① 张冬娜：《浅谈家长素质与儿童心理健康的关系》，载《吉林省教育学院学报(学科版)》，2008，24(9)。

(二)缺乏专业的心理健康教师队伍

学校的心理健康教育工作能否规范、有效地开展，与学校是否拥有一支自身素质过硬、专业知识丰富、技能基础扎实的心理健康教育教师队伍有着密切的关系。许多小学没有在校园内设立专门的心理咨询室，或者没有专职心理健康教育教师，心理健康课程一般由学科任课教师兼任，而这些教师缺乏心理健康的专业知识。所有这些都是导致学校难以有效地帮助小学生解决心理健康问题的原因。

四、教师因素

(一)教师的心理素质对小学生的影响

教师的心理素质对小学生的心理健康有着深远的影响。学生成长需要教师的正确引导和示范。在整个教育活动中教师应成为学生学习的榜样，可以说有什么样的教师就会教出什么样的学生。教师积极向上的心理素质会对学生产生积极的心理影响；反之，则不利于学生形成健康的心理素质。所以教师要有良好的心理素质。然而，一些教师只关注影响小学生生活和学习方面的因素，而忽略了自身心理因素对学生的影响，不利于小学生形成积极的心理品质。

(二)教师的态度对小学生的影响

教师的态度是影响小学生心理健康的重要因素，教师对学生不同的态度会对他们的心理产生不同的影响。教师对学生友善可以为学生创设良好的心理成长环境，教师用友好的态度公正公平地对待每一个学生，能缩短师生之间的心理距离。在师生关系融洽、和谐的氛围中，学生会健康地成长。相反，讽刺、挖苦甚至体罚学生，往往会使学生产生不同程度的心理问题，导致其不正确的行为态度。

(三)教师的意志品质对小学生的影响

教师的意志品质直接影响着学生意志品质的养成。良好的意志品质能促使教师在遇到困难的时候保持积极乐观的心态，保持向上的情感态度，正确地处理问题。由于学生常常将教师看作自己学习的榜样，会不自觉地模仿教师的行为习惯等，所以教师要在平常的生活、工作当中，注重自身良好意志品质的养成。

(四)教师的情绪对小学生的影响

教师的情绪对小学生心理健康的影响极大。马卡连柯认为，不能控制自己情绪的人，不能成为好教师。宽容、富有同情心、情绪稳定的教师不会体罚学生，不会用学生的错误惩罚学生，也不会用自己的错误惩罚学生。小学生身心发展处于未成熟状态，容易受教师情绪的影响，因此教师应学会有效地控制和调节自己的情绪。比如，教师要使自己经常保持平和的心态，避免由于学生的不良表现而难以控制自己。反之，如果教师把不良情绪带进课堂，学生就会产生严重的逆反心理和反抗行为，失去对教师的信任与尊敬。而教师无意中的情绪发泄，带给学生的有时不仅是一时的影响，而且还可能会影响他们的一生。学生是发展中的个体，教师要以积极的情绪体验激励和感染他们,这是教育成功的重要条件。

(五)教师的教育方式对小学生的影响

教师的教育方式是影响小学生心理健康的因素之一,教师不同的教育方式会对小学生心理健康产生不同的教育效果。民主的教育方式不仅有助于学生养成做事认真的习惯、勇于克服困难的精神和积极进取的意识,而且还有利于学生养成乐观的心态和开朗的性格,以及教会学生正确对待自己等良好的心理品质。责骂、苛求等压抑个性的教育方式,会导致学生消极的人格特征。教师要鼓励学生积极与同学交往,以诚恳、公平、谦虚和宽厚的态度对待别人,懂得尊重别人的权益,体谅别人的短处和失误。教师对学生的优点应恰当地给予表扬和肯定,但不能过度地抬高学生。同样,对学生的缺点和失误也不能不讲方式地指责和数落,这样很容易挫伤学生的自尊心而使他们产生自卑感。

五、小学生自身因素

(一)身心发展状况

小学生的身体健康状况影响着其心理健康状况。例如,甲状腺素缺乏容易使小学生出现智力低下、记忆力减退等症状。学生的身体发育状况也会对其情绪产生一定的影响。如果学生身体发育良好,在与他人交流的过程中容易得到积极的评价,从而获得积极的情绪体验;如果学生身体发育不良,在社会交往过程中可能会受到消极评价。

小学生的心理状态对其心理健康有着明显的影响,主要表现为:一是学生的自我意识明显增强,对外在世界的反应脆弱而敏感,可能会因为老师的一次否定性评价而消沉好几天,可能会因为同伴的一个表情、一句话而影响学习,也可能会因为一次考试失利而气馁;二是学生的自我控制能力比较差,可能会因禁不起社会上的各种诱惑而沉迷堕落,甚至放弃学业等。总之,这一时期学生的心理承受能力比较差,缺乏自我调节能力,稍不注意就可能产生心理健康问题。

(二)学业压力

在学习方面,随着学习强度不断增加,加之来自父母、老师的无形的精神压力,以及同学间的竞争等,在一定程度上学生可能会产生心理健康问题。

(三)社会关系

小学生社会关系主要包括亲子关系、师生关系和同伴关系。积极的亲子关系、师生关系和同伴关系有利于小学生健康心理的发展,从而可促进他们健康成长。当亲子之间、师生之间或同伴之间产生矛盾与冲突时,可能给小学生带来一定的心理伤害,长此以往,势必会影响小学生心理健康发展。

(四)气质类型

气质一般分为四种类型,即胆汁质、多血质、黏液质和抑郁质,不同气质类型对小学生心理的发展有着不同的影响。但是，气质类型无好坏之分，任何一种气质类型既有其积极的一面，又有其消极的一面。

胆汁质类型的小学生，能够积极参加课内外、校内外的活动，学习积极，动作强而有力，说话快而大声，坚持自己的意见，有锐利的眼光，有强而有力的姿态，有生动的表情，但往往缺乏耐心和自制力等，在情绪反应方面易受感动，情感一发生就很强烈，久久不能平静。

多血质类型的小学生，在情绪反应方面发生快而多变，但不强烈，情绪体验不深，但很敏感；在行为方面活泼好动，机敏，爱参加各种活动，但常常有始无终。他们的适应性强，善于交往，待人亲切，但也表现出轻率、不真挚。在学习上什么都想学，领会问题快，但常常见异思迁，注意力不集中。

黏液质类型的小学生，在情绪反应方面沉着、冷静、迟缓，心境平稳不易激动，很少发脾气，情感很少外露；在行为方面沉默寡言，面部表情单一，胸怀宽广，不计较小事，能委曲求全，自制力强，能承担较繁重的任务；在学习上遵守纪律，有时表现出执拗、淡漠。对作业深思熟虑，反复检查，回答问题不慌不忙，想好才讲，说话缓慢、平静而有条理。

抑郁质类型的小学生，在情绪反应方面不易变化，比较平静，不易动情，情感生活贫乏，但有时情感体验也很强烈，情感脆弱，容易神经过敏，患得患失，容易变得孤僻；在行为方面动作迟缓，胆小，忸怩，在活动中很少表现自己，尽量不抛头露面；在学习上反应迟缓，怕老师提问。[①]

第五节　小学生积极心理品质的培养

小学生具有很强的可塑性，我们只要从影响小学生心理健康的各种因素入手，在了解小学生积极心理品质发展状况和发展特点的基础上，灵活采用培养方式和策略，就能维护小学生的心理健康，促进小学生心理健康发展。

一、社会方面

(一)建立健全相关制度

强化教育环境整治，工商文化部门要加强社会监管，建立"绿色通道"，净化学生成长环境。完善心理健康联动机制，街道社区要建立小学生心理咨询室，帮助解决学生心理问题。民政部门要完善社会救助制度，让特殊儿童感受到社会大家庭的温暖。

---

① 殷炳江：《小学生心理健康教育》，200～201 页，北京，人民教育出版社，2003。

(二)创造良好的社会舆论环境

小学时期是学生人生观、价值观初步形成阶段，在信息科技空前发达的现代，他们有时会受到某些不良社会现象的影响而产生一些心理问题。因此，要加强心理健康教育的宣传力度，新闻媒体可开辟未成年人心理健康教育专栏，强化正面引导，促进未成年人健康成长。

二、家庭方面

(一)营造良好的家庭氛围

家庭是孩子的第一所学校，父母是孩子的第一任老师。温暖的情感和积极的教养方式，更有利于孩子积极心理品质的养成。[1] 父母应发挥自身示范、引导作用，以身作则，控制自己的情绪，培养健康、积极的心理品质，给孩子树立良好的榜样，营造健康、温馨的家庭氛围。同时，父母应多关注孩子的心理状态，给予适当的关心与引导，若发现孩子有消极情绪情感，应及时与孩子沟通，找到问题的根源，多使用鼓励性的话语，一起与孩子克服困难，促进孩子心理健康成长。

(二)形成积极的教养方式

许多父母对孩子的教育存在一定的误解，如"学校管教，父母管养"，他们对孩子的教育具有随意性。比起孩子的心理问题，父母更关注的是孩子的学习成绩，缺少对孩子的安慰与关心，孩子开始有"小秘密"，有什么心理问题不愿与父母交谈，即使他们的心理发生变化父母也很难察觉到，这样极其不利于小学生心理健康发展。因此，家长应主动承担起孩子心理健康教育的责任，形成积极的教养方式。例如，给予孩子足够的爱与安全感，尊重和理解孩子，站在孩子的角度去思考问题，不强迫孩子，与孩子成为好朋友，鼓励孩子迎接挑战，让孩子感受到学习的快乐，进而使孩子自发地喜欢学习，养成良好的学习习惯，不给孩子过多学习上、生活上的压力，给孩子营造良好的心理环境。

(三)全力配合学校工作

小学生的心理健康教育工作是由学校及家长共同承担的，其中学校起到主导性的引领作用，但学校工作的效果离不开家长的配合，只有家长积极参与孩子的心理健康教育工作，主动承担起孩子心理健康教育的重任，才能使心理健康教育工作顺利进行。例如，学校组织与心理健康教育相关的家长讲座、会议等，家长应积极参与，全力配合学校的心理健康教育工作。

三、学校方面

(一)优化校园文化环境

学校是教书育人的重要场所，由于小学生自身的特点，校园文化更容易对小学

---

① 张小菊、赵敬：《大学新生父母教养方式与积极心理品质关系研究》，载《中国特殊教育》，2013(1)。

生心理健康产生潜移默化的影响作用。所以，学校要注重校园物质文化、精神文化和制度文化的建设。在物质文化方面，学校要通过设备、设施、场馆、绿化建设，美化校园环境，使学生在优美的校园环境中，保持良好的心境、积极的情绪和情感，达到净化心灵、形成积极的心理品质的作用；在精神文化和制度文化建设方面，学校应树立良好的校风、校纪和校规，形成良好的学习风气和学习氛围，尤其是积极向上的育人环境，并建立健全各种规章制度，让小学生在这样的文化环境中，保持积极向上的心理状态，身心得到健康发展。

（二）加强教师培训

首先，学校应开展积极心理学理论的学习，增强对积极心理健康教育的认识，提高师资队伍的整体水平。加强教师培训，普及心理健康知识，让教师掌握心理健康教育的技巧，开发学生心理潜能，促进学生个性和谐发展。其次，教师要用阳光的心态关心学生，尊重学生，提高学生适应社会、面对挫折的心理承受能力。最后，建立民主、和谐的师生关系。教师要经常与学生谈心，增进师生感情，掌握学生心理状态，帮助学生化解心理问题，消除心理障碍。

（三）开发心理健康教育校本课程

课程是学校教育学生的重要手段之一，学校特色发展离不开校本课程的建设。积极心理品质可作为学校发展特色之路、培养优秀人才的路径，校本课程应切实将一个个具体品质落实在教学目标、教学计划和教学实施上，将抽象的积极心理品质概念融入生动鲜活的课堂，使学生在课程学习中了解、感受积极心理品质的含义。[1]

（四）开拓校外资源

学校要充分利用各种校外教育资源开展心理健康教育活动，加强与校外机构的联系，如校外心理服务机构、社区、居委会、少年宫、未成年人心理维护中心等，汇聚各方力量形成合力，组织开展各种有益于小学生身心健康的文体活动和心理素质拓展活动，共同促进学生心理健康发展。

四、教师方面

（一）尊重与关爱学生

尊重与关爱是教师对学生进行心理健康教育的前提，只有教师尊重与关爱学生，学生才会尊重与信任教师，认为教师是可以信赖与倾诉的对象，遇到心理问题就愿意与教师沟通，从而有利于教师及时发现学生的心理问题，找到影响小学生心理健康的因素，及时采取有效对策，帮助学生克服困难，释放学习与生活中的不良情绪，缓解压力。

师生心理交融是心理健康教育的基础。教师应深入了解学生，善于与学生沟通，

---

① 王新波：《大学生积极心理品质培养研究》，载《中国特殊教育》，2010(11)。

倾听学生的内心情感，感知学生的内心世界，以真诚的爱去关心、呵护每一个学生，让学生的心理找到寄托，让学生的情感得到倾诉，让学生的精神找到依靠。当学生需要关心帮助时，教师应及时伸出援助之手，使学生幼小的心灵得到鼓舞，让学生相信自己一定能行，逐步养成积极的心理品质。

总之，在教育教学过程中，在学生需要关心、帮助时，教师只有对学生倾注真诚的爱，才能更好地塑造学生的心理品质，才能让学生更好地去掌握科学文化知识。学生只有在教师爱的陶冶下，才能更积极地投入学习。

(二)提高教师自身的心理素质

首先，教师应提高自身积极的心理素质，在传授知识、陶冶情感和践行信念的过程中去影响学生，帮助学生健康成长。这要求教师严格要求自己，在教育学生的过程中，不仅要重视文化知识的传授，还要担负起情感教育的重任，满足学生的基本情感需求。教师应根据小学生健康教育目标与内容，组织更多符合学生年龄特征的心理健康教育教学活动，把培养学生良好的心理素质有机地渗透在课堂教学中，提高学生自我教育能力。

其次，重视每一个学生的心理健康，是教师义不容辞的责任。做好小学生心理健康教育，教师首先要确立正确的心理健康教育观念。比如，心理健康教育不仅要帮助有心理问题的学生，使他们树立正确的思想观念，尽快走出心理阴影，同时，还应该重视没有心理问题的学生，让他们共同学习，共同进步，共同形成积极向上的心理品质，实现共同健康的目标。

最后，教师要努力构建平等、和谐的师生关系。教师应该经常与学生沟通交流，了解他们近期的学习动态和心理动态，引导他们克服学习和生活中的困难。对于学习不自信和交际困难的学生，教师应做好学生的思想工作，鼓励学生之间的交流和互帮互助，让学生之间的关系更加融洽。

(三)形成良好的班级氛围

班级是小学生学习的主要场所，班级氛围对小学生形成积极心理品质具有耳濡目染的影响，教师要注意营造良好的班级氛围。首先，建立有特色和积极向上的班集体，并形成良好的班风，使小学生在其中得到潜移默化的影响，从而帮助他们养成良好的思维模式、个性品质和行为习惯。

其次，充分发挥班委会的作用。一个优秀的班委会，不仅可以有效地落实学校和班级的各项规章制度，使小学生养成良好的规范意识，给他们心理健康创设良好的班级氛围，而且还可以更好地形成班级凝聚力，助力形成一个互相尊重、互帮互助、充满活力、团结向上的班集体，从而有利于小学生积极心理品质的发展。

(四)丰富班级活动内容

在关心学生学习成绩的同时，教师应该通过丰富班级活动内容来对小学生进行心理健康教育；通过开展班级实践活动，引导学生在成功中发现自身的闪光点，增强自信，在失败中提高受挫能力。班主任可以充分利用晨会、班会、课外活动等，开展各种文化、艺术活动，培养学生良好的心理素质。

五、学生方面

(一)正确认识心理问题

学生应正确、客观地认识心理问题，明确自己会在学习、生活中遇到很多高兴、喜悦、伤心、痛苦的事情，这些事情会影响自己的情绪，应该做情绪的主人，不能让情绪控制自己，影响自己的学习和生活。因此，学生应当充分认识到心理健康教育的重要性。

(二)积极参加课外活动

有效的课外活动对小学生心理健康发展至关重要。丰富而有趣的课外活动给小学生的学习生活增添了多种色彩。小学生心理健康发展离不开其社会实践活动的参与度，课外活动参与度高的学生，会更加自信与乐观。因此，首先，教师应引导学生积极参加学校组织的各项活动，调动学生参与活动的兴趣，提高学生对学习以外活动的好奇心，引导学生在活动参与和体验中自主发展。这样有利于改善小学生的不良情绪，使其在紧张的学习氛围中得到放松，缓解焦虑不安等消极情绪。其次，教师应积极引导和帮助学生制订适合自己的、行之有效的锻炼计划，如慢跑、骑车、跳绳等，通过身体运动来转移不良的情绪，释放压力。最后，小学生还可以培养自己的兴趣爱好，如合唱、舞蹈、绘画等，以此为寄托而忘却或释放不良的情绪，化压力为动力，在参与中获得精神动力，在体验中获得健康成长。

(三)培养自我教育能力

培养小学生自我教育能力，充分挖掘小学生性格中的积极成分，帮助他们正确认识自我，理性看待自身心理变化，接受自己的不良情绪，利用情绪转移法、自我暗示法等，调整情绪，做情绪的主人，增强自我激励能力，在鼓励中积聚力量。学生应进行积极的自我教育、自我发展、自我控制和自我调节，学会在不对社会、他人和自身造成伤害的前提下，合理宣泄情绪，释放学习和生活中的压力与不愉快的情绪，维持健康、积极的学习情绪。

(四)寻找情感交流对象

小学生情感交流的对象主要包括父母、老师和同伴，积极良好的亲子关系、师生关系和同伴关系对小学生的心理健康和良好行为的培养具有不可替代的作用。在日常学习、生活中，小学生产生不良的情绪或遇到无法解决的问题时，应及时与情感交流对象主动沟通，寻求帮助，以免问题由小变大，产生不利于成长、学习和生活的心理问题。拥有健康、积极的心理，对学生自身良好的行为习惯与科学的生活方式的养成，以及未来的发展，具有重要的影响。

思考题

1. 简述心理健康的标准。

2. 简述小学生心理健康教育的主要内容。

3. 简述小学生心理健康教育的主要任务。

4. 简述小学生心理健康教育的方法和途径。

5. 简述小学生常见的心理问题。

6. 简述小学生积极心理品质的培养策略。

第七章　小学生体育锻炼与健康教育

本章导读 ▶

　　体育锻炼是提高小学生身体素质和适应力的核心途径，不仅有助于小学生身体的健康发展，而且也是小学生心理和品德健康发展的主要手段与教学组织形式。通过学习本章，我们可以熟练掌握小学生体育锻炼的含义、意义、内容与特点；了解目前我国小学生体育锻炼存在的问题，掌握促进小学生体育锻炼的措施。

第一节 小学生体育锻炼概述

一、体育锻炼的含义及意义

体育锻炼是利用各种体育手段，结合自然力(阳光、空气、水)和卫生措施，以发展身体、增强体质、促进健康、娱乐身心为目的的身体活动过程。它是群众性体育活动的主要形式，对促进人体生长发育、改善体态、提高机体工作能力、消除疲劳、调节情绪、防治疾病乃至提高和改善整个民族体质，都有重要作用。体育锻炼是小学生健康教育的主要内容，对小学生健康成长具有十分重要的意义。

(一)体育锻炼是提高小学生身体素质和适应力的核心途径

小学阶段是学生身体发育的关键时期，适度的体育锻炼对促进小学生的身体发育，提高适应力、免疫力，缓解疲劳和压力具有重要影响。首先，体育锻炼可以帮助小学生增强自身抵抗力，抵御寒冷天气，防止感冒；其次，体育锻炼有利于小学生的骨骼正常生长发育；再次，小学生的肌肉处于发育的状态，体育锻炼可以使肌肉经历明显的形态结构和功能适应性变化，使肌肉平衡发育，同时也可达到预防肥胖的目的；最后，体育锻炼，尤其是户外活动，可以使小学生心情舒适放松，缓解学习的压力和疲劳。

(二)体育锻炼有助于提高小学生情商，使其学会与人沟通

体育锻炼通过其群体性、趣味性和适当竞争性的活动，可以使小学生在活动中学会与人交往、沟通的技巧，提高情商。

(三)体育锻炼有助于调节小学生的情绪，培养其情感和意志力

在体育锻炼中，小学生会表达快乐、沮丧、冷漠或紧张等情绪，每个学生会因为活动内容的不同有不同的表达，如有些学生很兴奋，有些学生则感到恐惧。因此，首先，体育锻炼可以有效调节小学生的情绪，进一步培养其积极的情绪；其次，在体育锻炼中，诸如长跑之类的项目，不仅需要耐力，还需要充足的体力、坚强的意志和自信心，有助于小学生克服懒惰的习惯；最后，体育锻炼可以培养小学生锲而不舍的精神。体育锻炼不仅有利于提高小学生的意志力，而且还有助于小学生为未来的学习和生活做好精神准备。

(四)体育锻炼有助于小学生缓解压力和放松心情

随着年级的升高，小学生的学习任务逐渐增加，家庭作业也相应增加，这无形中会使小学生产生心理压力。这种压力不利于小学生的健康发展，因此小学生应该加强体育锻炼，以便更好地放松心情，缓解压力。另外，体育活动可以使小学生放松大脑，暂时摆脱学习任务，愉悦身心，以便更好地学习科学文化知识。

二、小学生体育锻炼的内容与特点

(一)小学生体育锻炼的内容

小学生体育锻炼主要是指小学生参与的以锻炼身体为目的的、有组织的体育活动。小学生体育锻炼的目的是，通过参加体育锻炼，增强参与体育活动的意识，养成良好的运动习惯，提高身心素质，提升健康水平。根据不同的维度，小学生体育锻炼可以分为不同的类型。根据体育锻炼模式的不同，小学生体育锻炼可以分为体育课堂教学与课外活动；根据体育锻炼环境的不同，小学生体育锻炼可以分为室内进行的体育锻炼和户外进行的体育锻炼；根据性质不同，小学生体育锻炼可以分为参与性体育锻炼活动和竞争性体育锻炼活动。

小学生体育锻炼的基本途径是学校组织的体育锻炼和校外参加的体育锻炼，小学生体育锻炼的主要途径是学校组织的体育锻炼。学校组织的体育锻炼包括体育课、课间操、运动会和课外活动。在校体育锻炼的内容非常丰富，包括仰卧起坐、跳绳、跑步、乒乓球、足球、跳远、呼啦圈、篮球等丰富多彩的项目。相比之下校外体育锻炼局限性较大，多依托于兴趣班或者社区体育活动等形式。

(二)小学生体育锻炼的特点

1. 紧迫性

小学生体育锻炼的首要特点是其紧迫性，表现在小学生对体育锻炼的态度与意识方面急需得到提升。如果小学生本身缺乏对体育锻炼的正确认知，认为体育锻炼可有可无，那将不利于他们积极参与体育锻炼，或者在体育课堂教学中表现得消极被动，必然会降低体育锻炼的效果。不可否认的是，随着健康中国的理念逐步受到重视，提升小学生的身体健康水平已经受到全社会的关注。

2. 趣味性

小学生体育锻炼的趣味性是由小学生身心发展的特点决定的，是指小学生的体育锻炼要适合小学生的兴趣特点，形式多样、方法灵活、内容丰富，从而促进小学生身心健康发展。小学生容易对新奇的体育活动产生兴趣，当学生在参加自己喜欢的体育活动时，体育兴趣持续的时间较长，即使在疲劳的状态下也能够坚持一段时间，但当进行不喜欢的体育项目时，学生的运动兴趣就会减弱，降低体育锻炼的质量。

3. 实用性

小学生体育锻炼的实用性，是指体育锻炼对小学生身体良好发育和心理健康成长的有效性。首先，体育锻炼可以促进小学生良好地生长发育，可以改善小学生的血液循环，使其骨组织得到更多的营养。其次，体育锻炼可以使小学生保持大脑清醒，从而提高小学生学习的效率。再次，体育锻炼有助于增加小学生大脑供血量，改善大脑血糖和氧的供应，促进脑细胞的新陈代谢，提高大脑皮质的活动能力。最后，体育锻炼可以磨炼小学生的意志品质，陶冶小学生的情操，提高小学生心理健康水平。

第二节　小学生体育锻炼存在的问题

体育锻炼对小学生身心健康发展具有重要的影响，但是就目前小学生体育锻炼的状况来看，在诸如对体育锻炼的重视程度、体育教师队伍、体育锻炼的设备设施以及体育锻炼安全方面皆存在不足。

一、对体育锻炼的重视程度不够

对体育锻炼的重视程度直接影响着小学生体育锻炼的开展情况。这可以从学校、家长和小学生自身三个方面来理解。

从学校方面看，学校对学生体育的重视程度，将直接影响到学生体育锻炼的效果。学校对小学生体育锻炼重视程度不够，主要表现为体育课程的内容枯燥单一，学生体育锻炼的时间不足，体育课程的场地和设施缺乏等。学校要重视小学生的体育锻炼，把足够的人力、物力和财力投入体育教学中，保证小学生体育教学的有效开展；学校只有重视小学生的体育锻炼，才能保证体育教学的课时，形成体育锻炼的良好氛围，让学生在体育锻炼中获得健康成长。

从家长方面看，家长重视小学生体育锻炼，保证孩子充足的体育锻炼时间，为孩子提供体育锻炼的机会和设备，从而有效提高小学生体育锻炼的效果。家长对小学生体育锻炼重视程度不够，主要表现为不能形成正确的关于孩子体育锻炼的认识，他们可能让孩子把应该进行体育锻炼的时间和精力用在写文化课作业或者其他特长训练上面。有些家长不仅不能有效地督促孩子主动进行校外（课后）体育锻炼，也不愿意给孩子提供更多的校外（课后）体育锻炼时间，更不愿意亲自带领孩子进行体育锻炼。

从小学生自身看，小学生对体育锻炼的认识和重视程度会直接影响他们参加体育锻炼活动的主动性和积极性。对体育锻炼兴趣较高、重视体育锻炼的学生，会积极主动地投入体育锻炼中。而如果小学生本身缺乏对体育锻炼的正确认知，认为体育锻炼毫无必要，则不利于他们积极参与体育锻炼，达不到体育锻炼的真正效果。

二、小学体育教师队伍问题

小学体育教师队伍是影响小学生体育锻炼的重要因素。优质的体育师资队伍，不仅可以为小学生提供良好的体育教育服务，把专业的体育锻炼知识教授给小学生，而且能够充分尊重小学生的身心特点和学习习惯，进行个性化教学，因材施教，发现学生的长处，从而帮助小学生进行科学、合理的体育锻炼。加强建设精良小学体育教师队伍，应当注意以下问题。

第一，完善小学体育教师的准入机制。完善小学体育教师的准入机制，首先需要吸引优秀的体育教师加入小学体育教师队伍。特别是相对欠发达地区的小学，由于条件较为艰苦，薪酬较低，难以吸引到优秀的小学体育教师，政府需要加大这方面的经费投入，以更好的条件吸引优秀的体育教师加入。

第二，加强小学体育教师的培训工作。在小学体育教师的培养上，需要建立相应的培训、能力提升机制，帮助小学体育教师不断学习，增强体育技能和教学能力，为提高体育教学效果提供保障。

第三，建立相应的小学体育教师激励机制，通过激励机制，对在体育教学上表现优异的教师，给予物质和精神激励，以保证体育教师安心从事本职工作，提高小学体育教育教学质量。

三、小学体育基础设施建设问题

小学体育基础设施情况是影响小学生体育锻炼的物质条件。完备、现代化的小学体育基础设施建设，能为小学的体育教育提供基础条件和保障，让小学生可以参与更多样化的体育锻炼活动，从而激发他们更广泛的体育兴趣，有利于他们养成良好的体育运动习惯，这对他们健康成长和成才具有重要意义。[①] 一般来说，小学体育基础设施建设包括以下几方面的要求。

第一，体育基础设施的齐备性，也就是要尽量保证小学生的体育基础设施多样化及完备。这不仅包括操场、跑道、秋千、单双杆、乒乓球桌等，还要有排球、跳远等所需的基本场地，有条件的学校甚至还包括高尔夫球等设施设备，以保证小学生可以通过多样化的方式参与体育运动。[②]

第二，体育基础设施的质量保障。体育设施通常有固定的使用年限和频率，并且许多都安装在户外，所以必须保障体育设施和设备的质量符合要求。

第三，体育设施的现代化。体育设施需要不断推陈出新，满足时代发展的需要，不能仅限于传统的体育基础设施。比如，可以根据实际情况，配置碰碰车、游泳池等基础设施，实现基础设施的现代化。

四、小学生体育锻炼中的安全问题

安全问题是小学体育锻炼中不可忽视的突发性影响因素。不少学校会出于安全考虑，对小学生的体育锻炼进行限制。小学生体育锻炼中的安全问题主要表现在以下两个方面。

---

① 王改芳、沈建华：《"健康促进工程"背景下学生体育活动时空变化特征分析——以上海小学生为例》，载《西安体育学院学报》，2018，35(6)。

② 牛东芳：《家庭体育锻炼对小学生发展核心素养及体质的影响——以我校五年级部分学生为例》，载《体育教学》，2018，38(10)。

第一，学校体育锻炼的安全防护措施不够。比如，在足球场外未设置护栏，在单双杆活动区未安装一些防护设备，在滑梯、秋千等体育锻炼设施上没有安置防护栏。这些容易导致安全事故的发生，不利于小学生体育锻炼的正常开展。

第二，在体育锻炼的过程中，缺乏安全指导。不少小学体育教师都是直接教授体育内容，而忽视有关安全方面的指导。体育安全教育应该贯穿于小学生体育教学的始终，每一节体育课上都需要强调，而且由于小学生的身体发育不够健全，认知能力有限，所以有时候一节课只强调一次还不够，需要教师在教学过程中始终保持警觉，让他们在教师的视野和掌控范围内进行体育锻炼，为小学生的安全提供保障。①

第三节　促进小学生进行体育锻炼的措施

要有效促进小学生积极参加体育锻炼，必须突出小学生体育锻炼的健康理念，完善学校培养目标，合理选择体育锻炼内容，创新体育锻炼形式，完善体育锻炼评价机制等。

一、突出小学生体育锻炼的健康理念

培养小学生体育锻炼的正确意识并使小学生形成坚强的体育意志，需要帮助他们正确认识体育锻炼的重要性，了解体育锻炼与健康的有关知识，重建体育锻炼的健康理念。

（一）普及体育锻炼和健康知识

小学生处于意识尚未完全成熟阶段，需要学校、教师和家长传授相关的体育和健康知识。

学校对小学生普及体育锻炼和健康知识，首先，需要加强体育锻炼和健康重要性的宣传，如设计体育健康宣传栏，举行体育健康专题的板报评比活动；其次，可以举行体育锻炼与健康专题讲座，要求小学生积极参与，认真学习，形成正确认识；最后，学校要发挥统筹领导作用，以学校领导为模范，引导学校教师及小学生积极参与体育活动，更好地进行体育锻炼。

教师的榜样作用是一个重要因素。首先，在日常教学活动中，教师可以充分向学生展示自身对体育锻炼以及健康的重视，使学生形成体育锻炼和健康的完整认识；其次，教师在学校应积极参与各种体育活动，向小学生提供良好的示范，更好地激发小学生参加体育锻炼的积极性；最后，教师要注重向小学生传授有关体育锻炼与

---

① 余志英、方跃伟、周琳珍等：《浙江省岱山县城区中小学生体育锻炼现况调查与分析》，载《中国健康教育》，2018，34(11)。

健康的理念，以指导小学生形成对体育锻炼的正确认识。

家长是陪伴小学生成长的重要角色，承担着引导小学生进行体育锻炼和健康成长的重要职责。家长的日常教诲是小学生对体育锻炼形成正确认识的重要影响力，家长要积极与学校、教师配合，形成家校联动的培养模式，以达到更好的教育效果。家长在日常生活中要教育孩子正确认识体育锻炼，使他们了解体育锻炼和健康的重要性，以及进行体育锻炼应当具备的诸如吃苦、坚毅和持久等品质。

(二)培养小学生体育锻炼的参与意识

培养小学生体育锻炼的参与意识，可以从引导小学生对自身的了解、使小学生获得体育锻炼的满足感两个方面来理解。

1. 引导小学生对自身的了解

培养小学生参与体育锻炼的意识，首先要引导小学生对自身情况的了解。小学生应了解自身情况，根据自身特点选择适合自己的体育锻炼方式。比如，小学阶段，学生的年龄特点是年龄跨度较大，既包括一年级的低龄学生，也包括六年级的高年级学生，而不同年龄段的学生在身心发展特点、体育教学内容和教学方式上都有较大的不同。一年级的学生，一般只适合进行一些简单的体育锻炼，如原地跳跃等，而六年级的学生，就可以进行一些较为复杂的体育锻炼。所以小学生根据自身实际情况选择相应的适合自己的体育锻炼项目，是提高小学生参与度的重要手段。

2. 使小学生获得体育锻炼的满足感

满足感是小学生积极主动参与体育锻炼、提高体育锻炼认识的积极情绪体验和动力。因此，教师和家长在引导小学生进行体育锻炼时，应注重体育锻炼内容的丰富性、趣味性和方法的灵活性，让小学生感受到体育锻炼的魅力与效果，满足小学生进行体育锻炼的需求，激发小学生参与体育锻炼的兴趣，让小学生享受体育锻炼的魅力。

二、完善学校体育培养目标

学校体育培养目标是学校开展体育活动的方向，也是对小学生体育效果的具体要求。新时代，需要更加完善的小学生体育培养目标，只有这样，才能使小学生体育培养目标更符合新时代小学生健康发展的要求。

(一)明确目标引领方向

学校体育培养目标要做到与时俱进，反映时代精神，体现时代要求，引领学校发展，培养全面发展的人。目前我们国家正处于构建健康中国的关键时期，小学生体育培养目标要积极顺应时代的要求，学校应改变过于关注文化课学习而忽视小学生身心健康发展的观念，突出小学生的全面发展，促进小学生德智体美劳的和谐发展，努力培养未来社会发展所需要的人才。

(二)体育锻炼应充分体现学校体育培养目标

根据小学生体育培养目标的要求，教师应改进体育教学方法和锻炼内容，以更好地落实体育培养目标。开发形式多样的体育锻炼活动，为小学生更好地实现学校体育培养目标提供条件，提高小学生体育锻炼实际效果，促进学校培养目标的实现，从而达到提升小学生健康水平的目的。比如，体育锻炼不应仅仅局限于课间操和体育课，而应该通过开展形式多样的体育锻炼活动，提高小学生参加体育锻炼的积极性，提高小学生对体育锻炼的兴趣。

（三）关注小学生体育培养目标的落实

学校应严格按照教育部的规定制定体育培养目标，并付诸实际行动。

首先，学校领导要改变过于关注文化课学习而偏离学校体育培养目标的现象，纠正体育培养目标的偏移问题；同时要根据学校体育培养目标的基本要求，加强对学校各部门工作的监督检查，随时观测体育目标落实情况，并做好总结工作。

其次，教师要积极落实学校体育培养目标，切实配合学校的工作安排，制订完善的体育培养计划，并圆满完成培养计划。要将学校体育培养目标落实到日常的体育教学过程中，也要做好对小学生的宣传工作，在日常体育教学活动中督促小学生达到学校的要求，并及时总结经验，以实现学校体育培养目标的要求。

最后，学生也要深入了解学校的体育培养目标，积极配合学校与教师的工作。小学生要完成教师规定的任务，同时加强自身对各种体育锻炼内容的了解，掌握各种形式的运动要领和特点，并积极参与体育活动。所以，小学生不仅要完成各门文化课的学习任务，实现学校制定的学业目标，还要积极进行体育锻炼，达到学校体育培养目标的要求。

三、选择体育锻炼内容

体育锻炼内容是影响小学生参与体育活动的决定性因素之一。有趣多样的体育锻炼内容能吸引小学生积极主动地参与体育锻炼，保证小学生体育锻炼活动的有效实施。

（一）体现小学生体育锻炼内容的趣味性

体育的趣味性决定了小学生对体育锻炼的兴趣和动力，这就要求在选择体育锻炼内容时突出其趣味性，从而更好地激发小学生参加体育锻炼的兴趣。突出小学生体育锻炼内容的趣味性，应当做到以下几点。

1. 了解小学生兴趣

首先要了解小学生对体育锻炼的需要，了解小学生对什么体育锻炼项目感兴趣，对什么样的体育活动感兴趣，在体育锻炼中应添加什么样的游戏和活动。通过了解小学生的兴趣，将一些游戏和活动融入体育锻炼中，真正做到寓教于乐，达到体育锻炼的目的。

2. 体育锻炼内容要符合小学生身心发展规律

根据小学生的年龄特点和身心发展规律确定符合小学生兴趣的体育锻炼内容，

选择适合小学生年龄段的游戏，赋予体育活动一定的情境，使之具有趣味性、健身性、社会性和自主性，达到吸引小学生参加体育锻炼，以及促进小学生全面发展的目的。另外，要充分考虑体育锻炼内容选编的适宜性，环节安排的游戏化，材料提供的多样性，讲解示范的灵活性，真正筛选出符合现阶段小学生特点的体育锻炼内容。

3. 体育锻炼内容要有利于对学生因材施教

在选择体育锻炼内容的过程中要注意因材施教。对于不同年龄、不同性格的学生要选择不同的游戏和活动内容，提出不同的游戏和活动要求。体育锻炼内容要难易适当，要符合小学生的身心发展特点，能够使每一个学生都得到更好的锻炼。

(二)突出小学生体育锻炼内容的渐进性

小学生体育锻炼内容的渐进性，是指要根据不同年龄段学生的生理和心理发展顺序性与不平衡特点，设计有针对性的体育锻炼内容，其原因在于小学阶段学生的年龄跨度较大，而且低、中、高年级的小学生，其生理和心理发展差异很大。

小学低年级(一至二年级)的学生身体发育处于发展时期，各项生理指标都不稳定，男女生生理差异不明显。此阶段的学生大脑发育不完全，兴奋水平高，既爱说又爱动，注意力不易集中，独立性和自觉性较差。这一阶段的学生不宜做强度过大、时间过长的体育运动，适合以游戏为主的体育锻炼活动。这些活动不仅有利于调动学生体育锻炼的积极性，培养学生对体育锻炼的兴趣，而且也可以为学生终身健康打下坚实的基础。

小学中年级(三至四年级)的学生各项生理指标已有所提高，但没有质的飞跃，仍处于平稳发展之中，男女生的生理差异仍不明显。此阶段的学生大脑快速发展，但注意力不易集中，兴奋性不能长久保持。这一阶段的学生可以接触一些力量和耐力训练。此阶段的体育锻炼内容仍然以游戏为主，学生可接触一些球类运动，这些运动可以更好地培养学生的运动技能，以及培养学生的团队合作意识。

高年级(五至六年级)的学生身体处于快速发展阶段，身体发育有了质的飞跃，男女生的生理差异初步显现。此阶段的学生大脑处于快速发展的阶段，男生活泼好动，女生则注意力容易集中，但兴奋性不易长久。该阶段的学生可以接触正常的体育锻炼内容，但在参与体育锻炼的过程中仍然要以游戏为主，可适当增加一些游戏竞赛，这样可以激发学生的竞争意识和自我超越的意识，培养学生的协调能力，提升跑、跳、投各种运动技能，同时也有利于培养学生刻苦锻炼、不怕困难的精神。

四、创新体育锻炼形式

体育锻炼形式是影响小学生参与体育锻炼的重要因素。多种多样的体育锻炼形式能够激发小学生的兴趣，引导他们积极进行锻炼，提高身体素质。

(一)完善现有的体育锻炼项目

传统的体育锻炼项目已经无法完全满足小学生对体育锻炼的需求，所以需要对传统的体育项目进行创新，改变传统的体育锻炼方式，注入符合小学生兴趣和时代发展要求的体育文化要素。

1. 课间操

学校可以将传统的课间操由原来的只是进行广播体操设计成主题式游戏化课间操。游戏化课间操要征集学生意见，确立一个主题，采用游戏的形式进行。在音乐的选取、器材的选用、动作的编排、队形的变换和规则的制定上都应该听取学生和教师的意见，以此来改变学生对传统课间操的抵制情绪，真正让学生参与到课间操中来，达到主动参与锻炼身体的目的。

2. 体育课

改变传统体育课只注重枯燥、简单的跑跑跳跳活动，可以将游戏化体育课、主题情境的体育课、竞赛游戏的体育课、探究发现的体育课、分组循环游戏的体育课等融入传统体育课之中，使体育课更加具有趣味性、健身性、社会性、自主性，从而达到促进小学生身心全面发展的目的。

3. 课外活动

传统课外活动只是进行单纯的自由活动，这种放任小学生自由进行的活动往往缺乏有效的组织。由于小学生自控力较差，如果教师不加以有效管理，则无法达到体育锻炼的目的。所以课外活动可以增添趣味性，通过设计有趣的课外活动，使小学生获得丰富的游戏体验，达到通过课外活动愉悦身心的目的。

4. 运动会

小学传统的运动会有跑、跳等几个大项目的比赛，有些小学生不能参与，只能加油助威。所以需要创新运动会项目，争取让更多的小学生参与进来。比如，可以增加多人合作项目，如班级之间的拔河比赛，或者大型接力比赛，这样可以使人人得到锻炼，享受到体育活动的乐趣。

(二)丰富体育锻炼的项目种类

体育锻炼的项目种类是学校体育锻炼质量的直观反映，目前很多学校存在种类偏少、形式单一的状况，仅仅局限于运动会、课间操、体育课以及课外活动，导致小学生对体育锻炼缺乏兴趣，这显然不利于小学生的健康成长。

1. 增加游戏类体育锻炼项目

例如，设计趣味性运动会，以游戏的方式引导小学生参与体育锻炼。这是因为游戏类的活动更符合小学生的兴趣爱好，更容易激发小学生的活动兴趣和活动欲望，更容易获得直接的效果反馈。

2. 增加竞技类体育锻炼项目

求胜欲是激发小学生参与体育锻炼的动力，因此可以设计一些与竞技体育锻炼有关的项目，如跳绳比赛、篮球比赛、足球比赛等，并辅之以颁发奖牌或者证书、教师表扬或者评比得分，这种做法更容易鼓励小学生全身心投入体育锻炼，积极参与体育活动。

3. 增加情感体验类体育锻炼项目

体育锻炼不仅承载锻炼身体的职能，也可以培养小学生的合作精神和吃苦耐劳的品质。因此，在体育锻炼过程中可以增加小组合作的体育项目，如两人三足跑步比赛、接力跑等，用以加强学生之间的交流与合作，培养小学生的合作精神。

五、完善体育锻炼的评价机制

完善的评价机制有利于及时总结小学生体育锻炼的效果，激发小学生参加体育活动的兴趣。完善体育锻炼的评价机制，可以从评价主体、评价内容和评价方法三个方面进行改革。

(一)加强体育锻炼评价主体的多元化

目前小学体育锻炼的评价主体多为小学体育教师或者班主任，缺乏评价主体的多元性，不利于获得更加准确、有效、全面的评价效果。因此，改革小学生体育锻炼的评价主体，在原有单纯由体育教师或班主任评价的基础上，吸收所有任课教师和家长参与进来，形成体育教师、班主任、其他学科教师和家长共同参与的多元评价主体。

1. 教师评价

教师评价不是单指体育教师或者班主任评价，评价主体应该包括体育教师、班主任以及其他任课教师，这样才能确保评价的全面性。体育教师进行体育锻炼专业性评价，包括小学生参与体育锻炼内容的完成度、熟练度以及测试成绩等。班主任侧重于小学生参加体育锻炼的态度、体育学习能力方面的评价。其他任课教师对小学生进行的评价，应关注小学生参与体育锻炼的合作精神、学习方法等方面。

2. 家长评价

小学生参与体育锻炼的成效不应局限于教师评价，家长也要参与其中。家长不仅可以评价小学生在校体育锻炼所形成的体育与健康意识、体育意志，而且应该关注孩子在日常生活中养成的体育与健康生活方式和行为习惯。由于家长评价是在小学生离校后的日常状态下进行的，所以家长评价可能更为全面，更能反映小学生体育锻炼的实际情况，更有助于提高小学生的健康水平，增强其身体素质。

(二)优化体育锻炼的评价内容

在体育锻炼评价内容方面，目前人们可能更多地关注小学生的体育测试成绩，如跑步成绩、跳远成绩等，很难满足小学生整体素质发展的评价要求。因此需要优化小学生体育锻炼的评价内容。在评价时，不仅关注小学生体育测试成绩，还要关注其知情意行的综合发展状况。也就是说，体育锻炼的评价内容在重视测试学生体育成绩的同时，还应该关注小学生在参与体育锻炼之后，体育与健康知识是否更加丰富，思维是否更加活跃，意志是否得到锻炼，健康行为是否得到培养。只有这样，才能全面评价小学生体育锻炼的有效性，提高小学生体育锻炼评价的科学性。

(三)加强小学生体育锻炼的过程性评价

目前,小学生体育锻炼的评价多偏重于结果性评价,往往忽视小学生参与体育锻炼的过程性评价。而小学生体育锻炼的过程性评价更容易使小学生产生参加体育锻炼的认同感,更符合小学生身心发展的规律和特点。

加强小学生体育锻炼的过程性评价,应当关注小学生体育锻炼活动的整个过程,随时随地对小学生进行评价,督促小学生及时改进体育锻炼的不足。由于小学生体育锻炼的过程性评价具有即时性的评价效果,所以它更能够体现出小学生在参与体育锻炼过程中的行为与思想变化,为改进体育锻炼提供科学依据。

思考题

1. 简述小学生体育锻炼的含义。
2. 简述小学生体育锻炼的特点。
3. 简述小学生体育锻炼存在的问题。
4. 简述小学生体育锻炼的影响因素。
5. 结合实际,谈谈促进小学生健康体育锻炼的措施。

第八章　小学生安全与健康教育

本章导读 ▶

　　小学生安全教育是通过传授安全知识，让小学生提高安全意识，保护自己和他人生命不受威胁和伤害的教育活动。通过学习本章，我们可以熟练掌握小学生安全教育的概念、意义、特点和内容；熟悉小学生交通安全、食品安全、网络安全和自然灾害安全的含义；反思小学生安全教育存在的问题，并了解解决这些问题的主要对策。

　　随着经济、社会的快速发展，安全隐患的逐渐增加，安全问题越来越成为人们关注的社会问题。对于小学生来说，掌握基本的安全知识、形成安全意识、增强自我保护与保护他人的基本能力具有重要意义。

第一节　小学生安全教育概述

小学生安全问题不仅关系到学生的身心健康，还关系到学生的生命安全、家庭幸福和社会稳定。为提高小学生自我保护、救护他人的能力，最大限度地保障其自身生命安全和身心健康，促进社会和谐，小学生安全教育势在必行。

一、小学生安全教育的概念

(一)安全教育

根据《现代汉语词典》的解释，安全是指没有危险；平安。[1] 本书认为，安全教育是指有目的、有计划、有组织地培养学生安全意识，传授安全知识，形成安全技能的教育活动。其含义包括突出安全教育以人为本的教育理念，强调安全教育传授安全防范知识等的重要性，培养学生一系列防止无意或有意的伤害的安全技能，受到伤害时的应急技能、急救技能、最基本的受伤治疗技能等，使学生形成安全意识，最终达到能够进行自救或互救，避免或减少伤害及死亡事故。

(二)小学生安全教育

小学生安全教育是指由学校教育工作者，依据小学生的年龄和认知特征、身心发展特点，对小学生的安全意识、安全技能等，进行有目的、有组织、有计划的教育，帮助他们正确认识安全教育的重要性，增加知识的储备量，熟练灵活地掌握该年龄段应该具备的安全知识，提高保护自己和他人生命不受伤害的能力的教育活动。

小学生安全问题一直受到广泛关注，特别是 2008 年汶川地震以来，包括自然灾害、突发事件在内的校园安全问题更是得到普遍重视。有专家认为，安全教育可以提高小学生的自我保护能力，80%的意外伤害事故可以避免。由此，政府、学校和家庭做出积极响应，采取多种方式对学生进行自然灾害安全预防教育。本书关于小学生安全教育的范围主要包括小学生交通安全、食品安全、网络安全和自然灾害安全四个方面。

交通安全教育。小学生交通安全教育，旨在使小学生熟悉和掌握相应的交通安全法规常识，增强安全意识，提高自我保护能力，维护道路交通秩序，确保道路交通安全。现代发达的交通虽然给人们带来了无尽的便利，但同时也增加了许多安全隐患。有人曾称交通事故为"现代社会的交通战争"，交通事故像一个隐形的杀手，潜伏在马路上等待着违章违规的人出现。因此，小学生应当从小养成遵守交通规则、文明出行的良好习惯，逐步提高交通安全意识和自我防范能力。

---

[1]　中国社会科学院语言研究所词典编辑室：《现代汉语词典》(第 7 版)，7 页，北京，商务印书馆，2016。

食品安全教育。近年来，我国学生食品安全事故屡屡发生，对于涉世未深并且食品安全知识淡薄的小学生来说，食品安全问题势必给他们的健康成长埋下隐患。食品安全是指食品无毒、无害，符合科学的营养要求，对人体健康不造成任何急性、亚急性或者慢性危害。食品安全教育旨在促进小学生掌握科学、安全的饮食知识，养成良好的饮食习惯，切实增强食品安全意识和防范能力。

网络安全教育。加强对学生的网络安全知识教育，学校按照国家课程方案的要求，积极开设计算机网络课程，让学生掌握必要的计算机网络知识。同时要结合学生年龄特点，采用灵活多样的形式，教给学生必要的网络安全知识，增强其安全防范意识和能力。

自然灾害安全教育。在发生地震、洪水、泥石流、台风等自然灾害和重大治安、公共卫生突发事件时，教育等部门应当立即启动应急预案，及时疏散、转移学生，或者采取其他必要防护措施，保障学校安全和师生人身财产安全。

二、小学生安全教育的特点

(一)全员性

小学生安全教育的全员性，是指学校负责安全教育的人包括校园内所有工作人员，如学校全体领导、教师，以及门卫、食堂工作人员等。之所以需要全员参与小学生的安全教育工作，是因为安全教育涉及范围广，需要注意的因素多，以及教育方式多样。另外，安全教育需要社会相关部门制定严格的规章制度与进行教育宣传，需要家长的支持与配合。同时，安全教育也是学校所有工作人员职前培养、职后培训的必要内容。

(二)复杂性

小学生安全教育的复杂性，是指小学生安全教育是学校思想政治教育的重要组成部分。从它包含的范围和内容来看，小学生安全教育表现出复杂性的特点。小学生安全教育包括小学生交通安全教育、食品安全教育、网络安全教育和自然灾害安全教育等，涉及的范围非常广泛，内容十分繁杂。

(三)理论与实践相结合

小学生安全教育的理论与实践相结合，是指由于安全事件的发生往往与小学生安全教育意识淡薄、安全知识匮乏，以及缺乏应对安全问题的应急能力密切相关，因此在安全教育过程中，学校要注重科学的安全知识的传授，让小学生形成安全意识，掌握应对相关安全问题的技能，而且还要鼓励小学生积极参加学校、社会举办的安全实践活动，使他们在活动中提高自己应对各种安全问题的能力，以及把安全知识应用于实际的应急能力。

三、小学生安全教育的意义

1996 年，国家教委、劳动部、公安部、交通部、铁道部、国家体委、卫生部联合发布关于全国中小学生安全教育的通知，确定自 1996 年起，每年 3 月最后一周的星期一为全国中小学生安全教育日。设立这一制度是为全面深入地推动中小学生安全教育工作，大力降低伤亡事故的发生率，切实做好中小学生的安全保护工作，促进他们健康成长。

(一)小学生安全教育有利于国家安全和社会稳定

学校安全教育的普及关系到广大人民群众的幸福指数和社会的和谐与稳定。为确保学生能够在稳定、安全的环境中安心学习，国家出台了与中小学生安全相关的安全管理办法、教育管理办法等一系列教育法律法规，并就相关学生安全事故提出了问责制度。这一方面为小学生安全教育提供了法律保障和支持，另一方面也显示出小学生安全教育是关系到国家安全和社会稳定的重要因素。

(二)小学生安全教育有利于校园和谐稳定

建设和谐、稳定的校园环境，既是当代社会主义和谐校园环境建设的要求，也是学校建设的重要组成部分之一。学生群体在学校教育环境中居于主体地位，是建设社会主义事业的潜在力量和接班人。但是，近年来发生的校园安全事故，不仅影响了学校的教育教学秩序，而且危害了学生和家长的利益，更影响了校园的稳定，校园安全已成为社会关注的重要问题之一。因此，加强小学生安全教育，维护校园的和谐稳定势在必行。

(三)小学生安全教育有助于保护小学生自身的安全

小学生正处于身心健康快速发展、行为习惯养成的关键阶段。在小学生的安全教育中，传授相应的安全教育知识，使小学生拥有自我保护能力，以及应对应急突发事件的能力。有效的安全教育能够让小学生认识安全应急事件发生的原因、规律和应对措施等，有助于提高小学生自身的安全意识，有助于减小应急事件引起的危害，降低受损的程度，保护小学生的生命安全。

第二节　小学生交通安全与健康教育

交通事故不仅给小学生身体造成伤害，而且威胁着他们的生命安全。小学生的交通安全问题已成为学校、家庭、社会最关心的问题之一。[1]

一、小学生交通安全教育的含义

交通安全是指人们在道路上进行活动时，要按照交通法规，安全地行车、走路，避免发生人身伤亡或财物损失。

---

[1]　袁道康、单君妮、王宇轩：《苏北地区中小学生道路交通安全状况调查分析》，载《法制博览》，2016(6)。

交通安全教育是指教育者有目的、有计划、有组织地帮助受教育者正确认识交通安全的重要性，增加交通安全知识的储备，熟练掌握交通安全常识，自觉遵守道路交通安全法规，增强交通安全意识，文明出行，减少意外交通事故造成的人身伤亡或者财产损失，提高保护自己和他人生命不受威胁的能力的教育活动。

根据《中华人民共和国道路交通安全法》，小学生交通安全教育要注重引导小学生自觉遵守交通规则，增强小学生的自我保护意识，教授小学生交通安全知识，培养小学生文明出行的良好习惯。例如，不随便离队，不互相追逐嬉闹，不在交通拥挤的地方集队、停留，以免影响人、车通行；过马路时，应在人行横道上通过；在没有车辆行驶时，抓紧时间通过等。

小学生交通安全教育要引导小学生了解交通指示灯的含义、横穿马路时的注意事项、乘车时的规定等。目前，我国不少地区开设了生动的交通安全教育体验课程，或修建了专业的体验馆，有针对性地让小学生在特定的场馆内，参加丰富多彩的体验活动，以步行者和驾驶者的身份进行体验，从而正确理解交通安全知识，并培养在危险状态下的应变能力。

二、小学生交通安全教育存在的问题

(一)学校缺乏系统的交通安全教育机制

学校是小学生交通安全教育的主要承担者，但就目前来看，很多小学缺乏系统的措施，没有形成有效的安全教育机制。首先，虽然一些学校在一定程度上强调小学生交通安全教育的重要性，但是由于该项工作缺乏明确的、统一的评价标准，而且缺乏必要的监督考核机制，这在一定程度上影响了小学生交通安全教育评价的实效性。

其次，尽管一些学校根据《中小学幼儿园安全管理办法》的要求开设了道路交通安全教育课程，但由于这些课程往往得不到家长和学生的足够重视，而且也缺乏相应的激励机制，这样容易使这些课程的开设流于形式，达不到交通安全教育的应有效果。

最后，小学生交通安全教育的内容贫乏，教学组织形式单一，缺乏交通安全教育的针对性。在内容方面，很少学校能够严格按照《中小学幼儿园安全管理办法》的要求设计系统的小学生安全教育内容，并组织系统的教学设计。在教学组织形式方面，很多学校基本上是发放宣传资料、举办演讲以及出黑板报等，有条件的可能会请交通警察来学校做指导，但是这些做法缺乏经常性和持久性，所以很难达到教育效果。

(二)教师的非专业化

小学生交通安全教育不仅需要专业教师，而且要求教师在其教育教学过程中身体力行。但是，就目前的小学生安全教育教师队伍而言，存在着非专业化的现象。

首先，教师缺乏系统的交通安全教育的专业知识和有关交通安全的法律法规常识。这种现象导致的结果，一方面是学生学不到系统、正确的交通安全知识，也不能形成相应的技能；另一方面是很难使小学生交通安全教育具有长期的规划，并得到系统的组织。

其次，小学生交通安全教育教学方法的局限性。由于教学条件和环境的限制，交通安全教育教学的方法受到一定的局限，以致小学生不容易体验到真实的情境，从而影响教学效果。

(三)小学生交通安全意识淡薄

小学生受其年龄特征影响，身心发展不够成熟，交通安全知识贫乏，交通安全意识淡薄。首先，小学生更注重学科知识的学习，缺乏对道路交通安全规则的系统了解和认知。

其次，缺乏对潜在危险行为可能导致的安全隐患的预见性。有些小学生经常在马路上追赶、打闹，而这些危险行为存在着安全隐患。

最后，尽管小学生接受了有关交通安全教育的知识，但很少进行这方面的实际操练。比如，一些学生不知道交通事故报警电话和医疗救护电话，一旦发生交通事故等应急状况，他们往往不知所措，不会及时向警察或医院求助，很容易错过最佳救援时间，导致不良后果。

(四)家长忽视小学生的交通安全教育

家庭是影响小学生交通安全教育的重要因素，家长缺乏小学生安全教育意识，容易导致许多交通安全教育问题。首先，有的家长的安全意识不强，不能为孩子提供必要的、正确的交通安全知识和良好的榜样。比如，过马路闯红灯，骑行电动自行车不戴安全帽，在马路上超速行驶，不走人行横道等，会给孩子带来不良影响。

其次，家长缺乏交通安全教育知识，导致他们在与孩子的日常交流中不能传授给孩子正确的交通安全知识，甚至想当然地引导孩子做出不正确的行为。

最后，由于家长过于关注孩子的文化课学习，而忽视孩子的交通安全教育，在某种程度上导致孩子交通安全教育的缺失，达不到交通安全教育的应有效果。

知识链接

芬兰的交通安全教育

在安全和交通教育方面，芬兰交通安全教育协会发行了多种有关交通安全教育的出版物，其中最主要的教材是为4～12岁儿童编写的《儿童交通安全指南》。教师可以结合配套图画和视频开展具体、直观、翔实的交通安全教育。芬兰公共道路设有专门的行驶区域带，步行道、自行车道、机动车道并排设置，各行其路；汽车司机在路口数米外就会主动停车以礼让行人；新学员至少需要两年时间才能拿到驾照，要经过长期的理论学习、模拟练习和大量的驾驶训练才能将临时驾驶许可证升级为正式的驾照。芬兰的交通事故率是发达国家中最低的，芬兰警察依法对违反交通法规者根据其收入高低按比例处以罚款。①

三、改进小学生交通安全教育的对策

(一)学校方面

1. 完善小学生交通安全教育的评价机制

学校是交通安全教育的主体，有效的评价机制有利于推进学校交通安全教育的顺利开展，有利于保障交通安全教育质量。因此，学校应建立与完善交通安全教育的评价系统，并进行严格的自我监督与检查；要强化交通安全教育的业务指导，开展交通安全教育教学的研究、咨询、指导、评估、服务等工作；要主动、定期开展交通安全教育督导，对学校的相关教育人员、责任人员定期进行交通安全教育培训，将小学生交通安全教育开展情况和相关教育人员、责任人员学习情况纳入年度考核。

2. 制订并完善校园交通安全应急计划

学校应大力整治校园周边交通安全隐患，有效控制交通事故的发生，全力构建小学生安全出行通道；制订完善的小学生交通安全应急计划，并使用有效的方法对学生进行有关应急知识的教育和培训，提高学生对交通安全应急反应处理速度，减少学生伤害和学校财产损失，为小学生打造一个安全、温馨的教育环境。

3. 丰富小学生交通安全教育的途径

一是充分利用课堂教学、宣传、培训和实践等途径进行安全教育。例如，使用校园广播、学校网站和公告栏等方式进行交通安全教育的培训和推广，以此来丰富小学生交通安全知识，提高安全教育的效果。二是为小学生提供形象、生动且乐于接受的交通安全教育书籍，以此提高其交通安全教育意识，丰富其交通安全教育的知识及技能。三是学校要与公安交通、治安等部门建立密切联系，协调承担公共交通安全教育的内容。四是学校要建设符合公共交通安全教育要求的物质环境和人文环境，使学生在潜移默化中提高交通安全意识，认识交通安全的意义。五是学校要采取积极措施帮助家长强化交通安全教育意识，了解和掌握交通安全教育的科学方法，主动寻求家长对交通安全教育的支持和帮助。例如，设置"家长志愿者护学岗"，由家长、教师共同维护学生上学、放学秩序，护送学生过马路等，构筑一道坚固的交通安全防线。

(二)教师方面

1. 提高对交通安全教育的认识

首先，教师不能只关注自己的专业素养，还应该重视小学生的交通安全教育，强化自身交通安全教育的意识，有意识地提升自己的交通安全教育素养，掌握小学

---

① 韩宝江：《芬兰基础教育的现象教学（三）》，载《基础教育参考》，2019(9)。

生交通安全教育的知识和技能，担负起向小学生传授交通安全知识的重任，满足小学生的交通安全需求。其次，教师可以通过多种途径增加自身交通安全教育知识的储备，如参加学校组织的交通安全培训、校外专家关于交通安全教育的讲座，与相关专家进行交流，与领导、同事进行教学研讨，分享教学经验，与学生讨论，共同进步和提高。最后，教师与家长要加强联系，及时向家长转发与交通安全教育相关的文章、网络课程等，定时让家长提醒学生注意交通安全，同心协力，齐抓共管学生交通安全教育。

2. 优选交通安全教育内容

首先，根据国家中小学健康教育的标准以及《中小学公共安全教育指导纲要》的要求，结合本地的实际情况，学校应开发更多符合小学生身心发展特点的交通安全教育内容，使交通教育内容更加具体，更具实用性；其次，将交通安全教育的内容融入教师的学科教学和综合实践活动课程中。各科教师在学科教学中要挖掘隐性的交通安全教育内容，与显性的交通安全教育内容一起，与学科教学有机整合，按照要求，予以贯彻落实。对无法在其他学科中渗透的交通安全教育内容，可以利用地方课程的形式，采用多种方法，帮助学生系统掌握安全知识和技能。

3. 优化交通安全教育教学组织形式

首先，教师要充分利用班会、专题讲座、墙报、板报、参观和演练等方式，采取多种途径和方法全方位、多角度地开展交通安全教育。其次，设计交通安全教育主题教学活动。通过游戏、实际体验、角色扮演、模拟演练的形式，教师可以更加有效地向学生传播正确的安全教育思想和理念，学生可以畅所欲言表达自己对生命的理解，认识各种交通安全隐患及其对人身产生的危害。最后，教师可以根据小学生的年龄特点，通过生动直观的交通安全教育图片和视频，让学生在观看中获得交通安全问题的实例，使学生更直观地了解交通安全教育的重要性，知道违反交通规则可能会出现的严重后果。

(三)学生方面

1. 形成正确的交通安全意识

小学生的交通安全意识，是指小学生头脑中逐渐形成的在日常生活习惯中必须注意交通安全的观念，它是对有可能伤害自己或他人的交通安全隐患的一种戒备和警觉的心理状态。培养小学生的交通安全意识，不仅可以帮助小学生理解交通安全教育的重要性，而且可以使小学生充分认识到交通安全教育是保证小学生生命安全、促进小学生健康成长的重要前提。

2. 掌握基本的交通安全知识

小学生要掌握的基本交通安全知识包括：必须遵守交通规则，不要在马路上打闹嬉戏；必须在人行道上行走，横穿马路时，应走人行横道（斑马线）；在有交通信号灯控制的人行横道，须按信号灯的指示通过，在没有交通信号灯控制的人行横道，须注意车辆，不要追逐猛跑；在没有人行横道的路段，必须直行通过，不要斜穿猛跑，通过时，先看左边的来车，到了路中间再看右边的来车，目测车速和距离，确认安全时才可以通过；过马路时，不能边听音乐边过马路。

3. 养成良好的交通行为习惯

小学生要加强交通安全经验的积累，掌握交通规则；自觉把理论学习与实践活动有机结合，不仅要注重交通安全知识的学习，还要积极参加学校、社会举办的交通安全实践活动。例如，参加过马路模拟演练，在模拟的交通情境中，更有助于提升自身的交通安全知识与技能，养成良好的交通安全行为习惯。

(四)家庭方面

1. 增强交通安全教育意识

家长具有交通安全意识可以给孩子树立良好的榜样，反之则会给孩子带来不良的影响。因此家长不仅要注重孩子的学科知识学习，还应该引导孩子关注日常生活中的交通安全，在日常生活中应当时刻提醒孩子注意交通安全，遵守交通规则，养成良好的交通安全习惯。

2. 掌握交通安全教育知识

家长要充分发挥自己的示范作用，积极参与和配合学校及社区的交通安全教育活动。

家长的交通安全教育知识可以通过学校、社区的宣传和定期开展的交通安全活动等途径来获得，也可以通过网络平台和孩子共同"充电"，引导孩子学习交通安全知识，了解应对突发交通安全事件的基本技能。

3. 改善交通安全家庭教育方式

家庭对小学生的交通安全教育有着基础性和源头性的导向作用，家长可以采取灵活多样的交通安全教育方式，在日常生活中用自己的言行举止影响孩子对交通安全教育的态度，引导孩子养成良好的交通安全行为习惯。

第三节 小学生食品安全与健康教育

校园食品安全问题，不仅影响到小学生的身心健康，而且会关系到他们的生命安全。加强小学生食品安全教育，提高小学生食品安全意识，普及食品安全知识，具有重要的现实意义。

一、小学生食品安全教育的含义

根据《中华人民共和国食品安全法》，食品安全是指食品对人的身体没有毒害，满足人体应该有的营养需要，不会引起急性、亚急性或慢性危害。食品安全教育，是指为了减少有害食品危害人类的身体健康，教育工作者有目的地指导学习者获得食品安全知识，增强安全意识，减少有害物质进入人体的教育活动。[①] 开展食品安全教育，有助于减少疾病发生的概率，有助于增强体质，有助于减少有害食品危害人类的身体健康。

小学生食品安全教育，即学校在《"健康中国 2030"规划纲要》的指导下，根据小学生的年龄和认知特征，全面系统地传授给小学生食品安全知识，提高小学生食品安全意识，减少食品安全问题对小学生的危害的教育活动。开展食品安全教育可以更好地帮助小学生认识食品安全教育的重要性，提高食品安全知识的储备，熟练灵活地掌握该年龄段应该具备的食品安全知识，增强自我保护能力，以及抵御不利于身体健康的食品的诱惑能力。

二、小学生食品安全教育存在的问题

近年来，尽管小学生食品安全教育越来越受到重视，并取得了一定的成效，但从总体来看，小学生食品安全教育还存在很多问题。

(一)学校食品安全教育的管理与评价的局限

1. 学校食品安全管理不到位

学校的食品安全管理制度是学校管理工作的重中之重，食品安全管理系统是否健全将会直接关系到学校和学生的人身及财物是否安全。但是，有的学校食品安全教育往往出现形式化的倾向，致使学校负责学生食品安全管理的工作人员和食堂工作人员没有发挥实质性作用，食品安全教育得不到学校管理者的真正重视。

2. 学校食品安全教育的评价体系不健全

有关部门在食品安全教育中尤其是在小学生食品安全教育中的监督、监管不到位，食品安全教育效果不明显。由于没有有效的食品安全教育的评价体系，所以食品安全教育很难真正落到实处，大多数学生不知道食品安全教育的评估方法，对现行的评估方法不清晰。

3. 学校缺乏统一的教育内容

食品安全教育活动没有相关内容做参考，教育内容不系统、不规范，起不到有效进行食品安全教育的作用。

(二)教师方面的局限

1. 教师缺乏对食品安全教育的足够认识

部分教师不能够充分认识食品安全教育的重要性，认为只要教好学科知识就可以了，而具体的食品安全教育则是学校的事情。他们缺乏食品安全意识，平时在课堂教学中很少关注食品安全问题，这不利于小学生食品安全教育。

---

① 王仕平、杜波、张睿梅：《对我国食品安全教育的探讨》，载《中国食物与营养》，2010(3)。

2. 教师欠缺食品安全教育知识

大部分教师的食品安全教育知识来自自己的日常生活经验，而对科学的食品安全知识则缺少充分的认识和积累。由于缺少专业的食品安全教育教师，其他学科的教师则囿于食品安全专业知识的局限和对学科教学的过度重视，导致教师自身缺乏科学的食品安全教育知识，更不能把食品安全教育与学科教学有机结合，所以，食品安全教育很难取得良好的效果。

3. 教师对食品安全教育的组织形式单一

目前教师对食品安全教育的教学组织形式主要依赖课堂教学，或者机械地宣读有关食品安全教育的规定，缺乏灵活多样的组织形式，不能根据小学生的年龄特征和食品安全教育的特殊要求，进行有针对性的教学，影响了食品安全教育的效果。

(三)小学生食品安全意识淡薄

1. 小学生对食品安全的关注程度不够

小学生由于其年龄特征，习惯于家长和学校安排饮食事宜，认为食品安全与自己关系不大，自己只要把科学文化知识学好就可以了，因而很少主动关注食品安全方面的问题，从而忽视了食品安全教育的重要性。

2. 小学生的自控能力较差

小学生的身心发育还处于不成熟状态，缺乏自我保护的能力，自我控制能力差，禁不起各种食品的诱惑。近年来，小学生的食品安全事故有所增加，这与小学生的自控能力差有些关系。比如，尽管他们知道路边摊的食品、饮料不利于自己的身体健康，但仍然不会拒绝这类食品。

三、改进小学生食品安全教育的对策

(一)学校方面

1. 加大对小学生食品安全的监管力度

学校应加大对小学生食品安全的专项监管力度，有效监管有利于保障食品安全质量，有利于学校食品安全教育的顺利开展。特别是提供餐饮服务的学校，更应主动、定期对配餐公司或学校食堂进行严格的监督与检查，强化相关人员食品安全教育的业务指导工作。

2. 将食品安全教育内容纳入学校常规教育之中

学校应根据《中小学公共安全教育指导纲要》，结合学生实际，将食品安全教育内容纳入学校教育中。首先，学校可以根据每个年级的具体情况，结合健康教育目标与内容制订适合各个年级的分层次的教学目标与计划。例如，对于低年级的学生，可以引导他们了解洗手的好处与正确的洗手方法，知道某些食物对健康的影响，掌握简单的食品安全知识，并养成良好的饮食习惯。其次，食品安全教育内容应符合小学生的特点。例如，让小学生掌握基本的食品安全知识，可以告诉他们应该拒绝诸如生冷食物、不洁净食物、腐败变质的食物等。

3. 丰富小学生食品安全教育的途径

第一，充分利用课堂教学、宣传、培训和实践等途径进行食品安全教育。举办有关小学生食品安全教育的社会实践活动，或者举办与食品安全相关的辩论赛、竞答活动等。第二，为小学生提供形象、生动且乐于接受的有关食品安全教育的科学书籍。第三，学校要建设符合公共食品安全教育要求的物质环境和人文环境。第四，学校要采取积极措施帮助家长强化孩子的食品安全教育意识，了解和掌握食品安全教育的科学方法，主动寻求家长和社会对食品安全教育的支持与帮助。

(二)教师方面

1. 提高对食品安全教育的认识

教师应该充分认识到小学生食品安全教育的重要性，有意识地提升自己的食品安全教育素养，掌握小学生食品安全教育的知识和技能，担负起向学生传授食品安全知识的重任，满足小学生的食品安全需求。

2. 优选食品安全教育内容

首先，根据国家中小学健康教育的标准以及《中小学公共安全教育指导纲要》的要求，结合本地的实际情况，教师应有意识地开发更多符合小学生身心发展特点的食品安全教育内容，使食品安全教育内容更加具体、更具特色；其次，将食品安全教育内容融入自己的学科教学和综合实践活动课程中。各科教师在学科教学中要挖掘隐性的食品安全教育内容，与显性的食品安全教育内容一起，与学科教学有机整合，按照要求，予以贯彻落实。

3. 丰富食品安全教育的组织形式

教师应根据学生的年龄特征开展形式多样的食品安全教育，要充分利用主题班会、教室环境布置、班级文化、组织参观等方式，采取多种途径开展食品安全教育，使学生在学习中、在班级文化熏陶中提升食品安全教育意识，掌握食品安全知识，养成食品安全的行为习惯。

(三)学生方面

1. 培养自身的食品安全意识，形成良好的个人卫生和健康的饮食习惯

小学生的食品安全意识，是指小学生日常生活中的食品安全观念。小学生要形成食品安全意识，就要树立正确的态度与观念，掌握基本的食品安全知识，抵制各种不良诱惑，做到对自己的身体健康和生命安全负责。

2. 掌握基本的食品安全知识

基本的食品安全知识，包括饭前便后要洗手；瓜果洗净并去除外皮后才食用；不购食来路不明和超过保质期的食品；不购食无卫生许可证和营业执照的小店或路边摊点上的食品；不吃已确认变质或怀疑可能变了质的食品；不吃不符合食品卫生安全标准的食品。

3. 学会鉴别不良食品的基本能力，增强自觉抵御不良食品诱惑的能力

学生购买食品时应注意：到正规商店购买，不买校园周边、街头巷尾的"三无"食品；购买正规厂家生产的食品，尽量选择信誉度较好的品牌；仔细查看食品标签，食品标签中必须标注产品名称、配料表、净含量、厂名、厂址、生产日期、保质期、产品标准号等；不买标签不规范的产品；食品是否适合自己食用。另外，绝大部分不健康食品以其新颖的包装、奇特的外形和"色香味俱全"的特征来吸引、诱惑小学生，所以，小学生要有辨别食品优劣的能力，抵御不健康食品诱惑的能力。

第四节 小学生网络安全与健康教育

随着互联网在日常生活和学习中的广泛应用，小学生网络安全教育显得越来越重要。2022 年，中国互联网络信息中心发布的第 49 次《中国互联网络发展状况统计报告》显示，截至 2021 年 12 月，中国 10 岁以下网民占比 4.3%，10～19 岁的网民占比 13.3%。可见，小学生网民群体所占比例越来越大，由此而带来的网络安全问题也越来越多，解决网络安全问题已经迫在眉睫。

一、小学生网络安全教育的含义

(一)网络安全与网络安全教育

1. 网络安全

网络安全可以从广义和狭义两个方面来理解。广义的网络安全，是指网络信息和网络文化的安全，网络信息建立在虚拟社会中能够保持其可用性和真实性，通过传播手段给社会带来正能量的一种模式；狭义的网络安全，是指其系统中的硬件、软件数据受到保护，不会由于某些原因遭到破坏、泄露或者篡改，使网络系统运行平稳安全。[1]

2. 网络安全教育

由网络安全的概念可知，网络安全教育亦可以从两个方面来理解：一是侧重于网络安全技术层面的教育；二是侧重于培养网络安全意识、能力层面的教育。[2] 其中，网络安全技术层面的教育涵盖计算机科学、网络技术、通信技术、信息安全技术、加密技术、应用数学等领域；基于网络安全意识和能力发展的教育，主要是提高学习者网络安全领域的学习能力。网络安全教育的内容主要包括网络伦理道德和责任意识教育、计算机法律法规基本知识教育、网络安全基本知识教育、安全技术防卫知识教育、网络安全意识教育、国家安全意识和保密观念教育、网络安全管理

---

① 鲁兵：《关于加强大学生网络安全教育与管理的思考》，载《科技展望》，2016，26(24)。
② 訾凯：《武陟县实验中学网络安全教育实施现状调查》，硕士学位论文，内蒙古师范大学，2019。

制度教育、身心健康教育等方面。①

(二)小学生网络安全教育

小学生网络安全教育，是指学校结合小学生的年龄特点，有目的、有组织、有计划地传授网络安全知识，培养小学生网络安全和网络管理技能，增强小学生对信息网络有关的威胁和违法行为的判断能力的教育活动。小学生网络安全教育的主要内容包括使小学生初步认识网络资源的积极意义，了解网络不良信息的危害，初步学会合理使用网络资源，努力增强对各种信息的辨别能力，学会控制自己的行为，防止沉迷于网络游戏和其他电子游戏。

(三)小学生网络安全教育的意义

网络资源非常丰富，学生用电脑作为学习的工具，通过网络获得知识，可以很好地增强自主学习能力，以及利用现代网络工具去分析、解决问题的意识，从而在学习上减少对他人的依赖。在网上观看电影、欣赏音乐、进行游戏，既增长了知识，又丰富了课余生活。

网络有利于开阔学生的视野，拓展学生的学习空间，促进学生个性化发展。但是由于网络信息的特殊性，以及小学生自身的特点，网络信息也容易对小学生产生不良的影响。

首先，丰富的网络信息让小学生难以做到正确地选择信息，一旦选择错误，身心就会受到干扰，影响小学生健康成长。

其次，网络信息传播的任意性容易弱化小学生的道德意识，比如，可能会导致个别学生生活中学会说谎，行为怪异，对自我行为的约束力减弱。

最后，网络的诱惑性可能导致小学生出现性格缺陷。例如，部分小学生可能会将网络世界当作现实生活，与他人没有共同语言，从而表现出孤独孤僻、情绪低落、思维迟钝单一、自我评价降低等症状，这在医学上被称为"互联网成瘾综合征"。②

二、小学生网络安全教育存在的问题

(一)社会缺乏有效监督

网络资源内容丰富，涵盖面广，但内容良莠不齐，容易成为传播不良文化的渠道。比如，不适合小学生浏览、学习的信息，部分网络资源具有强烈的诱惑力和消极的诱导性，容易使个别学生受到不良影响，从而影响学业。

由于学校和家庭控制网络环境的能力所限，所以社会应该承担起监督网络安全的任务。但是，目前的情况是社会的监督不力，这主要是由社会监督主体的特殊构成决定的。一些网络运营者无视社会责任，不能严格执行国家的有关规定，因而对小学生上网缺少实质性的管理。而如公安、工商、文化和通信等部门也往往监督不

① 李振汕：《对加强大学生网络安全教育的研究》，载《中国教育信息化》，2007(10)。
② 黄雄鹏：《网络安全教育的思考》，载《计算机产品与流通》，2017(10)。

到位，管理不到位，导致小学生上网现象严重，对小学生的身心健康发展产生不良影响。

(二)学校网络安全教育薄弱

学校是小学生网络安全教育的主体，小学生网络安全意识、知识和有关技能方面的教育任务主要由学校承担。目前学校网络安全教育主要存在以下问题。

1. 网络安全教育实施途径不完善

在实际教学过程中部分教师对网络安全知识轻描淡写地讲授，还有部分教师觉得网络安全知识与己无关，干脆就不进行学科渗透。在这种思想的支配下，网络安全教育得不到重视。学校网络安全教育形式单一，教育手段单调，宣传方式简单，校外教育资源借力不够，家校联系不够紧密。

2. 网络安全教育内容缺乏针对性

不能针对小学生的特点选择网络安全教育内容，不利于小学生养成网络安全行为习惯，达不到良好的网络安全教育效果。

3. 网络安全教育的保障机制不健全

网络安全教育时间被侵占，网络安全教育资源"缺且旧"的问题突出，教师队伍发展滞缓，缺乏应有的教研活动。[①]

(三)家庭网络安全教育缺失

由于小学生在家庭生活的时间相对较多，所以家庭教育在小学生网络安全教育中起着非常关键的作用。但是，目前小学生的家庭网络安全教育存在缺失的现象，主要表现为以下几个方面。

第一，家长对子女网络行为缺少应有的引导和管束。部分家长对网络安全教育关注程度偏低。网络成瘾的学生，大多数是由于长期缺少父母的关爱导致的。生活在城区的小学生，有的父母往往更为关注孩子的文化课学习结果，而很少关注孩子的学习过程与情感教育；乡村的小学生留守在家的较多，因为父母在外，父母与子女之间的关系相对疏远，亲子关系发生了消极变化，这对小学生的心理健康会产生诸多不利影响。

第二，家庭网络安全教育的方法和手段落后。由于家长本身缺乏有关网络安全教育的知识，或者其网络安全教育意识淡薄，因而部分家长存在着与子女沟通较少、传授技能欠缺、管教方式简单粗暴等问题。家长不能准确观察、分析孩子的时间分布，如上网占有的时间有多少，上网做些什么，等等。

第三，家庭教育情感缺失。家庭教育情感缺失的孩子往往缺乏安全感，常常表现出孤僻、胆小、自卑等心理特征，且人际交往能力较差。他们容易将自己的注意力与情感集中到网络中。如此反复，他们对网络产生依赖。

---

① 訾凯：《武陟县实验中学网络安全教育实施现状调查》，硕士学位论文，内蒙古师范大学，2019。

(四)学生自身因素的局限

1. 小学生过于强烈的猎奇和对英雄的盲目崇拜心理

网络游戏的出现,正好迎合一些小学生猎奇和追求刺激的心理。他们通过操纵游戏可以获得满足感,而且他们内心的压抑可以得到宣泄和释放。由于小学生世界观、人生观和理性的价值判断能力都没有最终形成,极易受到带有暴力内容的网络游戏的影响,从而导致道德认知模糊,产生"攻击他人合理"的错误思想。

2. 小学生的抗干扰和自控能力不强

自控能力不强,容易受到来自网络的"诱惑",是小学生上网成瘾的关键原因。很多小学生虽然知道长时间使用电子产品不好,有时也不想这样,但是一接触电脑、手机等电子产品就控制不住自己。

3. 小学生抗压能力的局限

随着年龄的增长,小学生的学业任务越来越重,给小学生造成很大的心理压力。部分学生在学习中受挫,有时会借网络来逃避学习,缓解学业压力,或者想在网络游戏中寻找成功感、成就感,从而将自己的注意力集中到网络中。

三、改进小学生网络安全教育的对策

(一)学校方面

1. 加强"文明上网"的管理力度

首先,学校应当制定网络安全管理办法,提高教师对"垃圾网络信息"应急反应处理速度,减少"垃圾网络信息"对小学生心理、价值观的侵害。其次,学校也要安排网络管理人员,及时做好"网络清道夫"的工作,定期检查并清理不良广告信息和垃圾软件等,为小学生营造一个安全、温馨的学校网络安全教育环境。

2. 丰富小学生网络安全教育的途径

第一,充分利用课堂教学、宣传、培训和实践等途径进行网络安全教育。举办小学生网络安全教育的社会实践活动,或者举办与安全相关的辩论赛、网络安全知识竞赛、网络犯罪模拟法庭等活动,以此来丰富小学生的网络安全知识,提高网络安全教育的效果。第二,学校要建设符合公共网络安全教育要求的物质环境和人文环境,使学生在潜移默化中增强网络安全意识,促进学生学习并掌握必要的网络安全知识,认识网络安全的意义。

3. 建立帮控小组

学校可以组建一个由校领导、教师、家委会成员、心理咨询师等人员组成的帮控小组。帮控小组主要是针对网络成瘾的小学生,根据他们上瘾的程度,制订一套完善的帮控计划,帮助网瘾小学生早日脱离网络的阴霾。

（二）教师方面

1. 重视小学生网络安全教育

首先，教师应该重视小学生的网络安全教育，强化自身网络安全教育的意识，加强网络安全知识学习，提升自身分辨和应对网络污染、网络垃圾、网络诈骗等问题的能力，努力建设风清气正的校园网络育人环境；其次，教师应提高自身政治鉴别能力，充分利用网络舆论正确引导学生，帮助学生树立正确的价值观，避免网络谣言给学生带来身心伤害。

2. 优选网络安全教育内容

教师应根据国家中小学健康教育的标准以及《中小学公共安全教育指导纲要》的要求，结合学生上网的实际情况，开发更多符合学生特点的网络安全教育内容，使网络教育内容更加具体，更具有针对性。

3. 优化网络安全教育教学组织形式

充分利用班会、校会、升旗仪式、专题讲座、墙报、板报、参观和演练等方式，采取多种途径和方法全方位、多角度地开展网络安全教育。教师可以更加温和、有效地为学生渗透正确的网络安全教育的思想和理念，学生可以大胆表达自己对网络的理解，认识各种网络安全隐患及其对人身产生的危害。

4. 与家长联合教育

教师要采取积极措施，与家长加强网络安全联合教育，强化学生的网络安全教育意识，使学生了解和掌握网络安全教育的科学方法。

（三）学生方面

1. 形成正确的网络安全意识，初步认识网络资源的积极意义和网络不良信息的危害

小学生网络安全教育不仅依赖学校、家庭和社会，还取决于小学生自身。这就需要小学生认真学习网络安全知识，树立正确的上网态度与观念，了解健康的上网知识与技能，自觉提升抗干扰和抵制各种不良诱惑的能力。

2. 掌握基本的网络安全知识

没有经过父母同意，不把自己及家人的真实信息，如姓名、住址、电话号码等在网上告诉其他人；看到不文明的信息或图片，应立即告知父母；不要在网上散布对别人有攻击性的言论，也不要传播或转贴他人的违反中小学生行为规范甚至触犯法律的内容；尽可能不要在网络论坛、公告栏、聊天室公布自己的电子邮箱地址；未经父母同意，不和任何网上认识的人见面；如果收到垃圾邮件（不明来历的邮件），应立即删除；不要浏览"儿童不宜"的网站或网站栏目；如遇到网上有人伤害自己，应及时告诉父母或老师；根据与父母的约定，适当控制上网时间，一般每次不要超过1小时。

3. 增强网络安全防范能力

初步学会合理使用网络资源，努力增强对各种信息的辨别能力，学会控制自己

的行为，防止沉迷于网络游戏和其他电子游戏。网络安全防范能力包括以下几种：一是分辨能力，即遭遇网络不安全因素时能及时分辨、发现危险所在；二是应对能力，即遭遇不安全因素时能明白正确的应对方法；三是自觉传递经验，即拥有较高的网络安全意识，不仅意味着能够降低自身遭遇网络危险的可能，还能告诫和帮助他人免受网络不安全因素的侵害，从而进一步降低网络安全事故发生率。

(四)家庭方面

1. 提高家长网络安全教育素养

家长不仅要掌握网络安全教育知识，充分发挥自己的示范作用，还要积极参与学校以及社区组织的网络安全教育活动。家长的安全教育知识可以通过学校、社区的宣传和定期开展的网络安全活动等途径获得，也可以通过网络平台和孩子共同学习，引导孩子养成正确的上网习惯。

2. 改善家长网络安全教育方式

家长在日常生活中为孩子确定良好的上网方式，引导孩子科学地利用网络资源，同时，家长在日常生活中规范约束自身的上网行为，为孩子树立良好的榜样，用自己的言行举止直接影响孩子对网络安全教育的态度。

第五节　小学生自然灾害安全与健康教育

自然界除了赐予人们物质和能源，还带来了难以抵抗的诸如地震、洪水、泥石流、台风、海啸等自然灾害。面对突然而来的自然灾害，小学生往往缺乏应急能力，人身安全会受到威胁，因此小学生自然灾害安全教育尤为重要。

一、自然灾害教育的含义

(一)自然灾害

自然灾害是指在自然界中发生的，造成一定的生命伤亡与财产损失，需要采取应急措施予以应对的危害事件。[①] 它是在一定的地理区域内发生并达到一定强度和阈值的特定自然现象及过程，是影响公众生活和财产安全的生态环境的异常或极端现象。自然灾害包括气象灾害、地质灾害和海洋灾害，如地震、台风、洪水、海啸、冰雹和沙尘暴等。

自然灾害形成的过程有长有短，有缓有急。有些自然灾害，当致灾因素的变化超过一定强度时，就会在几天、几小时甚至几分钟、几秒钟内表现为灾害行为，像火山爆发、地震、洪水、飓风等，这类灾害被称为突发性自然灾害。旱灾、农林病虫害等，虽然一般要在几个月的时间内成灾，但灾害的形成和结束仍然比较快速、

---

① 黄崇福：《自然灾害基本定义的探讨》，载《自然灾害学报》，2009，18(5)。

明显，亦属于突发性自然灾害。另外，还有一些自然灾害是在致灾因素长期发展的情况下，逐渐显现成灾的，如土地沙漠化、水土流失、环境恶化等，这类灾害通常要经过几年或更长的时间，被称为缓发性自然灾害。

许多自然灾害，特别是等级高、强度大的自然灾害发生以后，常常诱发出一连串的其他灾害，这种现象叫灾害链。灾害链中最早发生的、起作用的灾害被称为原生灾害，而由原生灾害诱发出来的灾害则被称为次生灾害。自然灾害发生后，破坏了人类生存的和谐条件，由此还可导致一系列其他灾害，这些灾害泛称衍生灾害。

(二)自然灾害安全教育

自然灾害教育是面向全体社会成员的教育宣传活动，旨在提高全体社会成员的防灾减灾意识和技能。自然灾害教育的主要内容包括灾前征兆、自然灾害的形成机制、灾害可能产生的危害和影响、如何防御灾害再次发生，以及如何在灾害发生时自救和互救。[①]

二、小学生自然灾害安全教育

(一)小学生自然灾害安全教育的定义

小学生自然灾害安全教育是面向小学生的安全教育活动，教育者要根据小学生的年龄特点及心理发展特点，有目的、有计划、有组织地传授系统、全面的预防自然灾害的知识，培养小学生预防自然灾害的技能，从而提高小学生防灾减灾的安全意识，维护其人身安全。

学校自然灾害安全教育是防灾减灾的基础工作之一，越来越受到各国的关注，而根据地区的地域特色和文化背景开展适合地域性的小学生自然灾害安全教育，不仅可以使一些有效的灾害救助方法和防灾减灾措施得到具体落实，还能使小学生得到有效的防灾减灾知识与技能。

(二)小学生自然灾害安全教育的目标

根据教育部《中小学公共安全教育指导纲要》，依据小学生的年龄特点，小学生自然灾害安全教育的目标主要包括以下方面。1~3年级的学生：一是了解学校所在地区和生活环境中可能发生的自然灾害及其危险性；二是学习躲避自然灾害引发的危险的简单方法，初步学会在自然灾害发生时的自我保护和求助及逃生的简单技能。4~6年级的学生：一是了解影响家乡生态环境的常见问题，形成保护自然环境和躲避自然灾害的意识；二是学会躲避自然灾害引发的危险的基本方法；三是掌握突发自然灾害预警信号级别含义及相应采取的防范措施。

(三)小学生自然灾害教育的内容

小学低年级的学生已经基本具备自然灾害危险性的感知意识，并能够熟知一些自然灾害，通过教师的教育获取一些应急知识和能力，但是他们还停留在感性认识

---

① 赵钰霞：《高中地理教学中的自然灾害生存教育研究——以平昌县为例》，南充，西华师范大学，2017。

阶段，注意力容易分散，这一阶段自然灾害安全教育的重点是使小学生能够在成人的指导下快速、正确地逃生；小学中年级的学生应了解自然灾害的危险性，并在自己的知识水平范围内采取自我保护措施；高年级的学生应了解各种自然灾害的危害性及应对措施，还应接受相关的思想道德教育，不但要确保自己安全，还应密切关注他人的情况，并采用适当的方式帮助他人。[①]

三、小学生自然灾害安全教育存在的问题

小学生自然灾害安全教育是一个综合性的社会问题，需要学校、家庭和社会的统筹协调，只有这样才能使小学生更好地形成自然灾害安全教育的意识，有效地提高小学生防灾减灾能力，保证小学生健康成长。目前我国小学生自然灾害安全教育存在的问题主要表现为学校对自然灾害安全教育的忽视、家庭自然灾害安全教育的欠缺和学生应对自然灾害的局限。

(一)学校对自然灾害安全教育的忽视

1. 自然灾害安全教育意识淡薄

自然灾害安全教育意识淡薄主要表现为，虽然学校、教师和学生认识到自然灾害安全教育的重要性，但是没有从根本上形成自然灾害安全教育意识。首先，学校不重视自然灾害安全教育，在学校教育系统中，灾害应急教育得不到足够重视，因而难以取得实际的教育效果。比如，自然灾害安全教育的课程往往让步于文化类课程，或者简单应付。其次，虽然任课教师意识到自然灾害安全教育的重要性，但由于不能主动学习有关自然灾害安全教育的知识和技能，导致自身欠缺自然灾害安全教育知识。最后，小学生不能随时关注身边自然灾害的相关信息，不清楚身边的自然灾害避险场所，不主动掌握教材中有关自然灾害的知识，以致一旦发生自然灾害，他们会感到束手无策，酿成灾难。

2. 学校自然灾害安全教育的封闭性

学校自然灾害安全教育的封闭性主要表现为，学校管理者对国家的自然灾害应急管理政策关注不够，信息不能保持畅通更新。研究者通过调查发现，学生掌握的有关自然灾害的知识几乎是脱离家庭、社会的。比如，学生很少知道家里有什么灾害应急急救用品，也不清楚所在社区附近的灾难避险场所等。

3. 学校自然灾害安全教育资源匮乏

学校自然灾害安全教育资源匮乏表现为，未形成专门的自然灾害安全教育课程，关于自然灾害安全教育的图书报刊资源匮乏，教师自身的自然灾害安全教育素养不高。[②]

① 朱水莲：《中小学灾害应急教育现状、问题与对策分析》，硕士学位论文，南昌大学，2012。
② 朱水莲：《中小学灾害应急教育现状、问题与对策分析》，硕士学位论文，南昌大学，2012。

(二)家庭自然灾害安全教育的欠缺

家庭自然灾害安全教育的欠缺,主要表现为家长对小学生自然灾害安全教育的认识不足,家长缺少应对小学生自然灾害安全教育的知识,家长应对小学生自然灾害安全教育的经验欠缺。

1. 家长对小学生自然灾害安全教育的认识不足

自然灾害的降临往往具有突发性,很多家长错误地认为,应对自然灾害是国家和政府的事情,国家和政府应该有准确的预警,只要按照要求做就可以了,与自己的关系不大,甚至不能积极配合学校组织的自然灾害安全教育,从而产生麻痹大意的想法。所以,一旦自然灾害袭来,家长往往会束手无策,导致小学生受到伤害。

2. 家长缺少应对小学生自然灾害安全教育的知识

小学生自然灾害安全教育是一个针对小学生应对自然灾害安全教育的知识内容体系,包括小学生应对自然灾害的有关知识和技能,以及相应的教育方式方法。家长关于自然灾害安全教育的知识大多是零星的,缺乏系统性、全面性和科学性。

3. 家长应对小学生自然灾害安全教育的经验欠缺

在自然灾害来临时家长不知道采取什么具体措施进行施救,社区也没有定期给家长开展自然灾害教育和培训,所以家长很难有效地对孩子进行自然灾害安全教育。

(三)学生应对自然灾害的局限

由于自身的年龄和心理特点,小学生在应对自然灾害时表现出一定的局限性。首先,缺乏抵御自然灾害应有的经验,预感不到自然灾害到来时的紧急状态和危害。尽管学校或家庭在这方面有一定的宣传活动,但小学生仍然难以设想自然灾害所带来的危机。

其次,小学生还没有形成应对自然灾害的能力。由于身体发育的局限性,在突发自然灾害时,小学生不能抵御自然灾害的侵袭,往往会表现出束手无策,有时甚至会在混乱中不能理智地听从现场工作人员的引导与指挥,导致不应有的人身伤害。

最后,小学生缺乏自然灾害的基本知识和应急策略。自然灾害具有突发性的特点,由于小学生日常所受的安全教育涉及自然灾害的知识内容较少,所以,在突发自然灾害的情况下,他们可能不知道有效的预警手段,错失最佳的救援时机,导致其生命受到危害。

四、改进小学生自然灾害安全教育的对策

(一)学校方面

1. 制订并完善校园自然灾害应急计划

学校应当制订自然灾害应急计划,并使用有效的方法对学生进行有关应急知识的教育和培训,从而有效控制并减少事故的发生,提高学生对自然灾害应急反应处理速度,减少自然灾害对学生的伤害,为学生打造一个安全、温馨的学校自然灾害

教育环境。

2. 丰富小学生自然灾害安全教育的途径

第一，学校结合事故发生规律和特点、学生认知特点，深入开展内容丰富、形式多样的安全教育和自救逃生演练活动。学生通过多次演练可以获得有关自然灾害的知识经验，巩固逃生技能技巧，进而内化为自觉习惯，逐步形成良好的自我防范意识和应对自然灾害危机的能力。[①] 第二，充分利用校外教育资源。为了让市民体验暴风雨、火灾、地震、山洪等自然灾害，能身临其境地感受到自然灾害发生时的场景，许多城市设立了自然灾害体验馆。学校可以组织学生前往自然灾害体验馆，让学生亲身感受自然灾害发生时的场景，再加上讲解员结合场景给学生讲解自然灾害常识和自救知识，使学生加深对自然灾害知识的印象。

(二)教师方面

1. 提高教师对自然灾害安全教育的认识

首先，教师自身应该树立起自然灾害风险意识和自然灾害防范意识；其次，教师应通过多种途径，帮助小学生掌握防灾、减灾的知识，和提高避灾、自我保护的能力；最后，教师应该在思想上、行动上高度重视自然灾害安全教育工作，如认真贯彻落实学校组织的安全教育、安全演练等活动，确保在各类突发事件来临之际，全体师生能快速反应、紧急避险，最大限度地保护生命安全，减少不必要的伤亡事故，构筑一道抵御自然灾害的坚实防线。

2. 优选自然灾害安全教育内容

根据国家中小学健康教育的标准以及《中小学公共安全教育指导纲要》的要求，结合本地的实际情况，教师应开发更多符合当地环境特点的自然灾害教育内容，使教育内容更加具体，更具实用性。

3. 优化自然灾害安全教育教学组织形式

丰富多样的教学组织形式，可以增强安全教育的效果。除课堂讲授外，教师可以通过形式多样的教学组织形式对学生进行自然灾害安全教育，如通过主题班会、游戏、模拟现场体验、影片欣赏、角色扮演等活动，也可以应用广播、电视、计算机等现代教育手段进行相应的自然灾害安全教育。

(三)学生方面

1. 形成保护自然环境和躲避自然灾害的安全意识

要逐步形成针对自然灾害的防范意识，知道自然灾害与自身的生命安全息息相关，要通过自然灾害具体案例分析，掌握安全知识，提高警惕；当自然灾害发生时，能够正确面对自然灾害，正确躲避自然灾害，保护好自身安全；同时，认识到一些自然灾害是由自然环境的破坏而引起的，所以要形成保护自然环境的意识。

---

① 高璐璐：《浅谈对中小学实施自然灾害安全教育的有效途径》，载《考试周刊》，2019(13)。

2. 了解影响家乡生态环境的常见问题

了解包括地震、火山爆发、泥石流、海啸、台风、洪水等突发性灾害，地面沉降、土地沙漠化、干旱、海岸线变化等渐变性灾害，以及臭氧层变化、水体污染、水土流失、酸雨等人类活动导致的环境灾害。比如，雷电是常见的自然现象，它实质上是天空中雷暴云的火花放电，放电时产生的光是闪电，闪电使空气受热迅速膨胀而发生的巨大声响是雷，雷雨天容易遭受雷击，致人受伤甚至死亡。

3. 学会躲避自然灾害引发危险的基本方法

掌握突发自然灾害预警信号级别含义及相应采取的防范措施，形成应对自然灾害的技能。把自然灾害理论学习与实践活动有机结合，要积极参加学校、社会举办的自然灾害安全实践活动。例如，通过防灾演习、应急演练等实践活动，提升自身的安全知识与技能；在灾害事件中初步学会自我保护和求助、求生的简单技能。学会正确使用和拨打110、119、120电话。

(四)家庭方面

1. 家长提高自然灾害安全教育素养

家庭是学生的第一所学校，家庭教育对于学生来说具有内化的功能。因此自然灾害教育不能忽视家庭的重要作用，而是应该在学校基础教育、社会外部保障宣传的基础上，强化家庭教育的有效参与，形成学校—社会—家庭三位一体的自然灾害安全教育的合力。家庭要配合学校将自然灾害安全知识和技能融入学生的日常教育中，参与学校自然灾害教育中的心理素质养成与心理辅导环节，使学生将灾害安全知识与技能内化，提高面对自然灾害的心理素质，从而使学校自然灾害安全教育更好地发挥实效，提高教育效果。[1]

2. 主动配合学校自然灾害安全教育

家庭对小学生的自然灾害安全教育有着重要的导向作用，家长不仅要用自己的言行举止直接影响孩子对自然灾害安全教育的态度，还应主动配合学校在家开展自然灾害安全教育，不断增强自身自然灾害安全教育意识，掌握足够的自然灾害安全教育知识，发挥自己的榜样示范作用，让孩子能从根本上具备识别自然灾害风险的能力，掌握必要的避险技能。

思考题

1. 简述小学生安全教育的内涵及其特点。

2. 小学生常发生的安全事故有哪些？

3. 简述小学生安全教育存在的问题。

---

[1]　高璐璐：《浅谈对中小学实施自然灾害安全教育的有效途径》，载《考试周刊》，2019(13)。

4. 简述交通安全教育的含义及改进小学生交通安全教育的措施。

5. 简述食品卫生安全教育的含义及改进小学生食品安全教育的措施。

6. 简述网络安全教育的含义及改进小学生网络安全教育的措施。

7. 简述自然灾害安全教育的含义及改进小学生自然灾害安全教育的措施。

延伸阅读

中小学公共安全教育指导纲要(选摘)
教育部

为进一步加强中小学公共安全教育,培养中小学生的公共安全意识,提高中小学生面临突发安全事件自救自护的应变能力,根据义务教育法、未成年人保护法、《国家突发公共事件总体应急预案》及《中小学幼儿园安全管理办法》、《教育系统突发公共事件应急预案》,特制定本纲要。

一、指导思想、目标和基本原则

(一)必须坚持以邓小平理论和"三个代表"重要思想为指导,树立和落实科学发展观,坚持以人为本,把中小学公共安全教育贯穿于学校教育的各个环节,使广大中小学生牢固树立"珍爱生命,安全第一,遵纪守法,和谐共处"的意识,具备自救自护的素养和能力。

(二)通过开展公共安全教育,培养学生的社会安全责任感,使学生逐步形成安全意识,掌握必要的安全行为的知识和技能,了解相关的法律法规常识,养成在日常生活和突发安全事件中正确应对的习惯,最大限度地预防安全事故发生和减少安全事件对中小学生造成的伤害,保障中小学生健康成长。

(三)中小学公共安全教育要遵循学生身心发展规律,把握学生认知特点,注重实践性、实用性和实效性。坚持专门课程与在其他学科教学中的渗透相结合;课堂教育与实践活动相结合;知识教育与强化管理、培养习惯相结合;学校教育与家庭、社会教育相结合;国家统一要求与地方结合实际积极探索相结合;自救自护与力所能及地帮助他人相结合。做到由浅入深,循序渐进,不断强化,养成习惯。

二、主要内容

(一)公共安全教育的主要内容包括预防和应对社会安全、公共卫生、意外伤害、网络、信息安全、自然灾害以及影响学生安全的其他事故或事件六个模块。重点是帮助和引导学生了解基本的保护个体生命安全和维护社会公共安全的知识和法律法规,树立和强化安全意识,正确处理个体生命与自我、他人、社会和自然之间的关系,了解保障安全的方法并掌握一定的技能。中小学心理健康教育继续遵照教育部已经规定的相关要求实施。

(二)开展公共安全教育必须因地制宜,科学规划,做到分阶段、分模块循序渐进地设置具体教育内容。要把不同学段的公共安全教育内容有机地整合起来，统筹安排。对不同学段各个模块的具体教学内容设置，各地可以根据地区和学生的实际情况加以选择。

1. 小学 1—3 年级的教育内容重点为：

模块一：预防和应对社会安全类事故。

(1)了解社会安全类突发事故的危险和危害。

(2)了解并遵守各种公共场所活动的安全常识。

(3)认识与陌生人交往中应当注意的安全问题，逐步形成基本的自我保护意识。

模块二：预防和应对公共卫生事故。

(1)了解基本公共卫生和饮食卫生常识。

(2)了解常见的肠道和呼吸道等常见疾病的预防常识，养成良好的个人卫生和健康行为及饮食习惯。

模块三：预防和应对意外伤害事故。

(1)学习道路交通法的相关内容，了解出行时道路交通安全常识。

(2)初步识别各种危险标志；学习家用电器、煤气(柴火)、刀具等日常用品的安全使用方法。

(3)初步具备使用电梯、索道、游乐设施等特种设备的安全意识。

(4)初步学会在事故灾害事件中自我保护和求助、求生的简单技能。学会正确使用和拨打 110、119、120 电话。

模块四：预防和应对自然灾害。

(1)了解学校所在地区和生活环境中可能发生的自然灾害及其危险性。

(2)学习躲避自然灾害引发危险的简单方法，初步学会在自然灾害发生时的自我保护和求助及逃生的简单技能。

模块五：预防和应对影响学生安全的其他事件。

(1)与同学、老师友好相处，不打架；初步形成避免在活动、游戏中造成误伤的意识。

(2)学习当发生突发事件时听从成人安排或者利用现有条件有效地保护自己的方法。

2. 小学 4—6 年级的教育内容重点为：

模块一：预防和应对社会安全类事故或事件。

(1)认识社会安全类突发事故或事件的危害和范围，不参与影响和危害社会安全的活动。

(2)自觉遵守社会生活中人际交往的基本规则以及公共场所的安全规范。

(3)学会应对可疑陌生人的方法，提高自我防范意识。

(4)了解应对敲诈、恐吓、性侵害的一般方法，提高自我保护能力。

模块二：预防和应对公共卫生事故。

(1)加强卫生和饮食常识学习，形成良好的个人卫生和健康的饮食习惯。

(2)了解常见病和传染病的危害、传播途径和预防措施。

(3)初步了解吸烟、酗酒等不良习惯的危害，知道吸毒是违法行为，逐步形成远离烟酒及毒品的健康生活意识。

(4)初步了解青春期发育基础知识，形成明确的性别意识和自我保护意识。

模块三：预防和应对意外伤害事故。

(1)培养遵守交通规则的良好习惯，形成主动避让车辆的意识。

(2)提高自我保护意识，了解私自到野外游泳、滑冰等活动的危害；学习预防和处理溺水、烫烧伤、动物咬伤、异物进气管等意外伤害的基本常识和方法。

(3)形成对存在危险隐患的设施与区域的防范意识，了解与学习和生活密切相关的特种设备安全知识。

(4)学会有效躲避事故灾害的常用方法和在事故灾害发生时的自我保护和求助及逃生的基本技能。

(5)使学生初步了解与学生意外伤害有关的基本保险知识，提高学生的保险意识。

模块四：预防和应对网络、信息安全事故。

(1)初步认识网络资源的积极意义和了解网络不良信息的危害。

(2)初步学会合理使用网络资源，努力增强对各种信息的辨别能力。

(3)学会控制自己的行为，防止沉迷网络游戏和其他电子游戏。

模块五：预防和应对自然灾害。

(1)了解影响家乡生态环境的常见问题，形成保护自然环境和躲避自然灾害的意识。

(2)学会躲避自然灾害引发危险的基本方法。

(3)掌握突发自然灾害预警信号级别含义及相应采取的防范措施。

模块六：预防和应对影响学生安全的其他事件。

(1)形成和解同学之间纠纷的意识。

(2)形成在遇到危及自身安全时及时向教师、家长、警察求助的意识。

……

三、实施途径

(一)学校要在学科教学和综合实践活动课程中渗透公共安全教育内容。各科教师在学科教学中要挖掘隐性的公共安全教育内容，与显性的公共安全教育内容一起，与学科教学有机整合，按照要求，予以贯彻落实。小学阶段主要在品德与生活、品德与社会课程中进行。

(二)对无法在其他学科中渗透的公共安全教育内容，可以利用地方课程的时间，采用多种形式，帮助学生系统掌握公共安全知识和技能。要充分利用班、团、校会、升旗仪式、专题讲座、墙报、板报、参观和演练等方式，采取多种途径和方法全方位、多角度地开展公共安全教育。

（三）公共安全教育可以针对单一主题或多个主题来设计教学活动；通过游戏、实际体验、影片欣赏、角色扮演等活动，也可以运用广播、电视、计算机、网络等现代教育手段进行教学，探索寓教于乐、寓教于丰富多彩活动的教学组织形式，增强公共安全教育的效果。公共安全教育的形式在小学以游戏和模拟为主，初中以活动和体验为主；高中以体验和辨析为主。

学校要建设符合公共安全教育要求的物质环境和人文环境，使学生在潜移默化中提高安全意识，促进学生学习并掌握必要的安全知识和生存技能，认识、感悟安全的意义和价值。

（四）学校要与公安消防、交通、治安以及卫生、地震等部门建立密切联系，聘请有关人员担任校外辅导员，根据学生特点系统协调承担公共安全教育的内容，并且协助学校制订应急疏散预案和组织疏散演习活动。

公共安全教育是学校、家庭和社会的共同责任。学校要采取积极措施帮助家长强化对孩子的公共安全教育意识，指导家长了解和掌握公共安全教育的科学方法，主动寻求家长和社会对公共安全教育的支持和帮助。

四、保障机制

（一）学校要保证公共安全教育的时间，可根据实际情况，结合不同学段的课程方案和本指导纲要的要求，采用课程渗透和利用地方课程时间相结合的方式，确保完成本纲要中规定的教学内容，并要安排必要的时间，开展自救自护和逃生实践演练活动。

（二）各地要加强教学资源建设，积极开发公共安全教育的软件、图文资料、教学课件、音像制品等教学资源。凡进入中小学校的自助读本或相关教育材料必须按有关规定，经审定后方可使用；公共安全教育自助读本或者相关教育材料的购买由各地根据本地实际情况采用多种方式解决，不得向学生收费增加学生负担。大力提倡学校使用公用图书经费统一购买，供学生循环借阅；重视和加强公共安全教育信息网络资源的建设和共享。

（三）各级教育行政部门和学校要重视教师队伍建设，把公共安全教育列入全体在职教师继续教育的培训系列和教师校本培训计划，分层次开展培训工作，不断提高教师开展公共安全教育的水平。

（四）各地要加强教研活动和课题研究，把公共安全教育研究列入当地课题研究规划，保证经费，及时总结、交流和推广研究成果。学校要充分调动教师的积极性，有针对性地开展公共安全教育的校本研究。

（五）要重视对公共安全教育活动的评价和督导。各地教育行政部门要制定科学的公共安全教育评价标准，并将其列入学校督导和校长考核的重要指标之一。评价的重点应注重学生安全意识的建立、基本知识技能的掌握和安全行为的形成，以及学校对公共安全教育活动的安排、必要的资源配置、实施情况以及实际效果。学校要把教师开展公共安全教育的情况作为教师考核的重要依据。

第九章　小学生营养膳食与健康教育

本章导读 ▶

　　合理、科学的营养膳食是小学生健康生长发育所需的基本物质保障。通过学习本章，我们可以掌握小学生营养膳食的基本概念和意义；了解小学生营养膳食方面存在的问题，以及小学生不良的膳食习惯及其危害；熟悉小学生营养膳食的合理搭配，以及家庭、学校在小学生营养膳食方面应当注意的事项。

第一节　小学生营养膳食概述

一、营养膳食与小学生营养膳食的概念

(一)营养膳食

从营养学的角度看，营养膳食亦称健康膳食，是指人体健康发展所需的膳食中包含的营养素及其比例关系。营养膳食的基本内涵包括三个方面：一是营养膳食是由多种食物合理搭配烹制而成的，膳食中含有种类齐全、数量充足的营养素；二是要求营养素之间保持适度的数量平衡（适合的比例）；三是营养膳食的目的在于有利于各种营养素的吸收、利用和各自功能的充分发挥，从而使人体的营养需要与膳食供给之间建立良好的平衡关系。

(二)小学生营养膳食

小学生营养膳食是针对小学生而言的健康膳食。小学生营养膳食是指小学生在生长发育期间所需的膳食中包含的营养素及其比例关系。其基本含义包括：一是小学生的营养膳食更加追求营养全面，即营养素的种类丰富，能适应小学生身心发展的需要；二是对于小学生而言营养素的比例是平衡的，即每一种营养素既要达标又不能超标；三是营养膳食对小学生成长的目的在于通过饮食的方式补充营养，促进小学生对营养素的吸收和利用，达到强身健体的目的。

二、小学生营养膳食的意义

(一)有助于加强学校对小学生营养膳食工作的重视

当前许多学校对小学生的营养膳食重视程度越来越高，而且多以"小餐桌"的形式为小学生提供营养餐，这不仅解决了小学生健康营养的需要，而且解决一些了家长的后顾之忧，同时也对学校营养餐的管理提出了更高的要求。比如，学校在提供营养餐时，要充分考虑到小学生身体发育所需的各种营养，并能够在营养餐的配制中体现这些要求，使小学生在校内也能补充到所需的各种营养，以利于他们健康成长。

(二)有助于加深家长对孩子科学营养膳食的认识

随着人们生活水平的提高，父母越来越重视孩子的营养膳食。小学时期是人生长发育的关键时期，这个时期对营养的需求较高，人体需要足够的营养来维持正常的新陈代谢。如果错过这个关键期，将会给孩子的身体发育和健康成长造成不可挽回的损害。所以，小学生的营养膳食与健康教育可以帮助家长改变错误的观念，形成对营养膳食的科学认识。在现实生活中，由于没有掌握科学的营养膳食知识，很

多家长误认为高端食品能确保孩子的营养均衡，以致无节制地满足孩子的各种膳食需求。与此相反，有的家长认为现在的食物安全性无法保障，因而千方百计地控制孩子的饮食，完全不管孩子的营养需求。

(三)有助于小学生机体健康发育与成长

小学阶段是学生身体快速发展的时期，因此小学生更加需要营养膳食的辅助。一般来说，小学生需要的营养素主要包括蛋白质、脂肪、维生素、糖类、矿物质、水和膳食纤维七大类，缺乏任何一种营养素，都会影响小学生的正常发育。

小学初期，学生的生长发育较幼儿期逐渐减慢，但至小学高年级时又进入人生第二次生长发育加速期。此时智力发育迅速，学习紧张，体力劳动增加，故对营养要求较高，尤其是小学生进入生长突增期，对营养要求更高。世界卫生组织制定的每日热量供给规定：7～9岁儿童每日为2200千焦，10～12岁男生为2600千焦，女生为2340千焦；蛋白质的需要量随活动能力增加和肌肉发育程度而增多，7～10岁儿童为每日60克，10～13岁为70克，而且应保证获得优质蛋白质，其供热量应占总热量的11%～14%；由于骨骼生长迅速，儿童对矿物质尤其是钙的需要量甚大，其他矿物质如锌、铁、铜等及各种维生素也必须足量摄入。脂肪摄入量不宜过高，脂肪所供热量约占总热量的25%～30%，其中一半来自植物油。[1]

第二节　小学生膳食存在的问题

小学生的营养膳食是他们健康发展的基本物质前提。由于小学生的不良膳食习惯，其日常膳食达不到营养标准。小学生不良的膳食习惯主要包括挑食、饮食不规律、偏爱零食与饮料、餐量分配不合理与摄入不足。

一、挑食

挑食是指饮食过程中对某些食物挑剔或仅吃几种自己喜欢或习惯的食物。严重挑食也是一种心理疾病，被称为选择性饮食障碍。挑食是小学生普遍存在的不良膳食现象。比如，有些小学生不喜欢吃蔬菜、水果，也有的不喜欢某种特定颜色的食物，如红色，或者不能接受某种性状的食物，如糊状。

挑食对小学生的健康具有较大影响。一是挑食容易导致某些营养素的摄入不足或过量。研究发现，由挑食导致的锌、铬、铜、硒等微量元素缺乏，是造成儿童视力障碍和近视的原因之一。二是挑食容易导致维生素缺乏。一般人体所需维生素量较少，只要注意平衡膳食一般不会导致维生素缺乏，但是小学生如果挑食会使维生素摄入量不够，新陈代谢紊乱，从而会导致一些病征。小学生挑食的原因一般包括

---

① 转引自赵玉梅：《保证儿童营养　促进健康成长》，载《护理研究》，2009，23(1)。

以下几个方面。

首先，小学生长期食用同一种食物，难免会产生腻感，或是对这种食物的口感形成了习惯，一旦加入其他口味会自发地抗拒，我们可以称之为长期饮食单调。

其次，有些小学生的家长没有树立好的榜样。家长挑食可能会导致小学生模仿，跟随家长学会挑食。

再次，小学生爱吃零食的习惯容易导致挑食。由于有些小学生难以抗拒各种零食的诱惑，尤其是那些重口味的食品，他们一旦迷恋上，就很难再接受口味清淡的蔬菜、水果和粗粮。

最后，有些小学生在吃饭时注意力不集中。比如，很多家长默认小学生边看电视边吃饭的习惯，认为孩子看电视不要紧，吃进去饭才是关键，所以对于小学生边看电视边吃饭的做法听之任之，导致孩子不能专心吃饭，养成挑食的习惯。

二、饮食不规律

饮食不规律，通俗来讲就是一日三餐不按时按量的饮食习惯。饮食不规律是小学生群体中比较常见的不良饮食习惯，这种现象不仅存在于小学生群体中，甚至很多成年人也有此类习惯。饮食不规律的危害较为严重。不吃早餐、三餐饮食不均衡或暴饮暴食等，都会对小学生的健康造成危害。饮食不规律的危害主要包括以下两个方面。

一是饮食不规律会损伤胃肠，诱发胃肠疾病。饮食不规律，会打乱胃肠消化的生物钟。当不吃早餐或饥饿时，胃酸等消化液分泌后得不到食物中和，可侵蚀胃黏膜，加上幽门杆菌的感染，可引起急慢性胃炎、胃与十二指肠溃疡等疾病。另外，暴饮暴食可引起急性胃扩张，严重损害胃肠功能。

二是饮食不规律会引起营养失衡。由于饮食不规律，或经常不吃早餐，或饮食不均衡，不能给身体提供足够的能量和营养，久而久之，会导致皮肤干燥、贫血、细胞衰老等营养缺乏症状。

三、偏爱零食与饮料

偏爱零食与饮料是小学生普遍存在的膳食问题。由于零食与饮料具有很大的诱惑性，而小学生自身抵御诱惑的能力有限，偏爱零食与饮料对小学生的健康成长产生了很大影响。零食大多为"重口味"食品，添加了过多的香精、色素、防腐剂等，小学生身体处在发育关键阶段，食用过多零食必定会影响身体的正常发育；饮料中的糖分含量较高，有的小学生用饮料代替水，一些小学生因过度饮用饮料导致身材肥胖、血糖高，甚至出现糖尿病的情况。因此，零食与饮料对小学生健康成长的危害很大。

(一)零食的危害

(1)膨化食品的主要成分是淀粉、味精和香精。这些营养不能满足小学生生长发育的需要。

（2）虽然零食中添加的色素被称为"食用色素"，但多数是由化学工艺合成的，很少是天然的，具有一定的副作用，会慢慢损害人体，严重时会影响儿童的智力发育。

（3）零食中的防腐剂主要包括山梨酸和亚硝酸盐。山梨酸的副作用小，但是价格昂贵；亚硝酸盐价格便宜，但是副作用大。很多制造商为了获利而使用副作用大的亚硝酸盐。

（4）零食用的塑料包装本身有毒，在生产、印刷和包装过程中，重金属的沉积物会侵入人体，影响智力发育。

（5）不符合卫生标准的菌落指数严重超标，危害性大。

（二）饮料的危害

饮料是指经加工制成的适于人或牲畜饮用的液体，尤指用来解渴、提供营养或提神的液体，如汽水及各种果汁等。不健康的饮料或者小学生过度偏爱饮料都会对小学生的健康产生影响。饮料的危害主要有以下几方面。

（1）胃口正常的孩子在饭前喝大量饮料会稀释胃液，饮料中的糖分过多会影响食物摄入，导致机体的发育不良，如肥胖。

（2）有些饮料在生产过程中不严格执行操作规程，或者包装设计不科学，打开包装后无法保存，导致细菌含量过多或饮料变质，引起胃肠道不适甚至腹泻。此外，某些饮料中含有对人体有害的物质，长期饮用对人体有害。

（3）夏季儿童喝冷饮，会使胃壁变冷，影响胃的正常功能，引起消化不良，甚至导致消化性溃疡病。

四、餐量分配不合理与摄入不足

（一）餐量分配不合理及其危害

小学生的饮食应当按照人体的需求对早、中、晚餐合理分配餐量。但是，餐量分配不合理在小学生中经常发生，是小学生常见的不良饮食习惯。比如，有的小学生早上胃口不佳，不重视早餐的合理搭配，而晚餐又会过多食用大鱼大肉，这就是典型的餐量分配不合理现象。餐量分配不合理对小学生的危害主要有以下几方面。

（1）不喜欢吃早餐或者早餐食用的量不够。如果小学生没有吃早餐，就会过早地产生饥饿感，很多学生坚持不到吃午餐的时间会选择加餐，加餐必然导致午餐的食欲降低，从而影响午餐甚至晚餐的正常食用量。

（2）不吃早餐或早餐餐量不够，不利于身体的新陈代谢，容易引发胃炎、胃溃疡等疾病。不吃早餐还容易导致小学生体内血糖供应不足而使学生反应迟钝，上午的学习精力不足等。

（3）小学生的晚餐往往容易过量。晚餐过量对小学生的最直接影响就是容易导致肥胖。小学生晚餐过量不易消化，不利于小学生的身体正常发育；晚餐过量如果没有及时消耗，容易影响小学生的睡眠质量，进而影响他们的日常生活质量。

(二)摄入不足及其危害

摄入不足是指小学生没有在日常饮食中获取到必需的和足够的营养素。小学生身体生长发育所需的营养素多数通过日常的饮食获得，如果小学生没有养成良好的饮食习惯，不能通过正常的饮食获取身体必需的营养素，就会对小学生的生长发育产生严重的影响。比如，如果小学生缺乏维生素，会产生以下几种症状。

(1)缺乏维生素 A：容易导致夜盲症、角膜变厚和眼干燥症，皮肤干燥，毛发蓬乱，代谢障碍；还可出现贫血、体力衰竭。

(2)缺乏维生素 B：会发生不可修复的神经症状；身体消瘦、厌食、全身无力、视力减退或丧失，有时步态不稳，颤抖，随后出现轻瘫、抽搐的症状；出现痉挛、贫血、心搏徐缓和虚脱以及干性落屑性皮炎、肥厚脂肪性皮炎等。

(3)缺乏维生素 C：人体缺乏维生素 C 后结缔组织形成不良，使毛细血管壁不健全，易出血，增加脆性，形成维生素 C 缺乏病，也就是坏血病。

(4)缺乏维生素 D：易罹患佝偻病。人体日常所需的维生素 D 主要是利用日光中紫外线照射皮肤而获得。因阴雨或天气炎热不常带孩子进行户外活动，居室朝阴，窗户紧闭(因玻璃不能透过紫外线而影响紫外线的通过)，以及城市高层建筑多，空气尘埃多而阻挡紫外线的通过等，均是使儿童患佝偻病的因素。

第三节　小学生营养膳食的合理搭配

合理搭配小学生的营养膳食，不仅能够为他们提供生长发育所需的营养物质，而且也有助于小学生养成科学饮食的好习惯。

一、食用适量蔬菜、水果

蔬菜、水果是小学生日常生活离不开的食物，它们所具有的营养价值对小学生来说不可或缺。

蔬菜具有极高的营养价值，其中，绿叶菜是营养价值最高的一类。绿叶菜能提供丰富的维生素 C 和胡萝卜素，也是维生素 B_2 的重要来源之一；绿叶菜的含钙量比较高，一般绿叶菜中钙的利用较好，但有些绿叶菜由于含有草酸而致使钙的利用率不高；绿叶菜含铁丰富，而且其中的铁容易被人体吸收。水果除含有丰富的维生素 C、维生素 A、维生素 E 以及钾、镁、纤维素之外，还含有叶酸、胡萝卜素、钙、氨基酸、天然肌醇。

二、注意食物的多样化

食物多样化是指食物原料的多样，以及食物类别的多样。对于小学生来说，食物的原料应当在 15 种以上，而且不包括调味品。如果达不到，至少要在 10 种以上。这些食物包括粮食、蔬菜、水果、豆类和豆制品、奶类及少量肉类。

(一)粗细搭配

食物的种类要以谷类食物为主，谷类食物包括大米，面粉，杂粮中的高粱、玉米、小米、红薯等，主要为人体提供碳水化合物、蛋白质、膳食纤维和 B 族维生素等营养物质。在食用谷类食物时，应注意粗细搭配，经常吃些粗粮、杂粮，多食豆类及豆制品。豆类及豆制品主要包括大豆、蚕豆、豌豆、绿豆、赤豆、豆腐、豆浆和豆芽等。豆类含有的氨基酸，其组成接近人体的需要成分，且富含粮食中较为缺乏的赖氨酸。此外，豆类还含有丰富的钙、磷、铁，以及维生素 B_1、维生素 B_2 等。豆腐含有丰富的蛋白质；豆浆中的蛋白质含量与鲜奶相当。

(二)荤素搭配

荤是指动物性食物，素是指植物性食物。动、植物性食物搭配烹调在改善菜肴色香味的同时，可以提供各类营养成分。很多小学生喜欢吃荤类食物，不爱吃蔬菜等素食，这不利于小学生的成长，应当注重日常饮食的荤素搭配。例如，羊肉与生姜搭配，羊肉补血温阳，生姜止痛祛风湿。两种食物搭配，生姜去除羊肉的腥膻味，帮助羊肉发挥温阳祛寒的功效。另外，羊肉与山药搭配还能补血、强身、通便。

(三)色彩搭配

丰富多彩的食物能给人视觉上美的感受，引起食欲。小学生心理发育尚不成熟，不理解营养膳食的重要性，更爱食用自己喜欢的食物，成人可以通过色彩搭配来调动小学生的食用兴趣。色彩鲜明的食物刺激小学生的食欲，使小学生愿意接受营养的食物。例如，什锦蔬菜，五颜六色的蔬菜搭配在一起，更容易使小学生接受。

三、饮食需清淡少盐

食盐的主要成分是氯化钠，其中的钠元素是人体不可缺少的一种化学元素。成人体内一般有 6200～6900 毫克的钠，广泛存在于体内各种组织器官，具有调节体内水分、增强神经肌肉兴奋性、维持酸碱平衡和正常血压的功能。每天摄入 3 克食盐就能基本上满足人体钠的需要，但是由于人们的膳食习惯和口味的偏爱，盐的摄入量远远超过 3 克的水平。清淡少盐的饮食并不是食品中不添加一点盐，只是要按照正常的量来添加。小学阶段正是长身体的黄金阶段，对盐分的需求十分必要，所以按量科学供给，才能促进小学生健康成长。对于小学生而言，减少食盐摄入量首先要自觉纠正口味过咸而过量添加食盐和酱油的不良习惯，每天控制食盐摄入总量。

其次，控制调味品的含盐量。一般来说，20 毫升酱油中含有 3 克食盐，10 克黄酱含有 1.5 克食盐，如果菜肴需要用酱油和酱类，应按比例减少其中的食盐用量。

再次，喜欢过咸食物者为满足口感的需要，可在烹制菜肴时放少许醋，提高菜肴的鲜香味，帮助自己适应少盐的食物。

最后，要注意减少酱菜、腌制食品以及其他过咸食品的摄入量。

四、注意饮食卫生

饮食卫生是为使人们通过饮食能得到足够的营养、促进生长发育、增强体质所采取的措施。小学生应当养成饮食卫生的好习惯。

(1)培养不偏食、不挑食、饭前洗手、饭后漱口等良好的卫生习惯。

(2)小学生要掌握饮食卫生的相关知识，首先要做到不吃变质过期的食品，防止引起腹泻、腹痛等胃肠道疾病；其次要注意个人卫生，勤洗手。

五、平衡进食量与体力活动

进食量与体力活动是保持体重的两个主要因素。食物提供人体所需能量，体力活动消耗人体能量。如果进食量过大而活动量不足，多余的能量就会在体内以脂肪的形式积存，即增加体重，久之会发胖；相反，若食量不足，劳动或运动量过大，可由于能量不足引起消瘦，造成体力下降。所以需要保持食量与能量消耗之间的平衡。

研究者认为，对肥胖者来说，在日常膳食中蛋白质应占总能量的 20%～30%，宜吃优质蛋白，如瘦肉、牛奶、鱼、鸡等。如果限制脂肪的摄入，蛋白质应占每日总能量的 25%～30%，可吃茶油、橄榄油、植物油，少吃动物油及动物内脏；如果限制碳水化合物的摄入，蛋白质应控制在每日总能量的 40%～55%，多吃粗杂粮，如玉米、荞麦、燕麦等；要限制糖类的摄入，如含糖饮料及零食；要保证充足的蔬菜和水果，蔬菜和水果含有丰富的维生素，能量低且有饱腹感。一日三餐的摄入量应是午餐＞早餐＞晚餐。同时要根据个人情况进行适宜的体力活动，如散步、快走、慢跑、骑车、游泳等。对于消瘦者而言应稳步增加蛋白质和能量，增加食量，多吃优质蛋白，如蛋、奶、肉类，并注意补充矿物质和维生素，如维生素 A、钙、铁、锌等。

如果小学生吃饭过量却又不爱活动，必将导致肥胖等问题；而如果小学生吃饭量少，却又好动，能量和营养跟不上，也会导致体力不支、乏力的问题出现。吃多吃少都要保证正常的身体消耗，达到身体内的收支平衡，才是小学生健康成长的保证。

六、注重维生素的摄入

维生素是人为维持身体的健康而从食物中获得的一类微量有机化合物，对人体的生长、代谢、发育有重要作用。这类物质在体内既不是构成身体组织的原料，也不是能量的来源，而是一类调节物质，在物质代谢中起重要作用。

维生素分为脂溶性维生素和水溶性维生素。脂溶性维生素包括维生素 A、维生素 D、维生素 E、维生素 K，在食物中与脂类共存，其吸收与肠道中的脂类密切相关。富含维生素的食物有很多，许多水果蔬菜都含有大量的维生素，多吃含维生素的食物不仅不会长胖，还可以预防疾病。水溶性维生素是能在水中溶解的一组维生素，是辅酶或辅基的组成部分，主要包括维生素 B_1、维生素 B_2、维生素 C 等。

维生素可以从以下几个方面摄入。首先，要在饮食方面荤素搭配，多吃谷物，不能放纵小学生食用自身偏爱的零食等；其次，在日常生活中要保持健康良好的作息，不熬夜，多运动，形成科学合理的生活习惯；最后，平时多进行户外活动，多晒太阳。紫外线的照射可以促进人体形成维生素 D，促进骨骼健康。维生素对小学生极为重要，是小学生生长发育所必需的有机化合物，对此家长要引起高度重视，并保证小学生摄入足够的维生素，以促进小学生健康发育。

七、学校应保证学生的营养膳食

小学生的营养膳食，不仅是家庭要关注的事情，也是学校保证学生健康营养膳食的重要环节。对此，学校应该制定小学生健康营养膳食标准，规范校园餐饮，加强学校的餐饮管理。

首先，加强对小学生营养膳食的科学认识。学校应强化小学生营养膳食的管理理念，加强对小学生生长发育的营养需求重要性的认识；加强学校餐厅管理，注重食物的多样化，做到以谷类为主，清淡少盐的科学饮食供应；注意小学生饮食的合理配餐，并明确营养餐中蛋白质、脂肪、糖分和微量营养素的比例，注意饮食卫生，引导小学生把水作为日常水源。

其次，规范运营校园餐饮行业。加强监督校园餐饮卫生力度，鼓励餐饮企业各环节高标准运行，要求学校餐厅工作人员定期体检。

最后，严格监督配餐机构。如果小学生营养餐由配餐机构提供，要严格审核配餐机构资质，检查配餐质量等问题，对配餐机构的资格条件进行审核，同时也要随时关注食物的卫生与营养方面的问题，保证小学生营养膳食。

思考题

1. 简述小学生营养膳食的含义。

2. 简述小学生不良的膳食习惯。

3. 简述小学生营养膳食的标准。

4. 简述小学生营养膳食的影响因素。

5. 简述小学生营养膳食的合理搭配。

参考文献

[1]白晓彤．美国现行小学健康教育教材研究——以《Health&Wellness》和《Heath，Hygiene and Nutrition》两版为例[D]．烟台：鲁东大学，2019.

[2]毕义星．中小学生命教育论[M]．天津：天津教育出版社，2006.

[3]陈美．城区中小学健康教育存在问题与对策研究——合肥市庐阳区中小学健康教育现状分析与对策[J]．安徽体育科技，2014，35(1)：64-66，74.

[4]陈美媛．上海市小学体育兴趣化教学改革的实证研究[D]．上海：华东师范大学，2017.

[5]陈思铧．用眼习惯因素对邯郸市区小学生近视状况影响的调查研究[D]．保定：河北大学，2016.

[6]陈艳辉．新课程背景下长沙市城镇小学体育学习评价的研究[D]．长沙：湖南师范大学，2014.

[7]答会明．10年来我国小学生心理健康研究述评[J]．陇东学院学报，2018，29(6)：140-144.

[8]丁锐．基于国家课程标准的中美小学体育课程教学比较研究[D]．济南：山东师范大学，2018.

[9]杜英．美国学校健康教育[D]．北京：首都师范大学，2006.

[10]范正．山东省中小学生健康素养调查研究[D]．济南：山东大学，2018.

[11]冯永刚，员志慧．俄罗斯中小学安全教育及其对我国的启示[J]．外国中小学教育，2017(3)：18-24.

[12]付苗苗，牛桂芬．中小学生食品安全教育存在的问题及对策[J]．中国西部科技，2014，13(3)：106，111.

[13]高凡．重庆市主城区小学生近视状况调查及其影响因素分析[D]．重庆：第三军医大学，2013.

[14]郭菊．积极心理学取向下的小学心理健康教育模式研究：以内江市为例[D]．成都：四川师范大学，2014.

[15]郭亚新．21世纪日本学校健康教育课程体系研究[D]．北京：首都师范大学，2013.

[16]郭雨，叶良均．我国食品安全教育的问题与对策分析[J]．宿州学院学报，2014，29(1)：46-49.

[17]国家教育委员会,国家体育运动委员会.学校体育工作条例[EB/OL].[2023-06-02]http://www.gov.cn/gongbao/content/2017/content_5219126.htm.

[18]郝栋.情境教学视角下小学生体育学习兴趣培养策略[J].科学咨询(科技·管理),2019(13):127.

[19]何海霞.小学生食品安全教育的问题、原因及对策研究[D].南充:西华师范大学,2016.

[20]黄晓丽.当代中国学校体育健康教育思潮研究[D].长沙:湖南师范大学,2015.

[21]嵇清.我国《义务教育体育与健康课程标准》(小学部分)与日本《小学学习指导要领》(体育篇)的比较研究[D].扬州:扬州大学,2014.

[22]姜莹,丁辉.我国健康教育现状与发展展望[J].实用预防医学,2007,14(6):1956-1958.

[23]蒋凌琳,李宇阳.消费者对食品安全信任问题的研究综述[J].中国卫生政策研究,2011,4(12):50-54.

[24]鞠淑娟,杜丽波,刘秀梅.小学生视力低下的原因与对策[J].中国初级卫生保健,2001,15(10):61.

[25]李利萍.健康中国背景下小学体育课堂教学创新研究——以北京市小学为例[D].锦州:渤海大学,2019.

[26]李良,徐建方,路瑛丽,等.户外活动和体育锻炼防控儿童青少年近视的研究进展[J].中国体育科技,2019,55(4):3-13.

[27]李清亚,王晓慧.小学生健康方案[M].石家庄:河北科学技术出版社,2005.

[28]李秋月.广州市小学体育课堂教学评价的研究[D].广州:广州大学,2013.

[29]李祥,梁俊雄.学校健康教育学[M].北京:高等教育出版社,1998.

[30]李小妹.护理学导论[M].长沙:湖南科学技术出版社,2001.

[31]刘梦妍,马智群.健康心理学视角下的中小学生健康教育理念与实施[J].中小学心理健康教育,2019(18):62-64.

[32]吕书红.国内健康教育健康促进科学研究进展综述[J].中国健康教育,2016,32(12):1119-1122.

[33]马军.学校卫生学[M].北京:高等教育出版社,2010.

[34]莫宝庆,肖黎.大学生食品安全防范知识行为现状[J].中国学校卫生,2013,34(7):796-798.

[35]欧玉仑.郴州市城区青少年视力状况调查及分析[D].衡阳:南华大学,2013.

[36]冉圣男.湖北省中小学体育现状及对策研究[D].武汉:武汉体育学院,2015.

[37]伞东宇.小学安全教育中存在的问题及对策研究[D].重庆:重庆师范大学,2014.

[38]山东省教育厅.山东省儿童青少年近视综合防控推进计划[Z/OL].[2023-06-02]
　　http：//www.moe.gov.cn/jyb_xwfb/xw_zt/moe_357/jyzt_2019n/2019_zt7/
　　zcjj/df/201905/t20190515_382118.html.

[39]邵伟德,邹旭铝.论体育课教学低质量"教材低水平重复现象"之因果[J].体育
　　教学,2016,36(3):12-14.

[40]汤立许,蔡仲林.我国体育评价研究述评[J].上海体育学院学报,2011,35
　　(3):28-32.

[41]田娇娇.小学安全教育问题与对策研究——以哈尔滨市A小学为例[D].哈尔
　　滨:哈尔滨师范大学,2016.

[42]汪偲偲,游海潮.论马克思人的全面发展理论及其当代教育价值[J].现代交
　　际,2020(14):203-205.

[43]王道春.西方中小学校园安全管理对我国的启示[J].江苏警官学院学报,
　　2011,26(2):124-128.

[44]王改芳,沈建华."健康促进工程"背景下学生体育活动时空变化特征分析——
　　以上海小学生为例[J].西安体育学院学报,2018,35(6):765-768.

[45]王健,马军,王翔.健康教育[M].北京:高等教育出版社,2004.

[46]王路,蔡忠元,陈婷,等.上海市宝山区中小学健康教育现状[J].中国学校卫
　　生,2013,34(4):497-498.

[47]王仕平,杜波,张睿梅.对我国食品安全教育的探讨[J].中国食物与营养,2010
　　(3):17-20.

[48]王硕.我国小学体育教师职前教育培养方案研究[D].石家庄:河北师范大
　　学,2017.

[49]王雁.学校教育与学生健康[M].北京:教育科学出版社,2006.

[50]王叶琼,宋鑫平.体育锻炼对儿童执行功能的影响及其机制研究述评[J].当代
　　体育科技,2018,8(28):25-26.

[51]王怡,宋宗宇.日本食品安全委员会的运行机制及其对我国的启示[J].现代日
　　本经济,2011(5):57-63.

[52]向妤.美国小学健康教育的实施主体与课程内容[J].浙江外国语学院学报,
　　2011(6):85-88.

[53]徐上知,付蕾,牛冰,等.石河子大学医学生食品安全知识、态度及行为调查
　　[J].中国健康教育,2014,30(1):54-56.

[54]徐志元.儿童青少年近视形成影响因素及防控研究进展[J].中国城乡企业卫
　　生,2016(5):19-21.

[55]杨建文,鲍务新,姜洪方.父母有无近视中小学生近视情况及影响因素比较[J].
　　中国学校卫生,2011,32(3):349-351.

[56]杨晓宁．关于开展校园安全教育存在问题及对策的探讨[J]．延安职业技术学院学报，2010，24(3)：28-29.

[57]殷建忠，冉旭，王琦，等．昆明市 852 名大学生食品安全知识、态度及行为调查[J]．实用预防医学，2010，17(4)：699-701.

[58]袁华．城市社区老年高血压患者健康教育需求、过程和效果评价研究——以 J 省 C 市为例[D]．长春：吉林大学，2016.

[59]袁佳焰．海峡两岸中小学健康教育课程比较研究[D]．上海：上海师范大学，2017.

[60]翟倩倩，张强，周世丹，等．河南省中小学生健康素养现状调查[J]．健康教育与健康促进，2019，14(5)：420-424.

[61]张大均．教育心理学[M]．3 版．北京：人民教育出版社，2015.

[62]张微．抚顺市中小学生近视现状及改善对策研究[D]．大连：辽宁师范大学，2012.

[63]张芯，余小鸣．学校健康教育实践与理论[M]．北京：北京大学医学出版社，2011.

[64]张一英，李慧德．学校健康教育[M]．兰州：甘肃人民出版社，2004.

[65]赵淑君．中小学安全教育现状分析及对策研究——以河南省新乡市为例[D]．新乡：河南师范大学，2014.

[66]郑家鲲．健康城市背景下的学生健康体育行为培养研究：以上海市中小学生为例[D]．上海：上海体育学院，2013.

[67]郑茂成．中日小学新体育课程标准实施后学生体质健康状况的比较研究[D]．哈尔滨：哈尔滨师范大学，2017.

[68]郑日昌．小学生健康教育[M]．2 版．北京：高等教育出版社，2011.

[69]中共中央 国务院．"健康中国 2030"规划纲要[Z/OL]．[2023-06-02]http：//www. gov. cn/zhengce/2016-10/25/content _ 5124174. htm.

[70]中华人民共和国教育部．教育部关于 2010 年全国学生体质与健康调研结果公告[R/OL]．[2023-06-02]http：//www. moe. gov. cn/srcsite/A17/moe _ 943/moe _ 947/201108/t20110829 _ 124202. html.

[71]中华人民共和国教育部．教育部关于切实落实中小学安全工作的通知[J]．教育部公报，2007(6)：73-74.

[72]中华人民共和国教育部．义务教育体育与健康课程标准(2022 年版)[M]．北京，北京师范大学出版社，2022.

[73]中华人民共和国教育部．《义务教育学校管理标准》的通知[EB/OL]．[2023-06-02]http：//www. gov. cn/gongbao/content/2018/content _ 5283566. htm.

[74]中华人民共和国教育部．《中小学健康教育指导纲要》的通知[EB/OL]．[2023-

06-02]http：//www.gov.cn/zwgk/2008－12/26/content_1188650.htm.

[75]《中华人民共和国食品安全法实施条例：附新旧条文对照》编写组．中华人民共和国食品安全法实施条例：附新旧条文对照[M].北京：中国民主法制出版社，2019.

[76]《中华人民共和国体育法》[EB/OL].[2023-06-02]http：//www.jnq.gov.cn/information/jnqzfw11370/msg2174156854239.html.

[77]周然．兰州市城区小学生近视现况及相关因素分析[D].兰州：兰州大学，2014.

[78]朱美宁．校园安全教育问题与对策研究[J].黑龙江教育学院学报，2014，33（7）：34-36.